外国法典译介丛书

本书是北京邮电大学基本科研业务费项目"俄罗斯互联网治理研究"（项目号：2021RC49）和北京邮电大学网络空间治理研究基地主任基金项目"俄罗斯个人信息保护立法研究""俄罗斯主权互联网立法研究"的阶段性成果

外国法典译介丛书

俄罗斯互联网治理法规选译（一）

田凤娟 徐楷 程显英……译

知识产权出版社
全国百佳图书出版单位
——北京——

图书在版编目（CIP）数据

俄罗斯互联网治理法规选译．一 / 田凤娟，徐楷，程显英译．—北京：知识产权出版社，2022.12

ISBN 978-7-5130-8501-4

Ⅰ.①俄… Ⅱ.①田… ②徐… ③程… Ⅲ.①互联网络—科学技术管理法规—汇编—俄罗斯 Ⅳ.① D951.221.7

中国版本图书馆 CIP 数据核字（2022）第 236691 号

内容提要

本书翻译了俄罗斯互联网治理中最重要的主权互联网法《俄罗斯联邦通信法》和《俄罗斯联邦信息、信息技术和信息保护法》，以及治理数字金融的《俄罗斯联邦关于数字金融资产、数字货币法及相关法律法规的修正案》，保护互联网时代个人权益的《俄罗斯联邦个人数据法》。希望通过对俄罗斯互联网治理法规的翻译，为我国互联网相关法律政策的制定和调整提供有益借鉴和参考。

本书适合互联网监管部门工作人员、互联网研究者及相关法律研究者、大专院校相关专业学生阅读使用。

责任编辑：李海波　　责任印制：孙婷婷

俄罗斯互联网治理法规选译（一）
ELUOSI HULIANWANG ZHILI FAGUI XUANYI（YI）

田凤娟　徐　楷　程显英　译

出版发行：	知识产权出版社 有限责任公司	网　　址：	http://www.ipph.cn
电　　话：	010—82004826		http://www.laichushu.com
社　　址：	北京市海淀区气象路50号院	邮　　编：	100081
责编电话：	010—82000860 转 8582	责编邮箱：	laichushu@cnipr.com
发行电话：	010—82000860 转 8101	发行传真：	010—82000893
印　　刷：	北京建宏印刷有限公司	经　　销：	新华书店、各大网上书店及相关专业书店
开　　本：	880mm×1230mm　1/32	印　　张：	11.375
版　　次：	2022年12月第1版	印　　次：	2022年12月第1次印刷
字　　数：	285千字	定　　价：	88.00元

ISBN 978-7-5130-8501-4

出版权专有　侵权必究

如有印装质量问题，本社负责调换。

出版者的话

坚持走中国特色社会主义法治道路，更好地推进中国特色社会主义法治体系建设离不开当代法学理论的引导和推动，其中外向型、国际型的法学研究无疑具有重要价值，既能丰富法学理论研究，又能对完善相关立法提供有益参考。目前，虽然已有一些外国法典的翻译丛书，但大多数出版时间较早，而法律为顺应社会发展在不断修订完善，鉴于此对当前最新的外国法典进行译介是合时宜且必要的。

"外国法典译介丛书"旨在推动我国外向型、国际型的法学基本理论的研究和探讨，对不同法系、不同国家的法学理论和法律制度进行研究，及时跟进国内外比较法学发展的最新动态和研究成果，为我国法治建设提供具有启发性、可行性的借鉴和思路。同时，为法学研究者、实务者在全球化过程中了解和运用外国法律制度打开一扇窗。

我们希望通过本套丛书的积淀，为我国外向型、国际型法学研究尽绵薄之力，同时期盼从事法典翻译和国外制度研究的国内外专家、学者加入创编团队，为法治建设注入新的动能和活力。

前　言

习近平主席多次强调："网络空间是人类共同的活动空间，网络空间前途命运应由世界各国共同掌握。"《全球数据安全倡议》呼吁："各方应在相互尊重基础上，加强沟通交流，深化对话与合作，共同构建和平、安全、开放、合作、有序的网络空间命运共同体。"中俄作为两个新兴网络大国，同样面临加快全球互联网治理的时代课题。因俄罗斯互联网产业的体量和规模与中国相比有所差距，这让俄罗斯互联网治理领域成为研究的价值洼地，鲜有业界广泛关注。但事实上，自2012年以来，俄罗斯加强了互联网基础设施和相关技术的国产化替代，坚定维护国家的互联网主权和网络安全，各项措施及严密的立法和监管均走在世界前列，并在某些方面处于领先地位。就治理类型而言，美国是行业自律的治理模式，不以国家治理为主导。欧盟则是多国统一立法协调的治理模式。所以，从主权国家独立互联网立法治理上，俄罗斯的互联网治理对我国更具有参考价值。

另外，在全球互联网治理中，俄罗斯充分尊重中国在全球治理中的思想引领地位，对中国的多项互联网治理国际倡议给予了坚定支持。中俄的互联网治理合作正是对习近平主席共建网络空间命运共同体的践行，是打破博弈论困局，建立共商共建共享的大国关系的典范。本书翻译了俄罗斯互联网治理中最重要的主权互联网法

《俄罗斯联邦通信法》和《俄罗斯联邦信息、信息技术和信息保护法》，以及治理数字金融的《俄罗斯联邦关于数字金融资产、数字货币法及相关法律法规的修正案》、保护互联网时代个人权益的《俄罗斯联邦个人数据法》。这四部互联网治理法规涵盖了俄罗斯互联网治理战略、数字经济治理，特别是数字货币、数字金融和治理、网络隐私权保护、网络意识形态治理。本书希望通过俄罗斯互联网治理法规的翻译，一方面具体落实网络空间命运共同体的建构目标；另一方面回应我国互联网治理的现实关切，针对国内亟须立法、修订法和政策调整多个层面，提供有益借鉴和参考。

围绕着网络空间的国际秩序构建和规则博弈日趋激烈，此次俄乌冲突，表面是两个主权国家间的军事实力较量，背后是多国互联网主权的角逐。美国和全球各地的数十家公司切断了与俄罗斯电子产品、数字服务和系统的关系。国际黑客团体"匿名者"等黑客组织攻击了俄罗斯的RT电视台、国防部、外交部等网站以致这些网络暂时瘫痪。美国IT公司为乌克兰提供卫星通信服务，规避了地面基础设施的不足。从对俄罗斯的互联网制裁和俄罗斯的反制、应对中，可以洞见当前及未来有效捍卫互联网主权的紧迫性。

2016年，中俄领导人发表《中华人民共和国主席和俄罗斯联邦总统关于协作推进信息网络空间发展的联合声明》，共同倡导推动尊重各国网络主权，推动尊重各国文化传统和社会习惯，加强信息网络空间领域的科技合作，加强信息网络空间领域的经济合作，切实维护两国公民在互联网的合法权利，加大工作力度，预防和打击利用网络进行恐怖及犯罪活动，开展网络安全应急合作与网络安全威胁信息共享，加强跨境网络安全威胁治理。在携手共建网络空间命运共同体的大背景下，中国要向世界提出互联网治理的解决方案，应先了解和深入研究世界各国的治理经验。

前　言

  2019年3月13日，俄罗斯联邦国家杜马批准了对原有通信法、信息保护法的修改，被称为俄罗斯的"主权互联网法"；2020年2月21日，为配合主权互联网法案的实施，又通过了《公共网络集中管理法》。三部法案的出台，标志着俄罗斯进入了主权互联网时代。俄罗斯主权互联网的解决方案独树一帜，深刻地挑战了互联网的"自由哲学"。俄罗斯主权互联网法案的出台引起轩然大波，被俄罗斯定义为与万维网失去联系后的自救措施，被多国媒体解读为"断网"的方案。其到底蕴含着怎样的原因和指向，对各国参与、建设和管理互联网提供了哪些启示，又会引起怎样的技术革命及对未来互联网的发展有哪些影响，都值得进行更深入的研究和思考。

  2021年1月1日，俄罗斯第259-FZ号联邦法律生效，规范与数字金融资产和数字货币的发行和流通相关的关系。其中规定，市场上目前的各类数字货币，不是俄罗斯联邦货币单位或外国货币单位的支付手段，但数字货币本身具有价值，可以作为投资，比特币、以太坊和其他加密货币都是数字货币。数字货币可以作为财产，在破产、执行程序、打击腐败和反洗钱中被征收。同时，法律明确规定完全禁止使用数字货币支付商品、工作和服务。它适用于在俄罗斯经营的法人实体，包括外国和国际公司的分支机构与代表处，以及连续12个月内在俄罗斯联邦逗留至少183天的公民。现行立法允许使用数字货币进行交易和民法交易，但其所有者的主张受到司法保护，前提是税务机关被告知拥有数字货币及其交易的事实。2022年是公民必须申报代币收入的第一年。我国正在加紧制定数字金融的法规，俄罗斯的立法思路、立法技术和文本措辞都具有参考价值。

  随着电子政务、社交网络、指纹录入、人脸识别等新兴事物的出现，俄罗斯政府认为有必要制定专门的保护网络隐私权的法规，

2006年出台了《俄罗斯联邦个人数据法》。2020年12月23日，俄罗斯大规模修订了《俄罗斯联邦个人数据法》，旨在确保在处理个人数据时保护公民的权利和自由，包括保护隐私权、个人和家庭秘密权。该法明确了个人数据的定义、法定处理方式、个人权利、处理原则、运营商义务等。值得关注的是，俄罗斯对已公开信息的二次处理设定了比欧盟、美国个人数据保护更为严格的条款，加大了对个人数据"传播"的保护力度。俄罗斯个人数据保护新规引领了新的立法方向，从原来的数据本地化、数据的跨境转移转向数据传播，在传播已公开信息的同意、双向加重责任的治理模式、数据主体权利的实质性扩大、信息处理时限、个人信息保护生态建构等方面，均应引起我国个人信息保护立法的关注。

目 录

俄罗斯联邦通信法

第1章 总则

第1条 本联邦法的目的 ……………………………………… (004)
第2条 本联邦法中使用的基本概念 ………………………… (004)
第3条 本联邦法的作用范围 ………………………………… (011)
第4条 俄罗斯联邦通信法 …………………………………… (011)

第2章 通信领域的活动基础

第5条 通信网络和通信设备的所有权 ……………………… (012)
第6条 组织与布置通信设施和通信设备有关的活动 ……… (013)
第7条 通信网络和通信设施的保护 ………………………… (014)
第8条 通信工程的所有权和其他物权登记 ………………… (014)
第9条 俄罗斯联邦边境地区和俄罗斯联邦领海范围内的
　　　 通信线路的建设和运营 …………………………… (015)
第10条 通信用地 ……………………………………………… (015)

第3章 通信网络

第11条 联邦通信 …………………………………………（016）
第12条 俄罗斯联邦统一电信网络 ……………………………（016）
第13条 公共通信网络 …………………………………………（018）
第14条 专用通信网络 …………………………………………（018）
第15条 技术通信网络 …………………………………………（019）
第16条 特殊用途的通信网络 …………………………………（019）
第17条 邮政通信网络 …………………………………………（020）

第4章 电信网络的连接及其交互

第18条 电信网络的连接权 ……………………………………（022）
第19条 在公共通信网络中占有重要地位的运营商的电信网络
　　　　连接及其交互程序要求 ………………………………（023）
第19-1条 强制性公共电视频道和（或）广播频道运营商的
　　　　　通信网络连接及其与转播电视频道和（或）广播
　　　　　频道的通信网络的交互特点 …………………………（026）
第19-2条 强制性公共电视频道和（或）广播频道的空中
　　　　　地面转播 …………………………………………（029）
第20条 在公共通信网络中占有重要地位的运营商所提供的
　　　　连接服务和流量传输服务价格 …………………………（030）

第5章 对通信领域活动的国家调控

第21条 组织对通信领域活动的国家调控 ……………………（031）
第22条 无线电频谱的使用管理 ………………………………（032）

第22-1条　无线电频率部门 …………………………………… (035)
第23条　无线电频谱的分配 …………………………………… (035)
第24条　分配无线电频带和赋予（指定）无线电频率或
　　　　 无线电信道 …………………………………………… (036)
第25条　无线电电子设备和（或）高频设备的辐射监督 …… (044)
第26条　编号资源的管理 ……………………………………… (045)
第27条　联邦国家通信控制（监督） ………………………… (049)
第28条　通信服务资费管理 …………………………………… (050)

第6章　提供通信服务领域的活动许可和通信领域的符合性评估

第29条　提供通信服务领域的活动许可 ……………………… (051)
第30条　申请授予许可证的要求 ……………………………… (052)
第31条　申领许可证的招标（拍卖、竞标） ………………… (054)
第32条　授予许可证的申请的审核程序 ……………………… (055)
第33条　许可证的有效期 ……………………………………… (057)
第34条　拒绝授予许可证 ……………………………………… (058)
第35条　许可证的重新登记 …………………………………… (059)
第36条　对许可证作出修改和补充 …………………………… (061)
第37条　暂停许可证效力 ……………………………………… (062)
第38条　恢复许可证效力 ……………………………………… (063)
第39条　吊销许可证 …………………………………………… (063)
第40条　建立和管理通信许可证登记簿 ……………………… (064)
第40-1条　由通信运营商实施电视频道和（或）广播
　　　　　频道转播的广播公司的信息 ……………………… (065)

第41条 通信设备和通信服务的符合性确认 …………… (065)
第42条 在进行通信设备的强制性认证时符合性证书的
       签发和终止 …………………………………………… (067)
第43条 符合性声明和符合性声明书的登记 ……………… (068)
第43-1条 ………………………………………………………… (069)
第43-2条 ………………………………………………………… (069)

第7章 通信服务

第44条 提供通信服务 ………………………………………… (070)
第44-1条 通过移动无线电话通信网络分送 ………………… (076)
第44-2条 监督通信运营商遵守核实用户信息和法人或
         个体经营者用户的通信服务使用者信息的可
         靠性的义务，其中包括代表通信运营商行使
         职责的人员提交的信息 ………………………… (076)
第45条 向公民提供通信服务的特点 ……………………… (077)
第46条 通信运营商的义务 ………………………………… (079)
第46-1条 通信运营商遵守在公共通信网络中提供通信
         服务和流量传输服务要求的保障系统 ……… (091)
第47条 使用通信服务的优惠条件和优势 ………………… (092)
第48条 提供通信服务时语言和字母表的使用 …………… (092)
第49条 通信领域的核算报告时间 ………………………… (093)
第50条 电信业务 …………………………………………… (093)
第51条 为满足国家和市政需要提供通信服务、连接服务和
       流量传输服务 ……………………………………… (093)

第 51-1 条　为满足国家权力机关需要、国防、国家安全和法制保障，以及其他国家机构、地方自治机构和组织需要提供通信服务、连接服务和流量传输服务的特点 …………………… （094）

第 52 条　紧急业务部门呼叫服务 ………………………… （096）

第 53 条　通信运营商用户数据库 ………………………… （097）

第 53-1 条　在数字创新领域试验性法律制度计划范围内提供信息 ……………………………………………… （099）

第 54 条　支付通信服务费 ………………………………… （099）

第 55 条　递交投诉和提出索赔及其审议 ………………… （101）

第 56 条　有权提出索赔的人和索赔地点 ………………… （103）

第 56-1 条　组织活动以确保电信信息互联网在俄罗斯联邦境内稳定、安全和整体运转 ……………… （103）

第 56-1-1 条　通信运营商、技术通信网络的所有者或其他占有者、流量交换点的所有者或其他占有者、跨俄罗斯联邦国境的通信线路的所有者或其他占有者的义务 ………… （104）

第 56-2 条　通信运营商、技术通信网络的所有者或其他占有者、流量交换点的所有者或其他占有者、跨俄罗斯联邦国境的通信线路的所有者或其他占有者、其他人员（如果这些人员具有自主系统编号的）的义务 ……………… （106）

第 8 章　通用通信服务

第 57 条　通用通信服务 …………………………………… （110）

第 58 条　通用服务运营商 …………………………………（112）
第 59 条　通用服务准备金 …………………………………（113）
第 60 条　通用服务准备金的资金来源 ……………………（114）
第 61 条　通用服务准备金的支出 …………………………（115）

第 9 章　通信服务用户的权利保护

第 62 条　通信服务用户的权利 ……………………………（116）
第 63 条　通信秘密 …………………………………………（116）
第 64 条　在从事侦查活动、俄罗斯联邦安全保障活动、实施调查行动、犯罪嫌疑人和被告羁押以及以剥夺自由的形式执行刑事处罚期间，通信运营商的义务和通信服务用户的权利限制 ……………（117）

第 10 章　个别情况下的通信网络管理

第 65 条　紧急情况下和紧急状态下的公共通信网络管理 ……（120）
第 65-1 条　在俄罗斯联邦境内电信信息互联网和公共通信网络运行的稳定性、安全性和完整性受到威胁时的通信网络管理 ……………………（120）
第 66 条　通信网络和通信设备的优先使用 ………………（123）
第 67 条 …………………………………………………………（124）

第 11 章　违反俄罗斯联邦通信法的责任

第 68 条　违反俄罗斯联邦通信法的责任 …………………（125）

第12章　俄罗斯联邦在通信领域的国际合作

第69条　俄罗斯联邦在通信领域的国际合作 …………… (127)
第70条　国际通信领域活动的管理 ………………………… (128)
第71条　俄罗斯联邦无线电电子设备和高频设备的进出口
　　　　………………………………………………………… (128)
第72条　国际邮政通信 ……………………………………… (128)

第13章　最后和过渡条款

第73条　使立法行为符合本联邦法 ………………………… (129)
第74条　本联邦法的生效 …………………………………… (129)

俄罗斯联邦信息、信息技术和信息保护法

第1条　本联邦法作用范围 ………………………………… (133)
第2条　本联邦法中所使用的基本概念 …………………… (133)
第3条　在信息、信息技术和信息保护领域产生的关系的
　　　　法律调整原则 ……………………………………… (136)
第4条　俄罗斯联邦信息、信息技术和信息保护法 ……… (136)
第5条　作为法律关系客体的信息 ………………………… (137)
第6条　信息的所有者 ……………………………………… (137)
第7条　公共信息 …………………………………………… (138)
第8条　信息访问权 ………………………………………… (139)
第9条　信息访问限制 ……………………………………… (141)
第10条　传播信息或提供信息 ……………………………… (142)

第 10-1 条　互联网信息传播组织者的义务……………（143）
第 10-2 条　………………………………………………（146）
第 10-3 条　检索系统运营商的义务……………………（146）
第 10-4 条　新闻聚合器传播信息的特点………………（148）
第 10-5 条　视听服务所有者的义务……………………（152）
第 10-6 条　社交网络中信息传播的特点………………（159）
第 11 条　信息的文件化……………………………………（165）
第 11-1 条　在行使国家权力机关和地方自治机构的权力时，
　　　　　　以电子文件形式交换信息……………………（166）
第 12 条　信息技术应用领域的国家调整…………………（167）
第 12-1 条　俄罗斯电子计算机程序和数据库使用领域的
　　　　　　国家调整特点…………………………………（167）
第 12-2 条　互联网上信息资源的听众数量的研究特点……（169）
第 13 条　信息系统…………………………………………（172）
第 14 条　国家信息系统……………………………………（173）
第 14-1 条　使用信息技术识别自然人……………………（175）
第 14-2 条　确保在俄罗斯联邦境内稳定地和安全地使用
　　　　　　域名………………………………………………（200）
第 15 条　电信信息网络的使用……………………………（201）
第 15-1 条　能够识别含有禁止在俄罗斯联邦传播的信息的
　　　　　　互联网网站的域名、互联网网页索引和网址统
　　　　　　一清册……………………………………………（202）
第 15-1-1 条　以不雅形式表达有损人类尊严和公共道德，
　　　　　　　明显不尊重社会、国家、俄罗斯联邦官方国家
　　　　　　　象征、俄罗斯联邦宪法或俄罗斯联邦行使国家
　　　　　　　权力的机关的信息的限制访问程序………（206）

第15-1-2条 限制对诋毁公民（自然人）荣誉和尊严或损害其声誉以及与指控公民（自然人）犯罪有关的虚假信息访问的程序 ……………（208）

第15-2条 违反著作权和（或）邻接权传播的信息的限制访问程序 ………………………………………（212）

第15-3条 违法传播的信息的限制访问程序……………（218）

第15-3-1条 违反俄罗斯联邦选举和全民公决法的要求所传播的信息，和（或）违反俄罗斯联邦选举和全民公决法的要求制作和（或）传播的宣传材料的限制访问程序 ……………………（223）

第15-4条 互联网信息传播组织者的信息资源的限制访问程序……………………………………………（226）

第15-5条 违反俄罗斯联邦个人数据法所处理的信息的限制访问程序 ……………………………………（227）

第15-6条 对屡次非法发布含有著作权和（或）邻接权对象的信息，或含有使用包括互联网在内的电信信息网络获取此类对象所需的信息的互联网网站的限制访问程序 ……………………………………（230）

第15-6-1条 克隆锁定网站的限制访问程序 ……………（231）

第15-7条 应权利人申请采取的有关终止电信信息网络中，包括互联网中侵犯著作权和（或）邻接权的法外措施 ……………………………………………（233）

第15-8条 旨在反对在俄罗斯联邦境内使用电信信息网络和信息资源的措施，通过这些网络和资源为俄罗斯联邦境内限制访问的信息资源和电信信息网络提供接入服务 ………………………………………（235）

第15-9条　履行外国代理人职能的外国大众传媒对信息资源，和（或）由该外国大众传媒创办的俄罗斯法人对信息资源的限制访问程序……………………（240）
第16条　信息保护……………………………………（240）
第16-1条　对遵守与电信信息网络（其中包括互联网）中信息传播有关的要求进行联邦国家监管（监督）………………………………………………（241）
第17条　在信息、信息技术和信息保护领域违法应承担的责任…………………………………………（242）
第18条　关于认定俄罗斯联邦某些法律文件（法律文件规定）失去效力………………………………（243）

俄罗斯联邦关于数字金融资产、数字货币法及相关法律法规的修正案

第1条　本联邦法的调整对象和生效范围……………（246）
第2条　数字金融资产的发行…………………………（247）
第3条　关于发行数字金融资产的决定………………（248）
第4条　数字金融资产的核算和流通…………………（250）
第5条　发行数字金融资产的信息系统运营商………（252）
第6条　发行数字金融资产的信息系统运营商的业务要求……（258）
第7条　信息系统运营商名册，发行数字金融资产的信息系统规则批准程序…………………………（261）
第8条　发行数字金融资产的信息系统运营商管理信息系统用户名册……………………………（265）

第 9 条	发行数字金融资产的信息系统运营商的责任	(265)
第 10 条	数字金融资产交易商	(266)
第 11 条	数字金融资产交易规则及其批准程序,数字金融资产交易商名册	(273)
第 12 条	证明已发行证券行权可能性的数字金融资产发行和配售特点,要求转让已发行证券的权利	(278)
第 13 条	证明股份公司参与权的数字金融资产的发行和流通特点	(279)
第 14 条	数字货币的流通	(281)
第 15 条	关于对俄罗斯联邦股份公司法作出的变更	(282)
第 16 条	关于对俄罗斯联邦证券市场法作出的变更	(283)
第 17 条	关于对俄罗斯联邦反洗钱和反资助恐怖主义法作出的变更	(285)
第 18 条	关于对俄罗斯联邦中央银行(俄罗斯银行)法作出的变更	(289)
第 19 条	关于对俄罗斯联邦破产法作出的变更	(289)
第 20 条	关于对俄罗斯联邦广告法作出的变更	(290)
第 21 条	关于对俄罗斯联邦执行程序法作出的变更	(291)
第 22 条	关于对俄罗斯联邦反腐败法作出的变更	(291)
第 23 条	关于对俄罗斯联邦国家支付系统法作出的变更	(292)
第 24 条	关于对俄罗斯联邦公职人员及其他人员收入监管法作出的变更	(292)
第 25 条	关于对俄罗斯联邦关于禁止某类人员在俄罗斯联邦境外的外国银行开立和拥有账户(存款)、储存现金和贵重物品、拥有和(或)使用外国金融工具的修正案作出的变更	(293)

第 26 条　关于对俄罗斯联邦关于利用投资平台吸引投资法和
　　　　　相关法律法规修正案作出的变更 ……………………（294）
第 27 条　本联邦法生效程序 …………………………………………（295）

俄罗斯联邦个人数据法

第 1 章　一般规定

第 1 条　本联邦法的效力范围 ………………………………………（298）
第 2 条　本联邦法的宗旨 ……………………………………………（299）
第 3 条　本联邦法所使用的基本概念 ………………………………（299）
第 4 条　俄罗斯联邦在个人数据领域的立法 ………………………（300）

第 2 章　个人数据处理的原则和条件

第 5 条　个人数据处理的原则 ………………………………………（302）
第 6 条　个人数据处理人的条件 ……………………………………（303）
第 7 条　个人数据的保密 ……………………………………………（305）
第 8 条　个人数据的公开来源 ………………………………………（305）
第 9 条　个人数据主体对处理其个人数据的同意 …………………（306）
第 10 条　特殊种类的个人数据 ………………………………………（308）
第 10-1 条　关于个人数据主体允许传播的个人数据处理的
　　　　　　特别规定 ……………………………………………（310）
第 11 条　个人生物统计学信息数据 …………………………………（313）
第 12 条　个人数据的跨境传输 ………………………………………（313）
第 13 条　国家或自治地方个人数据系统个人数据处理的
　　　　　特别规定 …………………………………………………（314）

第3章 个人数据主体的权利

第14条 个人数据主体了解其个人信息的权利 ……………(316)
第15条 为了商品、工作、服务在市场上的流通及为了进行政治鼓动而处理个人数据时个人数据主体的权利 ……………………………………………(318)
第16条 个人数据主体在作出仅根据对其个人数据进行自动化处理决定时的权利 ………………(319)
第17条 对运营商行为或不作为提出告诉的权利 …………(319)

第4章 运营商的义务

第18条 运营商在搜集个人数据时的义务 ……………(321)
第18-1条 保障运营商履行本规定义务的措施…………(322)
第19条 在处理个人数据时保障个人数据安全的措施 ……(323)
第20条 运营商在个人数据主体向他提出要求时或在收到个人数据主体或其代理人的请求及个人数据保护主管机关的质询时的义务 ………………(326)
第21条 运营商排除在处理个人数据时的违法行为、核对、锁闭和销毁个人数据的义务 ………………(327)
第22条 关于处理个人数据的通知 ………………(329)
第22-1条 单位中组织个人数据处理的责任人………(332)

第 5 章　对个人数据处理的国家监督违反本联邦法的责任

第 23 条　个人数据主体权利保护的主管机关 ………… (333)
第 24 条　违反本联邦法的责任 ……………………………… (336)

第 6 章　最后条款

第 25 条　最后条款 ………………………………………… (337)

俄罗斯联邦
通信法

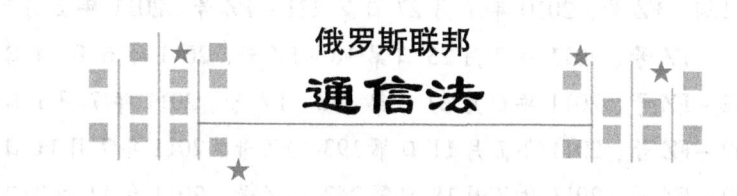

2003年6月18日由俄罗斯国家杜马通过
2003年6月25日经俄罗斯联邦委员会批准

（经以下联邦法修订：2004 年 8 月 22 日第 122 - FZ 号、2004 年 11 月 2 日第 127 - FZ 号、2005 年 5 月 9 日第 45 - FZ 号、2006 年 2 月 2 日第 19 - FZ 号、2006 年 3 月 3 日第 32 - FZ 号、2006 年 7 月 26 日第 132 - FZ 号、2006 年 7 月 27 日第 153 - FZ 号、2006 年 12 月 29 日第 245 - FZ 号、2007 年 2 月 9 日第 14 - FZ 号、2008 年 4 月 29 日第 58 - FZ 号、2009 年 7 月 18 日第 188 - FZ 号、2010 年 2 月 14 日第 10 - FZ 号、2010 年 4 月 5 日第 41 - FZ 号、2010 年 6 月 29 日第 124 - FZ 号、2010 年 7 月 27 日第 221 - FZ 号、2011 年 2 月 7 日第 4 - FZ 号、2011 年 2 月 23 日第 18 - FZ 号、2011 年 6 月 14 日第 142 - FZ 号、2011 年 6 月 27 日第 162 - FZ 号、2011 年 7 月 1 日第 169 - FZ 号、2011 年 7 月 11 日第 193 - FZ 号、2011 年 7 月 11 日第 200 - FZ 号、2011 年 7 月 18 日第 242 - FZ 号、2011 年 11 月 7 日第 303 - FZ 号、2011 年 12 月 3 日第 383 - FZ 号、2011 年 12 月 6 日第 409 - FZ 号、2011 年 12 月 8 日第 424 - FZ 号、2012 年 7 月 28 日第 133 - FZ 号、2012 年 7 月 28 日第 139 - FZ 号、2012 年 12 月 25 日第 253 - FZ 号、2013 年 5 月 7 日第 99 - FZ 号、2013 年 7 月 2 日第 158 - FZ 号、2013 年 7 月 23 日第 229 - FZ 号、2013 年 10 月 21 日第 281 - FZ 号、2013 年 11 月 2 日第 304 - FZ 号、2013 年 11 月 25 日第 314 - FZ 号、2013 年 12 月 2 日第 338 - FZ 号、2013 年 12 月 2 日第 346 - FZ 号、2013 年 12 月 28 日第 396 - FZ 号、2014 年 2 月 3 日第 9 - FZ 号、2014 年 4 月 2 日第 60 - FZ 号、2014 年 5 月 5 日第 97 - FZ 号、2014 年 6 月 23 日第 160 - FZ 号、2014 年 6 月 23 日第 171 - FZ 号、2014 年 7 月 21 日第 228 - FZ 号、2014 年 7 月 21 日第 272 - FZ 号、2014 年 12 月 1 日第 419 - FZ 号、2015 年 7 月 13 日第 216 - FZ 号、2015 年 7 月 13 日第 257 - FZ 号、2015 年 7 月 13 日第 263 - FZ 号、2016 年 3 月 2 日第 42 - FZ 号、2016 年 3 月 2 日第

44-FZ号、2016年4月5日第104-FZ号、2016年5月1日第122-FZ号、2016年6月23日第204-FZ号、2016年7月3日第280-FZ号、2016年7月3日第288-FZ号、2016年7月6日第374-FZ号、2017年4月17日第75-FZ号、2017年6月7日第110-FZ号、2017年7月26日第193-FZ号、2017年7月29日第245-FZ号、2017年12月5日第386-FZ号、2018年4月18日第70-FZ号、2018年8月3日第342-FZ号、2018年12月11日第465-FZ号、2018年12月27日第527-FZ号、2018年12月27日第529-FZ号、2019年5月1日第90-FZ号、2019年6月6日第131-FZ号、2019年12月27日第478-FZ号、2020年3月1日第42-FZ号、2020年4月7日第109-FZ号、2020年4月7日第110-FZ号、2020年10月15日第338-FZ号、2020年12月8日第429-FZ号、2020年12月30日第488-FZ号、2020年12月30日第533-FZ号、2020年12月30日第535-FZ号、2021年3月9日第44-FZ号、2021年4月30日第120-FZ号、2021年6月11日第170-FZ号、2021年7月2日第319-FZ号、2021年7月2日第331-FZ号、2021年12月30日第465-FZ号联邦法)

  本联邦法确定了俄罗斯联邦境内和俄罗斯联邦管辖区域内通信活动的法律框架，确定了国家权力机关在通信领域的权限，以及参与上述活动或使用通信服务的人员的权利和义务。

第 1 章
总则

第 1 条 本联邦法的目的

本联邦法的目的是：

为在俄罗斯联邦全境提供通信服务创造条件；

促进有前景的技术的引进；（经 2016 年 4 月 5 日第 104 – FZ 号联邦法修订）

保护通信服务用户和在通信领域开展活动的经济主体的权益；

确保通信服务市场的有效和公平竞争；

为俄罗斯通信基础设施的发展创造条件，确保其与国家通信网络的融合；

确保俄罗斯无线电频率资源的集中管理，其中包括轨道频率资源和编号资源；

为保障通信需求创造条件，以满足国家权力机关需要、国防、国家安全和法制保障需要。（经 2011 年 12 月 8 日第 424 – FZ 号联邦法修订）

第 2 条 本联邦法中使用的基本概念

就本联邦法而言，使用了以下基本概念：

1）用户：当为此目的分配用户号或唯一识别码时，签订通信服务合同的通信服务用户；

1-1）转移的用户号数据库：一种信息系统，其中包含用户在与其他移动无线电话通信运营商签订新的通信服务合同时存储的用户号信息，以及签订此类合同的指定通信运营商的信息；（本项根据 2012 年 12 月 25 日第 253-FZ 号联邦法施行）

1-2）专用通信网络的所有者：包括通过相应的控制中心来实施专用通信网络的管理，以及拥有其业务管理权的联邦权力执行机构、其地区机构、行使上述联邦机构某些授权的联邦权力执行机构分部；（本项根据 2016 年 3 月 2 日第 44-FZ 号联邦法施行）

2）无线电频带的分配：使用特定无线电频带的书面许可，其中包括在俄罗斯联邦研发、现代化升级、生产和（或）向俄罗斯联邦进口具有特定技术特性的无线电电子设备或高频设备；（经 2011 年 12 月 6 日第 409-FZ 号联邦法修订）

3）高频设备：在工业、科学、医疗、生活或其他目的中设计用于产生和使用射频能量的设备或仪器，但电信领域的应用除外；

3-1）无线电频谱的多主体使用协议：无线电频谱的两个及以上用户之间的协议，根据该协议，按照本联邦法规定的程序实现无线电频谱的共同使用；（本项根据 2016 年 6 月 23 日第 204-FZ 号联邦法施行）

3-1-1）用户设备（终端设备）的标识符：用户设备（终端设备）的识别号码，它提供了使用识别模块的可能性；（本项根据 2020 年 12 月 30 日第 533-FZ 号联邦法施行）

3-2）识别模块：在用户设备（终端设备）上使用的电子信息载体，借助它识别用户和（或）法人或个体经营者用户的通信服务用户，和（或）用户设备（终端设备），并确保上述用户或用户的设备接入移动无线电话通信运营商的网络中；（本项根据 2017 年

7月29日第245-FZ号联邦法施行；经2020年12月30日第533-FZ号联邦法修订）

4）无线电频谱的使用：拥有使用和（或）实际使用提供电信服务的无线电频带、无线电频道或无线电频率的许可，以及用于联邦法律或俄罗斯联邦其他法规不禁止的其他目的；

5）无线电频谱的转换：旨在通过民用无线电电子设备扩大无线电频谱使用的经济、组织和技术措施；（经2014年7月21日第228-FZ号联邦法修订）

6）明线电缆通信设施：为布置通信电缆而创建或设置的工程基础设施对象；（经2010年6月29日第124-FZ号联邦法修订）

7）通信线路：传输线路、物理电路和明线电缆通信设施；

7-1）赋予（指定）无线电频率或无线电信道的国际法律保护：以确保为俄罗斯联邦各无线电设施的无线电电子设备赋予（指定）无线电频率或无线电信道进行国家认定而实施的法律、技术、组织和科研措施；（本项根据2013年10月21日第281-FZ号联邦法施行）

8）安装容量：表征通信运营商在俄罗斯联邦特定区域内提供电信服务、连接服务和流量传输服务的技术能力，并以引入通信运营商网络中的设备的技术能力来衡量的数量；

9）编号：数字、字母、符号标记或这些标记的组合，其中包括设计用于明确定义（识别）通信网络和（或）其组合元件或终端元件的代码；

10）用户设备（终端设备）：通过通信线路发送和（或）接收电信信号、接入用户线路并由用户使用或用于此类目的的技术设备；

11）在公共通信网络中占有重要地位的运营商：在地理上定义

的编号区域内或在俄罗斯联邦全境与关联人士共同拥有至少25%的安装容量或拥有至少25%的流量传递能力的运营商；

12）通信运营商：根据相应许可证提供通信服务的法人实体或个体经营者；

13）通用服务运营商：在公共通信网络中提供通信服务，并按照本联邦法规定的程序承担提供通用通信服务义务的通信运营商；

13-1）强制性公共电视频道和（或）广播频道的运营商：根据用户合同提供电视广播和（或）无线电广播通信服务（有线广播通信服务除外），以及根据本联邦法有义务转播强制性公共电视频道和（或）广播频道（频道列表由俄罗斯联邦大众传媒法确定）的通信运营商；（本项根据2010年7月27日第221-FZ号联邦法施行）

14）通信组织：以通信业务作为主营业务的法人实体。本联邦法调节通信组织活动的规定相应地适用于以通信业务作为主要业务的个体经营者；

14-1）特别危险的、技术复杂的通信设施：设计文件规定了诸如75~100米的高度和（或）地下部分（全部或部分）埋深距规划地面标高5~10米等特征的通信设施；（本项根据2010年6月29日第124-FZ号联邦法施行）

15）无线电频谱用户：已被分配无线电频带和（或）赋予（指定）无线电频率或无线电信道的人员；（经2016年6月23日第204-FZ号联邦法修订）

16）通信服务用户：订购和（或）使用通信服务的人员；

17）赋予（指定）无线电频率或无线电信道：使用特定的无线电频率或无线电信道的书面许可，指明具体的无线电电子设备、使用目的和条件；

18）无线电干扰：电磁能量对接收无线电波的影响，由一种或多种放射造成，其中包括辐射、感应，并表现为通信质量的任何恶化、信息错误或丢失，当不存在此种能量的影响时，这些情况均可避免；

19）无线电频率：为标记无线电频谱的单个分量所设定的电磁振荡频率；

20）无线电频谱：在国际电信联盟规定的范围内，可用于无线电电子设备或高频设备运行的有序无线电频率集合；（经2014年7月21日第228-FZ号联邦法修订）

21）无线电电子设备：设计用于发射和（或）接收无线电波的技术设备，由一个或多个发射和（或）接收设备或这些设备的组合构成，包括辅助设备；

22）无线电频带的分配：通过俄罗斯联邦无线电业务之间的无线电频带分配表中条目确定无线电频带的用途，在此基础上出具使用特定无线电频带的许可，以及确定此类使用的条件；

22-1）通过移动无线电话通信网络分发：通过移动无线电话通信网络向用户自动发送文本短信息［由按照固定顺序输入的字母和（或）符号组成的消息］，或者使用不符合俄罗斯系统和编号方案的编号方式向用户发送文本短信息，以及与外国通信运营商的网间互通协议未规定传输的信息；（本项根据2014年7月21日第272-FZ号联邦法施行）

23）编号资源：可在通信网络中使用的编号方案集合或一部分；

24）通信网络：包括通信设备和通信线路，设计用于电信或邮政通信的技术系统；

25）通信网络的现代功能等价物：确保通信网络中提供的服务质量和现有服务量的现代通信设备的最小组合；

26）（本项根据2010年2月14日第10-FZ号联邦法失去效力）

27）通信设施：为布置通信设备、通信电缆而创建或设置的工程

基础设施对象（其中包括明线电缆通信设施）；（经2010年6月29日第124-FZ号联邦法修订）

28）通信设备：用于形成、接收、处理、存储、传输、交付电信信息或邮件的硬件和软件，以及用于提供通信服务或确保通信网络运行的其他硬件和软件，包括具有测量功能的技术系统和装置；（经2011年11月7日第303-FZ号联邦法修订）

28-1）电视频道、广播频道：根据广播网络形成的，并以固定名称和特定频率发布（播送）的电视节目、广播节目和（或）其他相关的视听、音频信息和材料的集合；（本项根据2010年7月27日第221-FZ号联邦法施行）

28-2）电视频道和（或）广播频道转播：接收和传送信号给用户设备（终端设备），通过该信号进行电视频道和（或）广播频道转播，或空中接收和传输该信号；（本项根据2010年7月27日第221-FZ号联邦法施行）

28-3）集体接入设备：设计在不使用用户设备的情况下向不特定人群提供使用电信服务的可能性的通信设备或通信设备集合；（本项根据2014年2月3日第9-FZ号联邦法施行；经2020年4月7日第110-FZ号联邦法修订）

28-4）接入点：设计在使用用户设备的情况下向不特定人群提供使用电信服务的可能性的通信设备或通信设备集合；（本项根据2014年2月3日第9-FZ号联邦法施行；经2020年4月7日第110-FZ号联邦法修订）

28-5）流量交换点：软硬件和（或）通信设施集合，如果通信网络的所有者或其他占有者在电信信息网络中拥有通信设备和其他技术设备的唯一标识符，则所有者或其他占有者使用这些软硬件和（或）通信设施，确保以不变的形式在通信网络之间连接和通

过流量的可能性；(本项根据 2019 年 5 月 1 日第 90 – FZ 号联邦法施行)

29) 流量：进入通信设备的通知、消息和信号所产生的负荷；

30) 通用通信服务：通用服务运营商必须在给定期限内，以规定质量和可接受的价格向俄罗斯联邦全境的任何通信服务用户提供的通信服务；

31) 通信网络管理：旨在确保通信网络运行的一系列组织技术措施，其中包括流量调节；

32) 通信服务：接收、处理、存储、传输、送达电信信息或邮件的活动；

33) 连接服务：旨在满足通信运营商、专用通信网络所有者在组织电信网络交互方面的需求的活动，此时，可以在交互的电信网络用户之间建立连接和传输信息；(经 2016 年 3 月 2 日第 44 – FZ 号联邦法修订)

34) 流量传递服务：旨在满足通信运营商在交互的电信网络之间传递流量需求的活动；

34 – 1) 内容服务：一种在技术上与远东无线电话通信服务密不可分的，旨在提高其消费价值的通信服务［其中包括为用户提供在通信网络用户设备（终端设备）上接收参考、娱乐和（或）其他额外付费信息，参加投票、游戏、竞赛和类似活动的可能性的服务］，服务费用由用户向与之签订了提供通信服务合同的通信运营商支付；(本项根据 2013 年 7 月 23 日第 229 – FZ 号联邦法施行)

35) 电信：通过无线电系统、有线、光学和其他电磁系统发送、传输和接收任何类型的符号、信号、语音信息、书面文本、图像、声音或消息；

36) 电磁兼容性：无线电电子设备和（或）高频设备在周围

电磁环境中以规定质量运行并且不会对其他无线电电子设备和（或）高频设备产生不容许的无线电干扰的能力。

（本条经 2007 年 2 月 9 日第 14 – FZ 号联邦法修订）

第 3 条　本联邦法的作用范围

1. 本联邦法调整俄罗斯联邦境内和俄罗斯联邦管辖区域内与所有通信网络和通信设施的创建和运营、无线电频谱的使用以及提供电信和邮政通信服务有关的关系。

2. 对于根据外国法律在俄罗斯联邦境外开展活动的通信运营商，本联邦法仅适用于规范其在俄罗斯联邦管辖区域内开展工作和提供通信服务的程序。

3. 本联邦法未能调节的通信领域的关系，由其他联邦法律和俄罗斯联邦其他通信法规调节。

第 4 条　俄罗斯联邦通信法

1. 俄罗斯联邦通信法以俄罗斯联邦宪法为依据，由本联邦法和其他联邦法律组成。

2. 与通信领域内的活动有关的关系还可由俄罗斯联邦总统规范性法律文件、俄罗斯联邦政府规范性法律文件和根据它们颁布的联邦权力执行机构规范性法律文件进行调节。

3. 如果俄罗斯联邦的国际条约规定了与本联邦法不同的规则，则适用国际条约的规则。

4. 国家间机构根据俄罗斯联邦国际条约的规定通过的决定，如其解释与俄罗斯联邦宪法相矛盾的，则不得在俄罗斯联邦执行。这种矛盾可按照联邦宪法规定的程序确定。（本款根据 2020 年 12 月 8 日第 429 – FZ 号联邦法施行）

第2章
通信领域的活动基础

第5条 通信网络和通信设备的所有权

1. 在俄罗斯联邦境内，通信组织在经济空间统一的基础上，在竞争和多种所有制形式的条件下成立并开展活动。不论何种所有制形式，国家都为通信组织提供平等的竞争条件。

通信网络和通信设备可以归联邦所有、俄罗斯联邦主体所有、市政府所有，以及归公民和法人所有。

只能归联邦所有的通信网络和通信设备清单由俄罗斯联邦法律确定。

外国投资者可以按照俄罗斯联邦法律规定的条件，参与国有和市政单一制通信企业的财产私有化。

2. 按照俄罗斯联邦法律规定的程序改变通信网络和通信设备的所有制形式，并允许在此种改变不会明显恶化通信网络和通信设备的功能，以及不会侵害公民和法人的通信服务使用权的情况下进行。

3. 穿越俄罗斯联邦国境的通信线路的所有者或其他占有者只能是俄罗斯法人实体。（本款根据2021年7月2日第319-FZ号联邦法施行）

第 6 条　组织与布置通信设施和通信设备有关的活动

1. 在发展地区和居民点的城市规划及其建设过程中，应确定通信设施的组成和结构，其中包括明线电缆设施、用于布置通信设备的独立房屋，以及工程基础设施中确保通信设备运行所需的生产设备，包括在公寓住宅楼中布置通信网络。

2. 俄罗斯联邦主体的国家权力执行机构和地方自治机构协助提供通用通信服务的通信组织获得和（或）建设用于提供通用通信服务的通信设施和场所，以及有权参与实施旨在俄罗斯联邦各相关主体、行政区区域内创建、发展、运营通信网络和通信设施的其他措施。（经 2004 年 8 月 22 日第 122 – FZ 号联邦法、2020 年 10 月 15 日第 338 – FZ 号联邦法修订）

3. 根据与建筑物、输电线路支架、铁路接触网、电杆、桥梁、集流管、隧道，其中包括地铁、铁路和公路隧道及其他工程设施和技术场所，以及划拨用地，其中包括铁路和公路用地的所有者或其他占有者达成的协议，通信组织可在其上进行通信设备和通信设施的建设、运营。

同时，上述不动产的所有者或其他占有者有权要求通信组织相应地支付此类财产的使用费，除非联邦法律另有规定。

如果公民或法人拥有的不动产因通信设备和通信设施建设、运营而不能按照用途使用的，则所有者或其他占有者按照法律程序，有权要求解除与通信组织签订的此类财产使用合同。

4. 当通信线路和通信设施因居民点地区建设、扩建，建筑物、结构物、设施、道路和桥梁大修、改造，开发新土地、土地复垦系统改造、矿床开发和其他需要迁移或改造时，建设方则需要向通信运营商支付与此类迁移或改造相关的费用，除非公路和道路活动法

另有规定。(经 2011 年 7 月 11 日第 193 – FZ 号联邦法修订)

补偿可通过双方协商以现金形式进行，也可以由建设方根据法规和通信组织出具的技术条件，自费迁移或改造通信线路和通信设施。(经 2016 年 4 月 5 日第 104 – FZ 号联邦法修订)

5. 通信运营商有权在有偿的基础上将通信电缆布置在明线电缆设施中，无论这些设施归属如何。

第 7 条　通信网络和通信设施的保护

1. 通信网络和通信设施受国家保护。

2. 通信运营商和建设单位在建设和改造建筑物、结构物、设施（其中包括通信设施）时，以及在建设通信网络时，应考虑保护通信设备和通信设施的必要，以免擅自进入其中。(经 2007 年 2 月 9 日第 14 – FZ 号联邦法修订)

3. 在运营通信网络和通信设施时，通信运营商有义务为通信设备和通信设施提供保护，以免擅自进入其中。

第 8 条　通信工程的所有权和其他物权登记

1. 与地面牢固连接且在不对其用途造成不相符的损害的情况下无法移动的通信设施，其中包括明线电缆通信设施，属于不动产，其所有权和其他物权的国家登记根据民法进行。(经 2021 年 4 月 30 日第 120 – FZ 号联邦法修订)

2. 航天通信对象（通信卫星，其中包括两用卫星）的所有权和其他物权的国家登记程序由联邦法律确定。

3. 航天通信对象的所有权和其他物权的转移不会导致轨道频率资源使用权的转移。

第9条　俄罗斯联邦边境地区和俄罗斯联邦领海范围内的通信线路的建设和运营

跨越俄罗斯联邦国界、俄罗斯联邦边境地区、俄罗斯联邦内海和领海的通信线路的建设和运营（包括维护）程序，其中包括电缆敷设和明线电缆设施的建设，在俄罗斯联邦领海内海底电缆通信设施上进行建设和应急修复工作的程序，由俄罗斯联邦政府确定。

第10条　通信用地

1. 根据俄罗斯联邦土地法，通信用地包括为通信需要而提供的永久（无期限）使用或无偿使用、出租或根据他人地块有限使用权（地役权）转让的用于通信设施建设和运营的土地。（经2014年6月23日第171–FZ号联邦法修订）

2. 向通信组织提供地块，其使用程序（方式），包括通信网络和通信设施保护区的设立程序，以及布置通信网络用林间通道的创建程序，这些地块收回的依据、条件和程序由俄罗斯联邦土地法确定。（经2018年8月3日第342–FZ号联邦法修订）

第 3 章
通信网络

第 11 条 联邦通信

1. 联邦通信由在俄罗斯联邦境内开展和提供电信和邮政通信的所有组织和国家机构组成。

2. 俄罗斯联邦统一电信网络和俄罗斯联邦邮政通信网络构成了联邦通信的物质技术基础。

第 12 条 俄罗斯联邦统一电信网络

1. 俄罗斯联邦统一电信网络由位于俄罗斯联邦境内的以下几类电信网络构成：

公共通信网络；

专用通信网络；

连接到公共通信网络中的技术通信网络；

特殊用途通信网络和使用电磁系统传输信息的其他通信网络。

1-1. 为确保关键信息基础设施重要对象的运行而准备和使用俄罗斯联邦统一电信网络资源的程序由俄罗斯联邦政府批准。（本款根据 2017 年 7 月 26 日第 193-FZ 号联邦法施行）

2. 对于构成俄罗斯联邦统一电信网络的各类电信网络，通信领域的联邦权力执行机构应：

确定它们的交互程序;(经 2019 年 5 月 1 日第 90 – FZ 号联邦法修订)

根据通信网络类别(特殊用途的通信网络,以及未连接到公共通信网络中的技术通信网络除外)制定其设计、建设、运营、管理或编号要求、所采用的通信设备要求,包括用于确保紧急业务部门的活动,通信网络稳定运行的组织技术支持要求,其中包括在紧急情况下,保护通信网络使其及通过其传输的信息免受未经批准的访问,以及制定通信网络的投产程序要求;(经 2010 年 2 月 14 日第 10 – FZ 号联邦法、2020 年 12 月 30 日第 488 – FZ 号联邦法修订)

根据俄罗斯联邦保证计量统一法,制定公共通信网络运行期间完成的测量,以及为确保公共通信网络运行的完整性和稳定性所使用的测量器具的强制性计量要求;(本段根据 2011 年 11 月 7 日第 303 – FZ 号联邦法施行)

在俄罗斯联邦境内的电信信息互联网和公共通信网络运行的稳定性、安全性和完整性受到威胁时,制定通信网络管理系统的运行要求;(本段根据 2019 年 5 月 1 日第 90 – FZ 号联邦法施行)

制定数据传输网络中的流量传递程序要求。(本段根据 2021 年 7 月 2 日第 319 – FZ 号联邦法施行)

2-1. 经与联邦安全保障权力执行机构协调,制定了对所采用的通信设备要求及其管理要求,通信网络稳定运行的组织技术支持要求,其中包括在紧急情况下,保护通信网络使其及通过其传输的信息免受未经批准的访问,以及制定了通信网络的投产程序要求。(本款根据 2010 年 2 月 14 日第 10 – FZ 号联邦法施行)

3. 俄罗斯联邦统一电信网络中各类通信网络的通信运营商有义务按照规定的交互程序建立管理其通信网络的系统。

第13条 公共通信网络

1. 公共通信网络是旨在向俄罗斯联邦境内的任何通信服务用户提供有偿电信服务，包括从地理上定义的服务区域和编号资源范围内的电信网络，也包括不在地理意义上的服务区域和编号资源范围内，但是按照通信服务实施技术定义的通信网络。

2. 公共通信网络是一系列相互作用的电信网络，其中包括用于转播电视频道和（或）广播频道的通信网络。（经2010年7月27日第221-FZ号联邦法修订）

本公共通信网络可连接到外国的公共通信网络上。

第14条 专用通信网络

1. 专用通信网络是旨在向特定用户群体或此类用户组有偿提供电信服务的电信网络。专用通信网络可以相互交互。专用通信网络不可连接到本国公共通信网络，也不可连接到外国的公共通信网络上。用于组织专用通信网络的技术和通信设备，以及其建设原则，由这些网络的所有者或其他占有者确定。

如果专用通信网络符合为公共通信网络制定的要求，则其可连接到公共通信网络，并转为公共通信网络类别。同时，分配的编号资源被撤销，并开始使用公共通信网络的编号资源。

2. 专用通信网络运营商按照通信领域的联邦权力执行机构规定的程序，根据相应的许可证中指定的区域范围，并使用分配给每个专用通信网络的编号来提供通信服务。

第 15 条　技术通信网络

1. 技术通信网络设计用于保障组织的生产活动，管理生产中的工艺流程。

用于创建技术通信网络的技术和通信设备，以及其建设原则由这些网络的所有者或其他占有者确定。

2. 如果技术通信网络存在闲置资源，则可以将该网络的一部分连接到公共通信网络上，并转为公共通信网络类别，以便根据相应的许可证，有偿向任何用户提供通信服务。在以下情况下允许此类连接：

设计与公共通信网络连接的技术通信网络的一部分可由所有者在技术上、程序上或物理上与技术通信网络分开的；

连接到公共通信网络上的技术通信网络部分符合公共通信网络运行的要求的。

按照通信领域的联邦权力执行机构规定的程序，从公共通信网络的编号资源中为连接到公共通信网络上的技术通信网络部分分配编号资源。

技术通信网络的所有者或其他占有者在该网络的一部分连接到公共通信网络后，有义务单独统计技术通信网络及其连接到公共通信网络的一部分的运营费用。

为了确保统一的工艺循环，本技术通信网络只能连接到外国的技术通信网络上。

第 16 条　特殊用途的通信网络

1. 特殊用途的通信网络是为满足国家权力机关需要、国防、国家安全和法律秩序保障需要而设计的。除非俄罗斯联邦法律另有规定，否则这些网络不能用于有偿提供通信服务、连接服务和流量传递服务。（经2011年12月8日第424-FZ号联邦法、2016年3月2日第44-FZ号联邦法修订）

2. 为满足国家权力机关需要、国防、国家安全和法律秩序保障需要，按照俄罗斯联邦法律规定的程序进行通信，由俄罗斯联邦财政预算支出。（经2011年12月8日第424-FZ号联邦法修订）

3. 按照俄罗斯联邦政府规定的程序进行俄罗斯联邦统一电信网络资源的准备和使用，以确保特殊用途的通信网络的运行。

3-1. 特殊用途的通信网络可连接到公共通信网络上，无须转为公共通信网络类别。

可以从公共通信网络的编号资源中为特殊用途的通信网络的所有者分配编号资源。

根据本联邦法第18条第1款规定的协议，在将特殊用途的通信网络连接到公共通信网络上的情况下，该协议各方应确保在履行本协议的框架下通过上述通信网络传输流量，并考虑本条第1款规定的特殊用途通信网络的使用限制。

（本款根据2016年3月2日第44-FZ号联邦法施行）

4. 特殊用途的通信网络管理中心按照通信领域的联邦权力执行机构规定的程序，保证其与俄罗斯联邦统一电信网络的其他网络进行交互。

第17条　邮政通信网络

1. 邮政通信网络是保证邮件接收、处理、运输（传递）、送达（投递），以及邮政汇款实施的邮政通信对象和邮政通信运营商的总称。

2. 邮政通信领域的关系由俄罗斯联邦国际条约、本联邦法和俄罗斯联邦邮政通信法、其他联邦法律和俄罗斯联邦其他法规调节。（经2004年8月22日第122 – FZ号联邦法修订）

第4章
电信网络的连接及其交互

第18条 电信网络的连接权

1. 通信运营商和特殊用途的通信网络所有者有权将其电信网络接入公共通信网络中。一个电信网络与另一个电信网络的连接及其交互，根据通信运营商和特殊用途的通信网络所有者签订的电信网络连接协议进行。（经2016年3月2日第44-FZ号联邦法修订）

2. 公共通信网络运营商根据电信网络连接协议，有义务根据俄罗斯联邦政府批准的电信网络连接和交互规则，向其他通信运营商提供连接服务。

2-1. 公共通信网络运营商根据电信网络连接协议，有义务根据俄罗斯联邦政府批准的电信网络连接和交互规则，向特殊用途的通信网络所有者提供连接服务。（本款根据2016年3月2日第44-FZ号联邦法施行）

3. 根据俄罗斯联邦政府批准的电信网络连接和交互规则，电信网络连接协议应规定：

通信运营商在电信网络连接及其交互时的权利和义务；

特殊用途的通信网络所有者在该网络接入公共通信网络中及其交互时的权利和义务；（本段根据2016年3月2日第44-FZ号联邦法施行）

在协议的参与者是在公共通信网络中占有重要地位的运营

商的情况下，该运营商在连接方面的义务；

电信网络连接及其交互的重要条件；

在公共通信网络中占有重要地位的运营商有义务提供的连接服务和流量传输服务清单及其提供程序；

通信运营商之间、通信运营商与特殊用途的通信网络所有者之间就电信网络连接及其交互问题产生的争议审理程序。（经2016年3月2日第44-FZ号联邦法修订）

如果本联邦法未有其他规定，则连接服务和流量传输服务的价格由通信运营商根据合理和诚信要求自行确定。

4. 就签订电信网络连接协议问题产生的争议按照法律程序审理。（经2016年3月2日第44-FZ号联邦法修订）

第19条　在公共通信网络中占有重要地位的运营商的电信网络连接及其交互程序要求

1. 关于在公共通信网络中占有重要地位的运营商的公共合同规定适用于电信网络连接协议，该协议确定了提供连接服务的条件，以及相关的电信网络交互和流量传输义务。同时，就本条而言，连接服务和流量传输服务的消费者为公共通信网络运营商。

在公共通信网络中占有重要地位的运营商，为了确保在类似情况下不受歧视地进入通信服务市场，有义务为提供类似服务的通信运营商确立电信网络连接和流量传输的平等条件，以及在与其构成部门和（或）关联人士相同的条件和质量下提供信息，并为这些通信运营商提供连接服务和流量传输服务。

在俄罗斯联邦多个主体境内的公共通信网络中占有重要地位的运营商，在俄罗斯联邦每个主体境内分别确定电信网络连接和流量传输条件。

2. 不允许在公共通信网络中占有重要地位的运营商拒绝签订电信网络连接协议,但电信网络连接及其交互的实施与提供给通信运营商的许可证条款,或与决定俄罗斯联邦统一电信网络建设和运行的规范性法律文件相矛盾的情况除外。(经 2019 年 12 月 27 日第 478 – FZ 号联邦法修订)

3. 电信网络连接及其与在公共通信网络中占有重要地位的运营商的电信网络交互的程序,以及在电信网络连接及其与其他通信运营商的电信网络、特殊用途的通信网络所有者的电信网络交互时的义务,根据俄罗斯联邦政府批准的规则确定。(经 2016 年 3 月 2 日第 44 – FZ 号联邦法修订)

在公共通信网络中占有重要地位的运营商根据电信网络连接及其交互规则,在网络资源和流量传输方面,确定其他电信网络接入其电信网络的条件,包括一般技术、经济、信息条件,以及确定财产关系的条件。

电信网络连接条件应规定:

与电信网络连接相关的技术要求;

电信网络连接及其在交互通信运营商之间分配的工作量、施工程序和期限;

流量通过交互通信运营商的电信网络传输的程序;

电信网络连接点的位置;

所提供的连接服务和流量传输服务清单;

连接服务和流量传输服务费用及结算程序;

电信网络管理系统的交互程序。

在公共通信网络中占有重要地位的运营商,在确定电信网络连接条件后 7 天内公布上述条件,并将其发送给通信领域的联邦权力执行机构。

如果通信领域的联邦权力执行机构自行或按照通信运营商的请

求发现，其他电信网络与在公共通信网络中占有重要地位的运营商的电信网络的连接和流量传输条件不符合本款第 1 段规定的规则，或不符合规范性法律文件时，上述联邦机构向在公共通信网络中占有重要地位的运营商发出合理指示，要求消除上述不符情况。收到该指示的通信运营商应在收到指示之日起 30 天内受理并落实该指示。（经 2017 年 7 月 29 日第 245–FZ 号联邦法修订）

新确立的其他电信网络与在公共通信网络中占有重要地位的运营商的电信网络的连接和流量传输条件，由在公共通信网络中占有重要地位的运营商公布，并按照本条规定的程序发送给通信领域的联邦权力执行机构。

在新通信设备投产时，在其电信网络中引进新的技术解决方案时，以及在停止使用或现代化改装过时的通信设备时，如果严重影响了其他电信网络的连接和在公共通信网络中占有重要地位的运营商的电信网络中流量传输条件的，则上述通信运营商有权按照本条规定的程序，确定新的其他电信网络接入其网络的条件。在此种情况下，电信网络连接条件改变次数每年不得超过一次。

4. 在公共通信网络中占有重要地位的运营商在收到通信运营商关于签订电信网络连接协议的申请不超过 30 天的期限内对该申请进行审核。在收到申请之日起不超过 90 天的期限内，按照民法规定，通过起草一份文件，以书面形式签订电信网络连接协议。不遵守此类协议形式的将导致其无效。

5. 通信领域的联邦权力执行机构维护并公布在公共通信网络中占有重要地位的运营商名册。

6. 通信领域的联邦权力执行机构有义务在收到通信运营商就电信网络连接及其交互问题提出的申请之日起 60 天内，审核上述申请并公布对其作出的决定。

如果在公共通信网络中占有重要地位的运营商未能执行通信领域的联邦权力执行机构就电信网络连接及其交互问题下发的指示，以及在公共通信网络中占有重要地位的运营商回避签订电信网络连接协议的，则对方有权向法院申请强制签订电信网络连接协议并要求赔偿因此造成的损失。

第19-1条　强制性公共电视频道和（或）广播频道运营商的通信网络连接及其与转播电视频道和（或）广播频道的通信网络的交互特点

1. 在下列情况下，强制性公共电视频道和（或）广播频道运营商接收转播强制性公共电视频道和（或）广播频道（市政府的强制性公共电视频道除外）的信号：（经2019年6月6日第131-FZ号联邦法修订）

如果技术上可行：通过将其通信网络接入本联邦法第19-2条第2款中指定的通信运营商的通信网络来实现；

如果通过将其通信网络接入本联邦法第19-2条第2款中指定的通信运营商的通信网络在技术上无法接收信号，并由该运营商的书面结论确认：通过接收由本联邦法第19-2条第2款中指定的通信运营商，或在未签订转播电视频道和（或）广播频道的通信网络连接协议的情况下，由其他通信运营商的无线电电子设备在空中传输的信号（以下简称"信号源"），或者通过将其通信网络接入转播其他通信运营商的电视频道和（或）广播频道的通信网络来实现。

通过将强制性公共电视频道和（或）广播频道运营商的通信网络接入本联邦法第19-2条第2款中指定的通信运营商的通信网络来确认是否存在接收信号的技术可行性的条件，由通信领域的联邦权力执行机构确定。

强制性公共电视频道和（或）广播频道的运营商按照通信领域的联邦权力执行机构规定的程序，接收转播市政府的强制性公共电视频道的信号。（本段根据 2019 年 6 月 6 日第 131－FZ 号联邦法施行）

2. 在本条第 1 款第 2 段规定的情况下，本联邦法第 19－2 条第 2 款中指定的通信运营商确定强制性公共电视频道和（或）广播频道运营商的通信网络连接点和接收信号的技术设备参数，以确保在同一区域内通过空中地面转播和其他转播方式转播的电视频道和（或）广播频道的内容相同。同时，本联邦法第 19－2 条第 2 款中指定的通信运营商，在强制性公共电视频道和（或）广播频道运营商的通信网络连接之日起 30 天内，有义务将此情况通知按照规定程序开展强制性公共电视频道和（或）广播频道的电视广播和（或）无线电广播活动的人员［以下简称"强制性公共电视频道和（或）广播频道的广播公司"］，并说明通信网络的连接点和有关通信网络已连接的强制性公共电视频道和（或）广播频道运营商的信息，包括其许可证编号、确保通过连接的通信网络提供通信服务的区域，以及通过该通信网络服务的用户数量。

3. 在本条第 1 款第 3 段规定的情况下，强制性公共电视频道和（或）广播频道运营商在开始转播公共电视频道和（或）广播频道之前，必须与强制性公共电视频道和（或）广播频道的广播公司协调转播电视频道和（或）广播频道的信号源或通信网络连接点的位置。

4. 为了确保本条第 1 款和第 2 款规定的连接的技术可行性、通信网络的连接点和接收信号的技术设备参数，强制性公共电视频道和（或）广播频道运营商（以下简称"运营商申请人"）向本联邦法第 19－2 条第 2 款中指定的通信运营商发送任意形式的申请，说明其许可证的编号和颁发日期，其转播电视频道和（或）广播频道的通信网络参数，确保通过连接的通信网络提供通信服务的区域，以及通过该通信网络服务的用户数量。该申请可以使用能够确认其发送事实的任何方式发送。(经 2019 年 12 月 27 日第 478 - FZ 号联邦法修订)

自收到申请之日起 30 天内,本联邦法第 19 - 2 条第 2 款中指定的通信运营商必须审核该申请,并告知运营商申请人有关具备连接的技术可行性、通信网络的连接点和接收信号的技术设备参数或有关不具备连接的技术可行性的信息。

5. 为进行本条第 3 款规定的协调,运营商申请人向强制性公共电视频道和(或)广播频道的广播公司发送任意形式的申请,在其中注明:

其许可证的编号和颁发日期,其转播电视频道和(或)广播频道的通信网络参数,确保通过连接的通信网络提供通信服务的区域,以及通过该通信网络服务的用户数量;(经 2019 年 12 月 27 日第 478 - FZ 号联邦法修订)

有关运营商申请人选定的信号源位置或网络可进行连接的通信运营商,以及转播电视频道和(或)广播频道的通信网络连接点的位置信息。

该申请可以使用能够确认其发送事实的任何方式发送。在申请后面应附有根据本条第 4 款出具的意见书,说明通过将运营商申请人的通信网络接入本联邦法第 19 - 2 条第 2 款中指定的通信运营商的通信网络来接收强制性公共电视频道和(或)广播频道的信号不具备技术可行性。

6. 自收到运营商申请人的申请之日起 30 个自然日内,强制性公共电视频道和(或)广播频道的广播公司,必须审核运营商申请人关于同意其选定的用于转播电视频道和(或)广播频道的信号源或通信网络连接点位置的申请,并向运营商申请人发送有关同意用于转播电视频道和（或）广播频道的信号源或通信网络连接点位置的通知，或发送拒绝同意的通知，并说明拒绝的原因。

在拒绝同意用于转播电视频道和（或）广播频道的信号源或通信网络连接点位置的通知中，强制性公共电视频道和（或）广播频道的广播公司有义务向运营商申请人提供其他可接受的用于转播电视频道和（或）广播频道的信号源或通信网络连接点位置。

如果运营商申请人自申请发出之日起 45 个自然日后未收到强制性公共电视频道和（或）广播频道的广播公司的通知，则表示强制性公共电视频道和（或）广播频道的广播公司同意运营商申请人选定的用于转播电视频道和（或）广播频道的信号源或通信网络连接点位置。

7. 仅当通过从申请中指定的信号源或申请中指定的连接点接收的信号不能保证转播强制性公共电视频道和（或）广播频道［其内容适用于运营商申请人拟进行这些电视频道和（或）广播频道转播的区域］时，强制性公共电视频道和（或）广播频道的广播公司才有权拒绝同意运营商申请人选定的用于转播电视频道和（或）广播频道的信号源或通信网络连接点位置。

（本条根据 2010 年 7 月 27 日第 221 - FZ 号联邦法施行；经 2015 年 7 月 13 日第 257 - FZ 号联邦法修订）

第 19 - 2 条　强制性公共电视频道和（或）广播频道的空中地面转播

1. 强制性公共电视频道和（或）广播频道的空中地面转播，由通信运营商根据与强制性公共电视频道和（或）广播频道的广播公司签订的电视广播和（或）无线电广播通信服务协议进行，并遵守本联邦法第 28 条的规定。

2. 对全俄罗斯强制性公共电视频道和（或）广播频道进行空中地面转播，以及对获得使用多路复用位置实现空中数字地面转播权的电视频道进行空中数字地面转播的通信运营商，由俄罗斯联邦总统确定。（经 2015 年 7 月 13 日第 257－FZ 号联邦法修订）

（本条根据 2010 年 7 月 27 日第 221－FZ 号联邦法施行）

第 20 条 在公共通信网络中占有重要地位的运营商所提供的连接服务和流量传输服务价格

1. 在公共通信网络中占有重要地位的运营商所提供的连接服务和流量传输服务价格应由国家调控。价格由国家调控的连接服务和流量传输服务清单，以及其调控程序由俄罗斯联邦政府制定。

受国家调控并由在公共通信网络中占有重要地位的运营商所提供的连接服务和流量传输服务的价格范围，应有助于创造条件，再现由于交互通信运营商的网络造成的额外负荷而使用的部分电信网络的现代功能等价物，以及补偿所使用的电信网络部分的运营维护费用，包括提供这些服务期间所使用的资本的合理回报率（盈利能力）。

2. 在公共通信网络中占有重要地位的运营商必须对所开展的经营范围、所提供的通信服务和为提供这些服务所使用的部分电信网络单独进行收支核算。

在本联邦法规定的情况下，进行这种单独核算的程序由通信领域的联邦权力执行机构确定。

第 5 章
对通信领域活动的国家调控

第 21 条 组织对通信领域活动的国家调控

1. 根据俄罗斯联邦宪法和本联邦法的规定,通信领域活动的国家调控由俄罗斯联邦总统、俄罗斯联邦政府、通信领域的联邦权力执行机构,以及在其他联邦权力执行机构的权限范围内进行。(经 2004 年 8 月 22 日第 122 – FZ 号联邦法修订)

俄罗斯联邦政府确定了通信领域的联邦权力执行机构的权限。

2. 通信领域的联邦权力执行机构:

行使制定通信领域的国家政策和法规调整职能;

根据俄罗斯联邦宪法、联邦宪法性法律、联邦法律、俄罗斯联邦总统和俄罗斯联邦政府法令,独立地在通信和信息化领域进行法律调整,但根据俄罗斯联邦宪法、联邦宪法性法律、联邦法律、俄罗斯联邦总统和俄罗斯联邦政府法令,仅通过联邦宪法性法律、联邦法律、俄罗斯联邦总统和俄罗斯联邦政府法令进行法律调整的问题除外;

就联邦法律确定的问题并按照联邦法律规定的程序,与各级俄罗斯联邦法律成立的通信领域的自律组织(以下简称"自律组织")进行互动;

在开展俄罗斯联邦通信领域的国际活动时,履行俄罗斯联邦通信管理局的职能;

有权要求通信运营商提供与满足国防、国家安全和法制保障需要的通信服务相关的信息，其中包括有关通信运营商提供通信服务的技术可行性、通信网络发展前景、通信服务资费标准的信息，以及向签订了国家通信服务合同以满足国防、国家安全和法制保障需要的通信运营商发送必须执行的与上述合同相关的指示。（本段根据2006年7月26日第132-FZ号联邦法施行）

（本款根据2004年8月22日第122-FZ号联邦法施行）

3. （本款根据2004年8月22日第122-FZ号联邦法失去效力）

4. 为了适用《俄罗斯联邦对保护国防和国家安全具有战略意义的经济主体进行外国投资的程序法》，在移动无线电话通信服务市场上占据主导地位的经济主体是在俄罗斯联邦地理边界内，由反垄断机构确定的该市场份额超过25%的通信运营商。（本款根据2008年4月29日第58-FZ号联邦法施行）

第22条 无线电频谱的使用管理

1. 无线电频谱的使用管理是国家的专有权利，并根据俄罗斯联邦国际条约和俄罗斯联邦法律，通过实施与无线电频谱转换相关及旨在加快引进有前景的技术的经济、组织和技术措施，确保无线电频谱在社会领域和经济中的有效使用，以及满足国家管理、国防、国家安全和法制保障需要。（经2016年4月5日第104-FZ号联邦法修订）

2. 在俄罗斯联邦，无线电频谱的使用管理由在无线电频谱调控领域内拥有完整授权的联邦通信领域权力执行机构下属的跨部门无线电频率合议机构（以下简称"国家无线电频率委员会"）实施。

国家无线电频率委员会的规定及其组成由俄罗斯联邦政府批准。

国家无线电频率委员会应当规定无线电频率的分配程序。上述规定应特别包含国家无线电频率委员会作出决定的程序及该委员会的组成，所有有关的联邦权力执行机构，以及俄罗斯航天国家集团公司的代表都参与其中。（经 2015 年 7 月 13 日第 216 – FZ 号联邦法修订）

如果上述机构之一或俄罗斯航天国家集团公司的代表与委员会审议的问题存在关联，并可能对作出决定的客观性产生影响的，则上述代表不参与表决。（经 2015 年 7 月 13 日第 216 – FZ 号联邦法修订）

3. （本款根据 2014 年 4 月 2 日第 60 – FZ 号联邦法失去效力）

4. 俄罗斯联邦无线电频谱的使用按照以下原则进行：

用户访问无线电频谱的许可程序；

俄罗斯联邦无线电频带的分配及其使用条件与无线电频带的国际分配趋同；

所有用户访问无线电频谱的权利，要考虑国家优先级，其中包括为俄罗斯联邦无线电业务提供无线电频谱，以确保公民安全，为满足国家权力机关、国防和国家安全、法制、环境安全、预防人为紧急情况的需要而提供通信；（经 2011 年 12 月 8 日第 424 – FZ 号联邦法修订）

为使用无线电频谱付费；

不允许无限期分配无线电频带、赋予无线电频率或无线电信道；

无线电频谱转换；

无线电频谱分配和使用程序透明、公开。

5. 作为电磁辐射源的通信设备、其他无线电电子设备和高频设备应进行注册。应进行注册的无线电电子设备和高频设备的清单及其注册程序由俄罗斯联邦政府确定。

海上船舶、内河航行船舶、混合（河－海）航行船舶上使用的舰载无线电台、飞机上使用的机载无线电台无须注册，并根据舰载无线电台的许可证或机载无线电台的许可证使用。舰载无线电台的许可证或机载无线电台的许可证的签发、这些许可证形式的批准及其签发程序由俄罗斯联邦政府授权的联邦权力执行机构进行。

用于单独接收电视频道和（或）广播频道信号、个人无线电呼叫信号（无线电寻呼机）的无线电电子设备、不含有无线电发射装置的家用电子产品和个人无线电导航设备在俄罗斯联邦境内使用时要考虑俄罗斯联邦法律规定的限制，无须注册。（经2010年7月27日第221－FZ号联邦法修订）

应根据本条规定进行注册但未完成注册的无线电电子设备和高频设备不允许使用。

需要注册的无线电电子设备和高频设备，必须自其注册之日起30天内，安装在无线电电子设备和高频设备注册时指定的地点。（本段根据2018年12月11日第465－FZ号联邦法施行）

（本款根据2009年7月18日第188－FZ号联邦法施行）

6. 舰载无线电台的许可证的效力由俄罗斯联邦大众传媒、大众通信、信息技术和通信监督局按照法外程序并根据以下理由终止：

船东（以自己名义经营船舶的人，无论他是已签发舰载无线电台许可证的船舶的所有人还是根据其他法律依据使用船的人）申请；

船舶丧失悬挂俄罗斯联邦国旗航行的权利；

舰载无线电台许可证有效期到期，如该期限未按照规定程序延长的；

如果申请人提交的文件中含有不可靠或歪曲的信息，影响作出签发舰载无线电台许可证的决定的，则俄罗斯联邦大众传媒、大众通信、信息技术和通信监督局有权向法院提出申请，要求终止舰载无线电台许可证的效力。

（本款根据2018年4月18日第70-FZ号联邦法施行）

第22-1条 无线电频率部门

联邦通信领域权力执行机构下属的用于确保管理无线电频率和无线电电子设备使用的特别授权部门（以下简称"无线电频率部门"）采取组织和技术措施，确保国家无线电频率委员会的决定适当使用无线电频率或无线电信道和相关的无线电电子设备或民用高频设备，以及实施本联邦法、其他联邦法律和俄罗斯联邦政府批准的无线电频率部门条例规定的其他授权。（本条根据2014年4月2日第60-FZ号联邦法施行）

第23条 无线电频谱的分配

1. 无线电频谱的分配按照俄罗斯联邦无线电业务之间的频带分配表和通过无线电电子设备预期使用无线电频谱的计划进行，该分配表和计划由国家无线电频率委员会制定并由俄罗斯联邦政府批准。

2. 俄罗斯联邦无线电业务之间的频带分配表的修订至少每4年进行一次，通过无线电电子设备预期使用无线电频谱的计划的修订至少每10年进行一次。

国家无线电频率委员会每2年审核一次自律组织和某些通信运营商的提案，以修订俄罗斯联邦无线电业务之间的频带分配表和通过无线电电子设备预期使用无线电频谱的计划。

3. 无线电频谱包括以下几类无线电频带：

优先使用用于满足国家权力机关需要、国防、国家安全和法制

保障需要的无线电电子设备；（经 2011 年 12 月 8 日第 424 – FZ 号联邦法修订）

优先使用民用无线电电子设备；

共同使用任何用途的无线电电子设备。

4. 为无线电频谱用户设立一次性使用费和使用年费，以便为无线电频率控制系统、无线电频谱转换和将现有无线电电子设备转为其他频带的措施融资提供保障。

确定一次性费用和年费的数额、此类费用的收取、分配和使用程序由俄罗斯联邦政府确定，其依据是，一次性费用和年费的数额应根据所使用的无线电频率范围、无线电频率的数量和所使用的技术分别确定。

第 24 条 分配无线电频带和赋予（指定）无线电频率或无线电信道

1. 无线电频谱的使用权通过分配无线电频带和赋予（指定）无线电频率或无线电信道来提供。（经 2016 年 6 月 23 日第 204 – FZ 号联邦法修订）

除非本联邦法另有规定，否则未经相关许可不得使用无线电频谱。（经 2011 年 2 月 23 日第 18 – FZ 号联邦法修订）

2. 在任何用途无线电电子设备共同使用和民用无线电电子设备优先使用类别的无线电频带中，为任何用途无线电电子设备分配无线电频带，而在用于国家管理需要的无线电电子设备优先使用类别的无线电频带中，对于民用无线电电子设备的无线电频带的分配，由国家无线电频率委员会进行，同时考虑国家无线电频率委员会成员提交的有关此类分配可行性的结论。（经 2011 年 2 月 23 日第 18 – FZ 号联邦法修订）

在用于国家管理需要的无线电电子设备优先使用类别的无线电频带中，对于为国家权力机关、国防、国家安全和法律秩序提供保障的无线电电子设备的无线电频带的分配，在俄罗斯联邦由国家安全领域的联邦权力执行机构和国防领域的联邦权力执行机构进行。（经2011年12月8日第424–FZ号联邦法修订）

无线电频带的分配期限为10年或最短的申请期限。根据无线电频谱用户的请求，该期限可根据无线电频带分配机构的决定增加或减少。（经2016年6月23日第204–FZ号联邦法修订）

未经国家无线电频率委员会或授权机构决定，依据本条规定授予的无线电频带使用权不能由无线电频谱的一个用户转让给另一个用户。

3. 由通信领域的联邦权力执行机构根据俄罗斯联邦公民的申请或俄罗斯法人的申请，为民用无线电电子设备赋予（指定）无线电频率或无线电信道，同时考虑无线电频率部门对使用申报的无线电电子设备的可能性及其与现有和计划使用的无线电电子设备的电磁兼容性进行的鉴定结果（电磁兼容性鉴定）。

在无线电频谱共同使用的框架下，如果对无线电频谱的多主体使用达成协议，则按照国家无线电频率委员会规定的程序，在同一区域内分配给协议各方并在无线电频谱多主体使用协议中规定的无线电频带范围内，为民用无线电电子设备赋予（指定）无线电频率或无线电信道。

自收到俄罗斯联邦公民的相关申请或俄罗斯法人的申请之日起40个工作日内，通信领域的联邦权力执行机构：（经2020年4月7日第109–FZ号联邦法修订）

作出决定，为民用无线电电子设备赋予（指定）无线电频率或无线电信道；（经2020年4月7日第109–FZ号联邦法修订）

在电信信息互联网的联邦通信领域权力执行机构的官方网站上发布有关通过相关决定的信息；(经2020年4月7日第109-FZ号联邦法修订)

准备无线电频率或无线电信道使用许可证。(本段根据2020年4月7日第109-FZ号联邦法施行)

由国家安全领域的联邦权力执行机构和国防领域的联邦权力执行机构，为满足国家权力机关需要、国防、国家安全和法制保障需要所使用的无线电电子设备赋予（指定）无线电频率或无线电信道。

赋予（指定）无线电频率或无线电信道的执行期限为十年或最短的申请期限，但处于无线电频带分配的相关决定的有效期内。考虑到用于通信网络创建和运行的航天项目的保证使用寿命，为轨道频率资源赋予（指定）无线电频率或无线电信道的期限可增加。

本联邦法第22条5款第2段规定的舰载无线电台许可证的签发要考虑无线电频率部门出具的关于舰载无线电台符合俄罗斯联邦国际条约要求和俄罗斯联邦通信法要求的意见书。

对于未设定有效期的无线电频带分配决定和赋予（指定）无线电频率或无线电信道的决定，应规定有效期至2019年12月31日。(本段根据2018年4月18日第70-FZ号联邦法施行)

(本款根据2016年6月23日第204-FZ号联邦法施行)

3-1. 无线电频谱的多主体使用协议应包含下列内容：

1）分配给无线电频谱用户即协议各方的拟共同使用的无线电频带说明；

2）无线电频谱用户的权利和义务，其中包括无线电频谱用户遵守无线电频带分配相关决定规定的条件的义务；

3）无线电频谱用户之间的共同使用费相互结算程序及相应的支付数额；

4）就无线电频谱共同使用问题，在无线电频谱用户之间产生的争议审理程序；

5）无线电频谱多主体使用协议的终止程序。

（本款根据2016年6月23日第204-FZ号联邦法施行）

3-2. 如果使用无线电频谱提供通信服务，则无线电频谱多主体使用协议各方应持有同一名称的通信服务许可证。（本款根据2016年6月23日第204-FZ号联邦法施行）

4.（本款根据2011年2月23日第18-FZ号联邦法失去效力）

5. 在分配的无线电频带范围内，进行电磁兼容性鉴定、材料审查和作出有关分配无线电频带和赋予（指定）无线电频率或无线电信道的决定的程序，以及重新发布此类决定或对其进行修改的程序，由国家无线电频率委员会确定和公布。（经2011年2月23日第18-FZ号联邦法修订）

6. 为满足国家权力机关需要、国防、国家安全和法制保障需要，可以更改无线电频率或无线电信道的赋予（指定），并向无线电电子设备的所有者补偿因改变无线电频率或无线电信道而造成的损失。（经2011年12月8日第424-FZ号联邦法修订）

只有在为了防止对人类生命或健康造成威胁并确保国家安全，以及为了履行俄罗斯联邦国际条约规定的业务时，才允许通信领域的联邦权力执行机构强制更改无线电频谱用户的无线电频率或无线电信道。无线电频谱用户可以按照司法程序对此类更改提出申诉。

7. 基于以下理由，允许拒绝为无线电频谱用户分配民用无线电电子设备的无线电频带：

申请的无线电频带与俄罗斯联邦无线电业务之间的无线电频带分配表不一致；

申请的无线电电子设备的辐射和接收参数不符合俄罗斯联邦保

证无线电电子设备和高频设备电磁兼容性的要求、规范和国家标准；（经 2016 年 4 月 5 日第 104–FZ 号联邦法修订）

由国家无线电频率委员会成员之一提交的关于分配无线电频带的可能性的否定意见。（经 2011 年 2 月 23 日第 18–FZ 号联邦法修订）

8. 基于以下理由，允许拒绝为民用无线电电子设备的无线电频谱用户赋予（指定）无线电频率或无线电信道：

在强制性确认的情况下，对于申请使用的无线电电子设备缺少符合性确认文件；

申请的通信活动不符合为此类活动制定的要求、规范和规则；

电磁兼容性鉴定的否定意见；（经 2011 年 2 月 23 日第 18–FZ 号联邦法修订）

使用无线电频率分配的国际协调程序的负面结果，前提是国际电信联盟无线电通信规程和俄罗斯联邦其他国际条约对此种程序予以规定的。

在无线电频谱共同使用的框架下，当缺少无线电频谱多主体使用协议时，同样也允许拒绝向民用无线电电子设备的无线电频谱用户赋予（指定）无线电频率或无线电信道。（本段根据 2016 年 6 月 23 日第 204–FZ 号联邦法施行）

9. 按照俄罗斯联邦由国家安全领域的联邦权力执行机构和国防领域的联邦权力执行机构规定的程序，拒绝为满足国家权力机关需要、国防、国家安全和法制保障需要所使用的无线电电子设备赋予（指定）无线电频率或无线电信道。（经 2011 年 12 月 8 日第 424–FZ 号联邦法修订）

10. 如果发现违反无线电频带分配或赋予（指定）无线电频率或无线电信道期间确定的条件，则民用无线电电子设备的无线电频谱用户使用无线电频谱的许可证可由分配无线电频带的结构或赋予（指定）无线电频率或无线电信道的结构，根据本条第2款和第3款的规定暂停一段时间，直至消除这种违规行为，但不得超过90天。

11. 无线电频谱使用许可证按照法外程序终止，或者基于以下理由，该许可证的有效期不得延长：

无线电频谱用户申请的；

如果通信服务领域内的活动与无线电频谱的使用相关，取消此类活动许可证的；

赋予（指定）无线电频率或无线电信道时规定的期限届满，如果该期限按照规定程序延长，或者未提前至少30天提交延期申请的；

将无线电电子设备和（或）高频设备用于损害个人、社会和国家利益的非法目的的；

无线电频谱用户不满足无线电频带分配或赋予（指定）无线电频率或无线电信道的决定中确定的条件的；

在规定付款期限之日起30天内，无线电频谱用户未支付无线电频谱使用费的；

已签发无线电频谱使用许可证的法人进行清算的；

未消除作为暂停使用无线电频谱许可证的依据的违规行为的；

重组后法人的法定继承人未执行本条第15款和第16款规定的关于重新发布无线电频带分配的决定和无线电频率或无线电信道使用许可证的要求的；（本段根据2011年2月23日第18-FZ号联邦法施行）

国家无线电频率委员会作出合理决定，终止使用国家无线电频率委员会决定中规定的无线电频带，并赔偿无线电电子设备所有者

因提前终止无线电频带分配决定造成的损失。（本段根据2011年2月23日第18-FZ号联邦法施行）

11-1. 如果无线电频谱多主体使用协议终止，为共享无线电频谱而向无线电频谱用户发放的无线电频率或无线电信道使用许可证也将按照法外程序终止。（本款根据2016年6月23日第204-FZ号联邦法施行）

12. 如果申请人提交的文件中包含不可靠或歪曲的信息，对作出有关分配无线电频带或赋予（指定）无线电频率或无线电信道的决定产生影响，则分配无线电频带或赋予（指定）无线电频率或无线电信道的机构有权向法院提出申请，要求终止或不延长无线电频谱使用许可证的有效期。

13. 如终止或暂停无线电频谱使用许可证的，已缴纳的使用费不予退还。

14. 当法人以合并、兼并、改制形式进行重组时，关于分配无线电频带的决定和无线电频率或无线电信道使用许可证按照重组后法人的法定继承人的申请重新办理手续。

当法人以分割或分立形式进行重组时，关于分配无线电频带的决定和无线电频率或无线电信道使用许可证按照重组后法人的法定继承人的申请重新办理手续，同时考虑交接书的规定。（经2016年5月1日第122-FZ号联邦法修订）

自然人获得的关于分配无线电频带的决定和无线电频率或无线电信道使用许可证根据个人申请或其继承人的申请，并按照本条第15款和第16款规定的程序重新登记给其他自然人，并遵守民法规定。上述文件的重新登记申请由继承人在接受继承之日起30天内提交。在继承人的申请书后面附有确认接受继承事实的文件副本。

如果其他法定继承人对有利害关系的继承人使用无线电频带和

赋予（指定）无线电频率或无线电信道的权利提出异议，则当事人之间的争议按照司法程序解决。根据已生效的法院判决，法定继承人有权重新登记分配无线电频带的决定和无线电频率或无线电信道使用许可证。

（本款根据2011年2月23日第18-FZ号联邦法施行）

15. 当法人重组时，其法定继承人有义务自法人所属国家统一登记簿进行相关变更之日起45天内提交以下重新登记申请：

在国家无线电频率委员会重新登记关于分配无线电频带的决定；

在通信领域的联邦权力执行机构重新登记无线电频率或无线电信道的使用许可证。

（本款根据2011年2月23日第18-FZ号联邦法施行）

16. 在本条第15款规定的申请书后面附上确认继承事实的文件，也可以附上法人所属国家统一登记簿摘录或按照公证程序公证的摘录副本。如果在继承人的申请书后面未附上法人所属国家统一登记簿摘录或按照公证程序公证的摘录副本，则通信领域的联邦权力执行机构向法人、作为个体经营者的自然人国家登记机构查询确认申请人信息已录入法人所属国家统一登记簿中的事实信息。（经2011年7月1日第169-FZ号联邦法、2015年7月13日第263-FZ号联邦法修订）

自收到相关申请之日起10天内进行分配无线电频带的决定的重新登记，无须国家无线电频率委员会会议对该议题进行审议。

自收到相关申请之日起10天内，由通信领域的联邦权力执行机构进行无线电频率或无线电信道使用许可证的重新登记。

上述文件的重新登记是在向重组后的法人分配无线电频带和赋予（指定）无线电频率或无线电信道时确定的条件下进行的。

如果法定继承人提供不完整或不可靠信息的，则国家无线电频率委员会自收到相关申请之日起 10 天内，可以拒绝对分配无线电频带的决定和无线电频率或无线电信道使用许可证进行重新登记。

自作出相关决定之日起，国家无线电频率委员会以书面形式向申请人发出或亲手交给他有关拒绝对上述文件进行重新登记的通知。

在上述重新登记结束之前，法定继承人有权按照先前签发的文件使用无线电频谱。

（本款根据 2011 年 2 月 23 日第 18-FZ 号联邦法施行）

第 25 条 无线电电子设备和（或）高频设备的辐射监督

1. 对无线电电子设备和（或）高频设备的辐射进行监督，以便：

检查无线电频谱用户是否遵守其使用规则；

查明不允许使用的无线电电子设备及终止其运行；

查明无线电干扰源；

查明违反无线电频谱使用程序和规则、俄罗斯联邦国家标准、无线电电子设备和（或）高频设备辐射（接收）参数要求的行为；
（经 2016 年 4 月 5 日第 104-FZ 号联邦法修订）

确保电磁兼容性；

确保无线电频谱的运行准备。

2. 无线电监测是无线电频谱使用的国家管理和赋予（指定）无线电频率或无线电信道的国际法律保护的组成部分。对民用无线电电子设备的无线电监测由无线电频率部门进行。无线电监测的实施程序由俄罗斯联邦政府确定。

在无线电监测过程中，为了研究无线电电子设备和（或）高频设备的辐射参数、确认违反规定的无线电频谱使用规则，可对监测的辐射源信号进行记录。

此类记录只能作为违反无线电频谱使用程序的证据，并应按照俄罗斯联邦法律规定的程序进行销毁。

不允许将此类记录用于其他目的，并且进行此类使用的过错人应承担俄罗斯联邦法律规定的侵犯隐私、个人、家庭、商业和其他受法律保护的秘密的责任。

第 26 条　编号资源的管理

1. 编号资源的管理属于国家专有权利。

俄罗斯联邦政府根据俄罗斯编号系统和方案确定俄罗斯联邦电信网络编号资源的分配和使用程序，其中包括国际通信网络的俄罗斯部分，同时考虑俄罗斯联邦参与的国际组织。

在分配国际通信网络俄罗斯部分的编号时，要考虑自律组织在这一领域活动的通用国际惯例。

2. 分配编号资源时，应根据俄罗斯联邦税法向通信运营商收取国家税。（经 2004 年 11 月 2 日第 127 – FZ 号联邦法、2012 年 12 月 25 日第 253 – FZ 号联邦法修订）

通信领域的联邦权力执行机构有权在本联邦法及《俄罗斯联邦关于通过"112"号码呼叫紧急部门法及相关法律的修正案》规定的情况下，更改、完全或部分撤回分配给通信运营商的编号资源。有关当前的编号修改及其实施期限的信息应进行公布。如果分配给通信运营商的编号资源全部或部分撤回的，则不给予通信运营商补偿。（经 2004 年 11 月 2 日第 127 – FZ 号联邦法、2020 年 12 月 30 日第 488 – FZ 号联邦法修订）

按照下列理由撤回先前分配给通信运营商的编号资源：

分配了相应编号资源的通信运营商申请的；

终止授予通信运营商的许可证的；（经2019年12月27日第478–FZ号联邦法修订）

通信运营商在违反编号系统和方案的情况下使用编号资源的；

自分配之日起两年内，通信运营商未全部或部分使用分配的编号资源的；

通信运营商未能履行其在本联邦法规定的拍卖中应承担的义务。

（本款根据2004年11月2日第127–FZ号联邦法施行）

在撤回日期前30天内，以书面形式将有关撤回编号资源的决定通知通信运营商，并说明作出该决定的理由。

2-1. 通信领域的联邦权力执行机构有权全部或部分撤回分配给专用通信网络所有者的编号资源。（本款根据2016年3月2日第44–FZ号联邦法施行）

2-2. 按照下列理由撤回先前分配给专用通信网络所有者的编号资源：

分配了相应编号资源的专用通信网络所有者申请的；

专用通信网络所有者在违反编号系统和方案的情况下使用编号资源的；

自分配之日起2年内，专用通信网络所有者未全部或部分使用分配的编号资源的。

（本款根据2016年3月2日第44–FZ号联邦法施行）

2-3. 如果分配给专用通信网络所有者的编号资源全部或部分撤回的，则向专用通信网络所有者支付补偿。

分配给通信运营商、专用通信网络所有者的编号资源撤回程序由俄罗斯联邦政府制定。

授权对分配给专用通信网络所有者的编号资源的使用情况进行监督的联邦权力执行机构由俄罗斯联邦政府确定。

（本款根据 2016 年 3 月 2 日第 44 – FZ 号联邦法施行）

3. 通信领域的联邦权力执行机构有义务：

1）将俄罗斯联邦统一电信网络编号资源的分配和使用程序提交俄罗斯联邦政府批准；

2）确保组织编号资源的发布和统计，以及编号资源的分配工作；

3）确定通信网络中编号资源的使用要求，通信运营商必须履行的通信网络建设、通信网络管理、编号、保护通信网络免受未经授权访问和在其上传输信息、无线电频谱使用、包括专用通信网络与公共通信网络之间的流量传输程序、通信网络互通程序、提供通信服务、确保用户号码转移时移动无线电话通信运营商的组织和技术交互程序的要求；（经 2012 年 12 月 25 日第 253 – FZ 号联邦法、2016 年 3 月 2 日第 44 – FZ 号联邦法修订）

4）批准俄罗斯的编号系统和方案；

5）在技术合理的情况下，经初步公布当前更改的原因和期限后，按照俄罗斯联邦统一电信网络编号资源分配和使用程序更改通信网络的编号；

6）确保具有闲置的编号资源；

7）应有关人员的要求，提供编号资源的分配信息；

8）检验通信运营商对分配给他们的编号资源的使用是否符合俄罗斯联邦统一电信网络编号资源的规定使用程序，其中包括通信运营商履行其在本联邦法规定的拍卖中应承担的义务。

4. 不允许对特定通信运营商的编号资源的分配、更改和撤回等信息的访问设置限制。（经 2011 年 7 月 11 日第 200 – FZ 号联邦法修订）

5. 如果分配给特定区域内所有通信运营商的编号数量少于可用资源的 90%，则根据通信运营商或专用通信网络所有者的申请，通信领域的联邦权力执行机构在不超过 60 天的期限内进行通信网络编号资源的分配。在确定拍卖的编号资源时，要考虑本联邦法第 31 条规定的拍卖所收到的申请。（经 2016 年 3 月 2 日第 44 – FZ 号联邦法修订）

6. 已分配、更改编号资源的通信运营商有义务在规定的期限内开始使用已分配的编号资源，更改网络编号，并支付一切必要费用。

用户不承担与通信网络编号分配、更改相关的费用，但与更换文件和信息材料中的用户识别号或识别码相关的费用除外。

7. 仅在取得通信领域的联邦权力执行机构的同意后，通信运营商才有权将分配给他的编号资源或其中的一部分转让给其他通信运营商。（经 2016 年 3 月 2 日第 44 – FZ 号联邦法修订）

如果用户在与另一家移动无线电话通信运营商签订通信服务新合同时决定保留其用户号的，则在该合同有效期内，将用户号转让给上述通信运营商无须征得通信领域的联邦权力执行机构的同意。（本段根据 2012 年 12 月 25 日第 253 – FZ 号联邦法施行）

8. 当法人以合并、兼并、改制形式重组时，分配给法定继承人的编号资源的所有权文件应按照法定继承人的申请重新登记。（经 2004 年 11 月 2 日第 127 – FZ 号联邦法修订）

当法人以分割或分立重组时，编号资源的所有权文件应按照法定继承人的申请重新登记。（经 2004 年 11 月 2 日第 127 – FZ 号联邦法修订）

当其他法定继承人对有利害关系的继承人使用编号资源的权利提出异议时，则当事人之间的争议按照司法程序解决。

9. 移动无线电话通信运营商有义务确保向转移用户号数据库的运营商提供有关用户号的必要信息，这些用户号由用户保留，并在签订通信服务新合同时使用。

转移用户号数据库的运营商由俄罗斯联邦政府确定。

上述数据库的运营商对转移用户号数据库进行修改的程序是有偿的。与用户签订通信服务新合同的移动无线电话通信运营商修改上述数据库的付费金额、该费用收取程序、上述数据库的运行程序及其资源的访问程序由俄罗斯联邦政府确定。

提供转移用户号数据库中的信息不收取费用。

（本款根据2012年12月25日第253-FZ号联邦法施行）

第27条 联邦国家通信控制（监督）

1. 由俄罗斯联邦大众传媒、大众通信、信息技术和通信监督局进行联邦国家通信控制（监督）。

2. 联邦国家通信控制（监督）的对象为法人、个体经营者和自然人遵守本联邦法、其他联邦法律和根据其通过的其他规范性法律文件规定的通信领域的强制性要求（涉及联邦国家消费者权益保护监督对象的强制性要求除外），为残疾人提供社会、工程和交通基础设施对象和服务的可接近性的强制性要求，以及通信领域的许可要求。

3. 联邦国家通信控制（监督）由2020年7月31日第248-FZ号《关于俄罗斯联邦的国家控制（监督）和市政控制法》调整，但在未与受控人员互动的情况下采取的控制（监督）措施除外。

4. 在未与受控人员互动的情况下实施措施过程中披露的有关对受法律保护的贵重物品造成损害（损失）或构成损害（损失）威胁的信息，作为作出根据2020年7月31日第248-FZ号《关于俄罗斯联邦的国家控制（监督）和市政控制法》采取控制（监督）措施的决定的依据。

5. 联邦国家通信控制（监督）条例，包括在未与受控人员互动的情况下采取的控制（监督）措施的组织和实施程序，由俄罗斯联邦政府批准。

（本条根据 2021 年 6 月 11 日第 170 - FZ 号联邦法施行）

第 28 条 通信服务资费管理

1. 除非本联邦法和俄罗斯联邦自然垄断法另有规定，否则通信服务资费由通信运营商制定。

2. 公共电信和公共邮政通信服务的资费根据俄罗斯联邦自然垄断法进行管理。资费由国家管理的公共电信和公共邮政通信服务列表，以及其管理程序由俄罗斯联邦政府制定。通用通信服务的资费根据本联邦法进行管理。

3. 通信服务资费的国家管理（通用通信服务资费的管理除外）应创造条件，为通信运营商提供与通信服务相关的经济合理费用的补偿，以及在提供由国家确定资费的通信服务时所使用的资本产生的合理回报率（盈利能力）的补偿。

第6章
提供通信服务领域的活动许可和通信领域的符合性评估

(本名称经2007年2月9日第14-FZ号联邦法修订)

第29条 提供通信服务领域的活动许可

1. 法人和个体经营者提供有偿通信服务的活动，仅凭从事通信服务领域活动的许可证（以下简称"许可证"）方可开展。许可证中包含的通信服务名称列表和相应的许可条件清单由俄罗斯联邦政府确定并每年进行更新。

在从事电视广播和（或）无线电广播（有线广播通信服务除外）通信服务活动的许可证包含的许可条件中，如果是根据与用户签订的合同开展上述活动的，则无论使用何种通信网络，均包含强制性公共电视频道和（或）广播频道的转播条件，无须签订合同及向此类频道的广播公司收取费用，以及根据本联邦法第46条第4款规定，无须对观看和（或）收听此类电视频道和（或）广播频道用户收取费用。（本段根据2010年7月27日第221-FZ号联邦法施行；经2015年7月13日第257-FZ号联邦法修订）

2. 由通信领域的联邦权力执行机构（以下简称"许可机构"）对通信服务领域的活动发放许可证，该机构：

1）根据本条第1款规定的许可条件清单确定许可条件，并对其进行修改和补充；

2）登记授予许可证的申请；

3）在许可证登记簿上记录许可证授予情况；（经 2019 年 12 月 27 日第 478 – FZ 号联邦法修订）

4）对许可条件的遵守情况进行监督，下发指示消除发现的违规行为，并发出暂停许可证的警告；

5）拒绝授予许可证；（经 2019 年 12 月 27 日第 478 – FZ 号联邦法修订）

6）暂停和恢复许可证；

7）吊销许可证；

8）许可证重新登记；（根据 2021 年 6 月 11 日第 170 – FZ 号联邦法规定，从 2022 年 3 月 1 日起失去效力）

9）根据本联邦法管理许可证清册并公布上述清册信息。

3. 根据申请审核结果，在本联邦法第 31 条规定的情况下，则根据招标（拍卖、竞标）结果授予许可证。（经 2019 年 12 月 27 日第 478 – FZ 号联邦法修订）

第 30 条 申请授予许可证的要求

1. 为了获得许可证，许可证申请人应向许可机构递交一份申请书，在其中注明：

1）名称（公司名称）、法律组织形式、法人所在地、开户银行名称（对于法人）；

2）姓名、居住地、身份证明文件信息（对于个体经营者）；

3）通信服务名称；

4）将要提供通信服务和创建通信网络的区域；

5）通信网络类别；

6）许可证申请人拟开展通信服务活动的期限。

2. 在申请书后面附上通信网络建设方案和通信服务说明。作为法人或个体经营者的许可证申请人，有权连同申请一起提交颁发许可证国家税支付证明文件，以及法人所属国家统一登记簿摘录或个体经营者国家统一登记簿摘录。(经 2015 年 7 月 13 日第 263 – FZ 号联邦法、2019 年 12 月 27 日第 478 – FZ 号联邦法修订)

2 – 1. 如果许可证申请人未能按照许可机构的跨部门要求主动提交本条第 2 款规定的文件，则按照俄罗斯联邦法人和个体经营者国家登记法和俄罗斯联邦税法规定的程序和期限，由进行法人、作为个体经营者的自然人国家登记的联邦权力执行机构，以电子形式提交资料，确认许可证申请人的信息已录入法人所属国家统一登记簿或个体经营者国家统一登记簿的事实，而对税法遵守情况行使监督职能的联邦权力执行机构则提交资料，确认许可证申请人在税务机关登记的事实。

如果许可证申请人未主动提交确认支付授予许可证的国家税的文件，则许可机构使用国家和市政支付国家信息系统中包含的国家税支付信息检查国家税申请人的支付事实。(经 2019 年 12 月 27 日第 478 – FZ 号联邦法修订)

(本款根据 2011 年 7 月 1 日第 169 – FZ 号联邦法施行；经 2015 年 7 月 13 日第 263 – FZ 号联邦法修订)

3. 如果在提供通信服务的过程中拟使用无线电频谱，其中包括用于电视广播和无线电广播的目的；进行有线电视广播和有线广播；包括通过数据传输网络传输语音信息；提供超出俄罗斯联邦主体范围的通信信道或提供俄罗斯联邦境外的通信信道；在邮政通信领域开展活动的，则许可证申请人必须连同本条第 1 款和第 2 款规定的文件一起，提交将借助其提供通信服务的通信网络、通信设备说明，以及通信网络发展计划和经济依据。对此类说明的内容，以

及此类计划和经济依据内容的要求由通信领域的联邦权力执行机构制定。（经2007年2月9日第14-FZ号联邦法修订）

4. 此外，为了获得在提供通信服务时规定使用无线电频谱的许可证，还需要提交国家无线电频率委员会关于无线电频带分配的决定。

如果许可证申请人未能提交本款规定的文件，则按照许可机构的跨部门要求，国家无线电频率委员会提供有关向许可证申请人分配无线电频带的信息。（经2011年7月1日第169-FZ号联邦法修订）

5. 除本条第1款第4）项和第5）项、第2款、第3款规定的文件外，不允许向许可证申请人索取其他文件。（经2011年7月1日第169-FZ号联邦法、2011年12月3日第383-FZ号联邦法修订）

6. 向许可机构提供不可靠或歪曲信息的，根据俄罗斯联邦法律，许可证申请人将承担法律责任。

7. 授予许可证的申请和本条第2~4款规定的文件可以使用联邦国家信息系统"在基础设施中确保以电子形式提供国家和市政服务的信息系统的信息和技术交互的统一识别认证系统"（以下简称"统一识别认证系统"），以电子文件形式提交到许可机构。根据俄罗斯联邦法律，如果通过提供国家和市政服务的多功能中心提供相关服务，则许可证申请人有权直接以纸质版形式或通过挂号邮件并附上回执，向许可机构或提供国家和市政服务的多功能中心提交上述申请和文件。（本款根据2015年7月13日第263-FZ号联邦法施行；经2019年12月27日第478-FZ号联邦法修订）

第31条　申领许可证的招标（拍卖、竞标）

1. 在以下情况下，根据招标（拍卖、竞标）的结果授予许可

证：(经2019年12月27日第478-FZ号联邦法修订)

1) 通信服务将使用无线电频谱进行提供，而国际无线电频率委员会确定，可用于提供通信服务的无线电频谱限制了该区域内可能的通信运营商数量。招标（拍卖、竞标）获胜者被授予许可证并分配相应的无线电频率；(经2019年12月27日第478-FZ号联邦法修订)

2) 本区域内的公共通信网络资源有限，包括有限的编号资源，因此，通信领域的联邦权力执行机构规定，本区域内的通信运营商数量应受到限制。

2. 招标（拍卖、竞标）的程序由俄罗斯联邦政府制定。

关于举行招标（拍卖、竞标）的决定由通信领域的联邦权力执行机构按照规定程序通过。

组织招标（拍卖、竞标）由通信领域的联邦权力执行机构不迟于通过此类决定后6个月进行。

3. 在就授予许可证的可能性作出决定之前［根据授予许可证的申请审核结果或招标（拍卖、竞标）结果作出的决定］，不得授予提供通信服务时规定使用无线电频谱的许可证。(经2019年12月27日第478-FZ号联邦法修订)

4. 本条规定不适用于在提供电视广播和无线电广播的通信服务时，使用无线电频率的情况。(经2010年7月27日第221-FZ号联邦法修订)

第32条 授予许可证的申请的审核程序

(本名称经2019年12月27日第478-FZ号联邦法修订)

1. 授予许可证或拒绝授予许可证的决定由许可机构作出：(经2019年12月27日第478-FZ号联邦法修订)

自作出决定之日起不超过 30 天的期限内，根据招标（拍卖、竞标）结果作出决定；

在本联邦法第 30 条第 3 款规定的情况下，自收到许可证申请人的申请（附上本联邦法第 30 条第 1~3 款规定的所有必要文件）之日起不超过 75 天的期限内作出决定，但根据招标（拍卖、竞标）结果授予许可证的情况除外；（经 2019 年 12 月 27 日第 478－FZ 号联邦法修订）

在其他情况下，自收到许可证申请人的申请（附上本联邦法第 30 条第 1 款和第 2 款规定的所有必要文件）之日起不超过 30 天的期限内，根据申请审核结果作出决定。

1-1. 许可机构根据本联邦法第 30 条规定的文件和招标（拍卖、竞标）结果作出授予或拒绝授予许可证的决定，如果为空中地面电视广播和（或）无线电广播提供通信服务而授予许可证的，则根据许可机构提供的关于许可证申请人拥有电视广播和（或）无线电广播许可证的信息作出决定。（本款根据 2011 年 7 月 1 日第169－FZ 号联邦法施行；经 2019 年 12 月 27 日第 478－FZ 号联邦法修订）

2. 许可机构有义务在作出相关决定之日起 10 天内，将授予或拒绝授予许可证的决定通知许可证申请人。将授予或拒绝授予许可证的通知发给许可证购证人，并根据其选择发送经强化限定电子签名签署的电子文件，或通过挂号邮件发送纸质版文件，并附有回执。拒绝授予许可证的通知应包含拒绝的理由。（经 2019 年 12 月 27 日第 478－FZ 号联邦法修订）

3. 按照俄罗斯联邦税法规定的数额和程序，为授予许可证、许可证延期和（或）许可证重新登记支付国家税。（经 2010 年 4 月 5 日第 41－FZ 号联邦法、2019 年 12 月 27 日第 478－FZ 号联邦法修订）

4. （本款根据 2010 年 4 月 5 日第 41－FZ 号联邦法失去效力）

5.（本款根据2010年4月5日第41-FZ号联邦法失去效力）

6. 许可机构在许可证中注明该许可证允许提供通信服务的区域。

7. 许可证购证人不得将许可证或其赋予的任何权利全部或部分转让给其他法人或自然人。

第33条 许可证的有效期

1. 许可证可授予的期限为3～25年，该期限由许可机构考虑下列情况确定：（经2019年12月27日第478-FZ号联邦法修订）

许可证申请人的申请中注明的期限；

许可证申请提供的通信服务内容；

如果使用无线电频谱提供通信服务，则在国家无线电频率委员会关于分配无线电频带的决定中注明的期限；

符合电信网络连接及其交互规则的技术限制和技术条件。

2. 根据许可证申请人的申请，许可证授予期限可少于3年。（经2019年12月27日第478-FZ号联邦法修订）

3. 许可证的有效期可根据许可证购证人的申请延长最初授予的期限，或不超过本条第1款规定的其他期限。许可证有效期延期申请不迟于许可证有效期到期前2个月且不早于6个月发送到许可机构。要延长许可证有效期，许可证购证人应提交本联邦法第30条规定的文件。许可证有效期延期决定由许可机构根据提交的文件，自收到上述文件之日起不超过45天内通过。（经2019年12月27日第478-FZ号联邦法修订）

3-1. 许可证有效期延期申请和本联邦法第30条第2～4款规定的文件，可使用统一识别认证系统以电子文件（电子文件包）形式向许可机构提交。根据俄罗斯联邦法律，如果通过提供国家和市政服务的多功能中心提供相关服务,则申请人有权直接以纸质版形式或通过挂号邮件并附上回执,向许可机构或提供国家和市政服务的多功能中心提交上述申请和文件。(本款根据 2015 年 7 月 13 日第 263 – FZ 号联邦法施行;经 2019 年 12 月 27 日第 478 – FZ 号联邦法修订)

4. 如果在递交申请之日,违反许可提交的行为已确定但未消除的,则可以拒绝延长许可证的有效期。

第 34 条 拒绝授予许可证

(本名称经 2019 年 12 月 27 日第 478 – FZ 号联邦法修订)

1. 拒绝颁发许可证的依据有:

1)申请所附文件不符合本联邦法第 30 条的要求;

2)许可证申请人未提交根据本联邦法第 30 条第 1 款第 4)项和第 5)项、第 2 款、第 3 款规定所需的文件;(经 2011 年 7 月 1 日第 169 – FZ 号联邦法、2011 年 12 月 3 日第 383 – FZ 号联邦法修订)

3)许可证申请人提交的文件中存在不可靠或歪曲的信息;

4)许可证申请人申请的活动不符合为此类活动制定的要求和规则;(经 2016 年 4 月 5 日第 104 – FZ 号联邦法修订)

5)如果根据招标(拍卖、竞标)结果授予许可证,不承认许可证申请人为招标(拍卖、竞标)的获胜者;(经 2019 年 12 月 27 日第 478 – FZ 号联邦法修订)

6)取消国家无线电频率委员会关于分配无线电频带的决定;

7)申报的通信服务在技术上缺乏实施的可能性。

2. 许可证申请人有权按照司法程序,对拒绝授予许可证或许可机构的不作为提出上诉。(经 2019 年 12 月 27 日第 478 – FZ 号联邦法修订)

第 35 条　许可证的重新登记

1. 按照许可证所有者的申请，许可证可过户给法定继承人。

同时，除本联邦法第 30 条第 1 款和第 2 款规定的文件外，法定继承人必须提交根据重新登记的许可证提供通信服务所需的通信网络和通信设备转让证明文件，以及在根据重新登记的许可证提供通信服务时，可以提交确认无线电频率使用许可证过户的文件。（经 2015 年 7 月 13 日第 263 – FZ 号联邦法修订）

当作出许可证重新登记的决定时，许可机构根据通信领域的联邦权力执行机构提供的信息，检查法定继承人在根据重新登记的许可证提供通信服务时，是否具有确认无线电频率使用许可证过户的文件，除非本联邦法另有规定或法定继承人未主动提交上述文件。（本段根据 2011 年 7 月 1 日第 169 – FZ 号联邦法施行）

2. 当法人以合并、兼并或改制的形式进行重组时，按照法定继承人的申请重新登记许可证。在申请后面应附上本联邦法第 30 条第 1 款和第 2 款规定的文件。

3. 当法人以分割或分立的形式进行重组时，按照有利害关系的法定继承人的申请重新登记许可证。同时，除本联邦法第 30 条第 1 款和第 2 款规定的文件外，有利害关系的法定继承人还必须提交根据重新登记的许可证提供通信服务所需的通信网络和通信设备转让证明文件，以及在根据重新登记的许可证提供通信服务时，可以提交确认无线电频率使用许可证过户的文件。（经 2015 年 7 月 13 日第 263 – FZ 号联邦法修订）

当作出许可证重新登记的决定时，许可机构根据通信领域的联邦权力执行机构提供的信息，检查法定继承人在根据重新登记的许可证提供通信服务时，是否具有确认无线电频率使用许可证过户的文件，除非本联邦法另有规定或法定继承人未主动提交上述文件。（本段根据 2011 年 7 月 1 日第 169-FZ 号联邦法施行）

如果其他法定继承人对有利害关系的继承人重新登记许可证的权利提出异议时，则当事人之间的争议按照司法程序解决。

3-1. 本条第 1~3 款规定的文件可以使用统一识别认证系统，以电子文件形式提交到许可机构。根据俄罗斯联邦法律，如果通过提供国家和市政服务的多功能中心提供相关服务，则申请人有权直接以纸质版形式或通过挂号邮件并附上回执，向许可机构或提供国家和市政服务的多功能中心提交上述文件。（本款根据 2015 年 7 月 13 日第 263-FZ 号联邦法施行；经 2019 年 12 月 27 日第 478-FZ 号联邦法修订）

4. 如果法人重组或更改许可证中注明的法人或个体经营者的详细信息，许可证购证人必须在 30 天内提交许可证重新登记申请，并附上确认该申请中所述更改的文件。如果未在规定期限内提交此类申请，则许可证终止。

如果因法人重组或更改许可证中注明的法人或个体经营者的详细信息而进行许可证重新登记的申请后面未附上确认文件，则应许可机构的跨部门要求，由进行法人、作为个体经营者的自然人国家登记的联邦权力执行机构，提供因法人重组或更改许可证中注明的法人或个体经营者的详细信息而向法人所属国家统一登记簿或个体经营者国家统一登记簿录入变更的信息。（本段根据 2011 年 7 月 1 日第 169-FZ 号联邦法施行；经 2015 年 7 月 13 日第 263-FZ 号联邦法修订）

（本款根据 2021 年 6 月 11 日第 170-FZ 号联邦法规定，从 2022 年 3 月 1 日起失去效力）

5. 许可机构在收到相关申请之日起 30 天内进行许可证的重新

登记。(本款根据 2021 年 6 月 11 日第 170 – FZ 号联邦法规定,从 2022 年 3 月 1 日起失去效力)

5 – 1. 如果法定继承人根据本条必须提交本联邦法第 30 条第 2 款规定的文件,则这些文件的提交应符合本联邦法第 30 条第 2 – 1 款的规定。(本款根据 2012 年 7 月 28 日第 133 – FZ 号联邦法施行)

6. (本款根据 2010 年 4 月 5 日第 41 – FZ 号联邦法失去效力)

7. 在许可证重新登记时,许可机构对通信领域的许可证登记簿作出适当修改。(本款根据 2021 年 6 月 11 日第 170 – FZ 号联邦法规定,从 2022 年 3 月 1 日起失去效力)

8. 如果拒绝许可证重新登记的,许可证购证人根据俄罗斯联邦法律和与通信服务用户签订的提供通信服务的合同,向通信服务用户负责。

第 36 条　对许可证作出修改和补充

1. 许可证购证人可以向许可机构申请对许可证作出修改和补充,其中包括对许可条件的变更。

许可机构必须在不超过 60 天的期限内审查该申请,并将作出的决定通知申请人。(经 2019 年 12 月 27 日第 478 – FZ 号联邦法修订,自 2021 年 1 月 1 日开始执行)

2. 如果许可证中通信服务名称、许可证生效地区或无线电频谱使用等需要修改或补充的,则该许可证应进行重新登记。(自 2021 年 1 月 1 日开始执行)

3. 如果俄罗斯联邦法律发生变更,则许可机构有权主动对许可条件进行修改和补充,并将此情况通知许可证购证人。在通知中注明作出此类决定的依据。(自 2021 年 1 月 1 日开始执行)

第37条 暂停许可证效力

1. 在许可证效力暂停之前，许可机构有权在下列情况下提出暂停许可证效力的警告：

1）由授权的国家机构发现与不遵守联邦法律和俄罗斯联邦其他通信法规规定有关的违法行为的；

2）由授权的国家机构发现许可证购证人违反许可条件的行为的；

3）未提供通信服务超过3个月的，其中包括自许可证规定的开始提供此类服务之日起未提供这些服务的。（经2019年12月27日第478-FZ号联邦法修订）

2. 在下列情况下，许可机构有权暂停许可证效力：

1）发现可能导致损害个人权利、合法利益、生命或健康的违法行为，以及对满足国家权力机关需要、国防、国家安全和法制保障需要造成损害的违法行为；（经2011年12月8日第424-FZ号联邦法修订）

2）如果国家无线电频率委员会签发的许可证购证人使用无线电频率的许可证被吊销，导致无法提供通信服务的；

3）许可证购证人未在规定期限内执行许可机构要求消除发现的违规行为的指示，其中包括提出暂停许可证效力时下发的指示。

3. 许可机构将暂停许可证效力的警告和暂停许可证效力的决定发送给许可证购证人，并在作出该决定或提出警告之日起10天内，根据其选择发送经强化限定电子签名签署的电子文件，或通过挂号邮件发送纸质版文件，并附有回执，说明作出该决定或提出警告的依据。（经2019年12月27日第478-FZ号联邦法修订）

4. 许可机构有义务确定合理的期限，以使许可证购证人消除导致提出暂停许可证效力的警告的违规行为。此期限不得超过6个月。如果许可证购证人未能在上述期限内消除此类违规行为的，则许可机构有权暂停许可证效力，并向法院申请吊销许可证。

第38条　恢复许可证效力

1. 如果许可证购证人消除了导致暂停许可证效力的违规行为，则许可机构必须作出恢复其效力的决定。

2. 在消除上述违规行为之日起10天内提交的国家通信监督机构的意见书将作为许可证购证人消除导致暂停许可证效力的违规行为的证明。许可机构在收到上述意见书之日起10天内，应作出恢复许可证效力的决定。（经2019年12月27日第478－FZ号联邦法修订）

第39条　吊销许可证

1. 在下列情况下，根据当事人或许可机构的诉讼，按照司法程序吊销许可证：

1）在作为决定授予许可证的依据的文件中发现不可靠的数据的；（经2019年12月27日第478－FZ号联邦法修订）

2）未在规定期限内消除导致暂停许可证效力的情形的；

3）许可证购证人未履行其在参与招标（拍卖、竞标）过程中所承担的义务的［根据招标（拍卖、竞标）结果授予许可证时］。（经2019年12月27日第478－FZ号联邦法修订）

2. 在下列情况下，许可机构将吊销许可证：

1）法人因重组而清算或终止活动的，但以改制形式进行的重组除外；

2）终止作为个体经营者的公民国家注册证书效力的；

3）许可证购证人申请吊销许可证的；

4）（本项根据 2010 年 4 月 5 日第 41–FZ 号联邦法失去效力）

3.（本款根据 2010 年 4 月 5 日第 41–FZ 号联邦法失去效力）

4. 许可机构关于吊销许可证的决定由许可机构发送给许可证购证人，并在作出决定之日起 10 天内，根据其选择发送经强化限定电子签名签署的电子文件，或通过挂号邮件发送纸质版文件，附有回执，并可按照司法程序提起上诉。（经 2019 年 12 月 27 日第 478–FZ 号联邦法修订）

第 40 条　建立和管理通信许可证登记簿

1. 许可机构建立和管理通信许可证登记簿。在登记簿中应包含下列信息：

1）关于许可证购证人的信息；

2）根据许可证提供的通信服务名称和允许提供相关通信服务的区域；（经 2019 年 12 月 27 日第 478–FZ 号联邦法修订）

3）许可证颁发日期和登记号；（经 2019 年 12 月 27 日第 478–FZ 号联邦法修订）

4）许可证有效期；

5）暂停和恢复许可证效力的依据和日期；

6）吊销许可证的依据和日期；

7）规范性法律文件规定的其他信息。（经 2019 年 12 月 27 日第 478–FZ 号联邦法修订）

2. 许可机构通过在电信信息互联网上发布信息，提供对许可证登记簿中包含的公共信息的访问，其中包括以开放数据形式进行访问。通信许可证登记簿中包含的许可证信息，在将相关条目录入以电子形式进行管理的通信许可证登记簿中时，获得开放数据的状态。（经 2019 年 12 月 27 日第 478 – FZ 号联邦法修订）

第 40 – 1 条　由通信运营商实施电视频道和（或）广播频道转播的广播公司的信息

1. 根据与广播公司签订的协议来实施电视频道和（或）广播频道转播的通信运营商，按照通信领域的联邦权力执行机构制定的程序，在电视频道和（或）广播频道开始转播之日起 10 天内向许可机构提交有关广播公司的信息，以及在电视频道和（或）广播频道终止转播之日起 30 天内提交拟解除协议的信息，以及在解除上述协议的其他情况下，自电视频道和（或）广播频道终止转播的理由发生之日起 3 个工作日内，提交与广播公司终止协议的信息。

2. 许可机构有义务确保使用电信信息互联网，以电子文件形式从许可证购证人处获得本条规定的信息的可能性。

（本条根据 2011 年 6 月 14 日第 142 – FZ 号联邦法施行）

第 41 条　通信设备和通信服务的符合性确认

1. 为确保俄罗斯联邦统一电信网络的完整性、运行稳定性和安全性，必须确认以下通信设备符合规定要求：

1）在公共通信网络中使用的通信设备；

2）当与公共通信网络连接时，在技术通信网络和专用通信网络中使用的通信设备。

2. 确认本条第 1 款中所述的通信设备符合根据俄罗斯联邦技术调整法通过的技术规程，以及通信领域的联邦权力执行机构在通信设备应用方面的法规要求，应通过通信设备的强制认证或接受符合性声明来进行。

应进行强制认证的通信设备由制造商或卖方提供认证。

关于确认通信设备符合规定要求的文件、在俄罗斯联邦境外获得的通信设备的测试记录根据俄罗斯联邦国际条约得到承认。

制造商有权接受那些无须进行强制认证的通信设备的符合性声明。

3. 须进行强制认证的通信设备清单由俄罗斯联邦政府批准，包括：

执行交换系统、数字传输系统、控制和监视系统功能的通信设备，以及具有计量功能的通信设备，同时考虑通信运营商在公共通信网络中提供的通信服务量；（经2011年11月7日第303-FZ号联邦法修订）

可能导致公共通信网络运行中断的终端设备；

与公共通信网络连接的技术通信网络和专用通信网络的通信设备；

无线电电子通信设备；

通信设备，其中包括确保在从事侦查活动时执行规定操作的软件。

在修改作为通信设备一部分的软件时，制造商可按照规定程序接受该通信设备的符合性声明，说明该通信设备符合先前颁发的符合性证书或接受的符合性声明的要求。

4. 通信服务和通信服务质量控制系统的认证在自愿基础上进行。

5. 由俄罗斯联邦政府确定通信设备的强制符合性确认工作的组织和实施程序，并批准进行认证的规则。对通信设备开展认证测试的认证机构、测试实验室（中心）的认可根据俄罗斯联邦国家认可体系认可法进行。（经 2014 年 6 月 23 日第 160-FZ 号联邦法修订）

对持证人和申报人是否遵守确保所提供的通信设备符合认证要求和条件的义务进行监督，以及对制造商采用的符合性声明进行登记，由通信领域的联邦权力执行机构承担。

通信领域的联邦权力执行机构还受托组织通信认证系统，包括认证机构、测试实验室（中心），无论法律组织形式和所有制形式如何。

6. 对于符合性声明的登记，根据俄罗斯联邦税法收取国家税。（经 2004 年 11 月 2 日第 127-FZ 号联邦法修订）

7. 符合性证书持有人或申报人必须确保通信设备、通信设备质量控制系统、通信服务、通信服务质量控制系统符合规范性文件的要求，以满足进行认证或通过声明的要求。

8. 如果发现具有符合性证书或符合性声明的待操作通信设备不符合规定要求，持证人或申报人必须自费消除发现的不合格处。消除上述不合格处的期限由通信领域的联邦权力执行机构确定。

第 42 条　在进行通信设备的强制性认证时符合性证书的签发和终止

1. 为进行通信设备的强制性认证，申请人向认证机构发送俄文编写的认证申请及其能够识别通信设备并包含技术参数的技术说明，通过这些参数可以评估通信设备是否符合规定要求。

销售申请人还向认证机构提交制造商的文件，确认申请认证的通信设备的生产事实。

2. 认证申请审查期限自认证机构收到本条第 1 款规定的文件之日起不得超过 30 天。

3. 认证机构在收到认证测试的书面结果后 30 天内，作出签发或有理由拒绝签发符合性证书的决定。根据认证规则规定的认证方案，符合性证书的签发期限为 1 年或 3 年。

4. 如果通信设备不符合规定要求或申请人违反认证规则的，则拒绝签发符合性证书或终止其效力。

5. 通信领域的联邦权力执行机构公布关于将符合性证书纳入通信认证系统符合性证书登记簿中或从上述登记簿中删除符合性证书的信息。

第 43 条　符合性声明和符合性声明书的登记

1. 符合性声明是通过申请人根据私人证据和在认可的测试实验室（中心）的参与下获得的证据接受符合性声明书来实现的。

作为私人证据，申请人使用技术文件、私人研究（测试）和测量结果及作为确认通信设备符合规定要求的合理依据的其他文件。申请人还向证据材料中列入在认可的测试实验室（中心）进行的研究（测试）和测量记录。

2. 符合性声明书用俄文编写，应包含下列内容：

申请人的名称和所在地；

通信设备制造商的名称和所在地；

使用俄文编写的能够识别通信设备的技术说明；

申请人声明，当按照预期目的使用通信设备，并且申请人采取措施确保通信设备符合规定要求时，不会对俄罗斯联邦统一电信系统的完整性、运行稳定性和安全性产生破坏稳定影响；

关于进行的研究（测试）和测量的信息，以及关于作为确认通信设备符合规定要求的依据的文件信息；

符合性声明书的有效期；

符合性声明书的形式由通信领域的联邦权力执行机构批准。

3. 按照确立的规则制定的符合性声明书须在3天内由通信领域的联邦权力执行机构进行登记。

符合性声明书自登记之日起生效。

4. 符合性声明书和构成证据材料的文件由申请人在该声明书有效期内保存，并自其有效期截止之日起保存3年。

第43-1条

（根据2007年2月9日第14-FZ号联邦法施行；根据2010年2月14日第10-FZ号联邦法失去效力）

第43-2条

（根据2007年2月9日第14-FZ号联邦法施行；根据2010年2月14日第10-FZ号联邦法失去效力）

第 7 章
通信服务

第 44 条 提供通信服务

1. 在俄罗斯联邦境内，通信运营商根据依民法、本联邦法和提供通信服务的规则签订的通信服务协议，向通信服务用户提供通信服务。

除本条第 1-1 款第 5 段规定情况外，在自然人，包括个体经营者或法人主张的情况下，采用以下方式之一，通过电信信息互联网签订通信服务协议：

使用强化限定电子签名；

使用强化非限定电子签名，其验证密钥证书在基础设施中创建和使用，确保以电子形式并按照俄罗斯联邦政府规定的程序提供国家和市政服务的信息系统的信息技术交互，在组织自然人与该基础设施交互的情况下，使用按照规定程序通过符合性评估的信息保护工具；

使用普通电子签名，其密钥根据俄罗斯联邦政府制定的以电子形式申请获得国家和市政服务时的普通电子签名使用规则亲自到场领取，在对自然人，包括个体经营者、法人的授权代表进行识别时，使用 2006 年 7 月 27 日第 149-FZ 号《俄罗斯联邦信息、信息技术和信息保护法》第 14-1 条第 18 款规定的信息技术。

（本款经 2020 年 12 月 30 日第 533 – FZ 号联邦法修订）

1 – 1. 通信运营商或其授权签订提供移动无线电话通信服务协议的人员应使用：

拥有所有权、处于经济管理、业务管理或租赁中的场所、场所的一部分；

固定交易设施中及用于开展交易活动和布置在其他固定设施中的区域内的设备齐全的交易场所，或具有设计了一个或多个工位的交易大厅的交易设施。

禁止签订在非固定交易设施中提供移动无线电话通信服务的协议，但通信运营商或其授权人员签订在专门为用户服务配备且由通信领域的联邦权力执行机构制定要求的车辆上提供移动无线电话通信服务的协议的情况除外，或者根据本条第 1 款第 3 ~ 5 段内容，并考虑本款第 5 段规定的特点，签订通过电信信息互联网提供移动无线电话通信服务的协议的情况除外。

如果使用具有内置识别模块并且能够通过编程方式更改识别模块上信息（该信息对于识别法人或个体经营者的通信服务用户是必需的）的用户设备（终端设备），和（或）使用移动无线电话通信运营商网络中的用户设备（终端设备），则只能使用本条第 1 款第 3 段和第 5 段规定的方式，签订通过电信信息互联网提供移动无线电话通信服务的协议。

根据提供通信服务的规则，向自然人用户或者法人或个体经营者用户，以及向可靠信息已提交给通信运营商的用户的通信服务使用者提供移动无线电话通信服务，除非本联邦法另有规定。法人或个体经营者用户有义务根据提供通信服务的规则，向通信运营商提供有关通信服务使用者的信息。本段要求不适用于根据俄罗斯联邦国家和市政府货物、工程和服务采购领域合同系统法和俄罗斯联邦某些类型的法人实体采购货物、工程、服务法签订的提供移动无线电话通信服务的协议。

就提供移动无线电话通信服务签订协议的法人或个体经营者用户，仅在由法人或个体经营者用户或根据法人或个体经营者的决定，由通信服务使用者向联邦国家信息系统——在基础设施中确保以电子形式提供国家和市政服务的信息系统的信息和技术交互的统一识别认证系统（以下简称"统一识别认证系统"）中录入信息，说明此通信服务使用者所使用的、由移动无线电话通信运营商分配的用户号信息，以及有关法人或个体经营者用户名称的信息的情况下，向自然人通信服务使用者提供在上述协议范围内使用移动无线电话通信服务的可能性，通信运营商必须在开始提供通信服务之前，通过使用统一跨部门电子交互系统向统一识别认证系统发送请求，核实是否存在这些信息。如果通信运营商在核实过程中发现信息缺失或不可靠，则通信运营商有义务不提供与该用户号有关的通信服务，并将此情况通知法人或个体经营者，而如果在规定期限内没有答复，则将移动无线电话通信运营商分配的上述用户号从协议中删除。

如果向法人或个体经营者用户提供移动无线电话通信服务的目的是确保使用识别模块的用户设备（终端设备）的运行，则在法人或个体经营者用户向统一识别认证系统中录入用户设备（终端设备）运行时所使用的用户号信息、用户地址或用户设备（终端设备）安装地点及其他能够识别用户或其用户设备（终端设备）的信息时提供上述服务。本段中所述信息的组成及法人或个体经营者用户将其录入统一识别认证系统的程序由俄罗斯联邦政府制定。

当法人或个体经营者用户向统一识别认证系统中录入本款第6

段规定的信息时，这些信息应由通信服务用户使用国家和市政服务统一门户网站进行确认。

提供通信服务的规则可能会规定不需要向通信服务运营商提供有关法人或个体经营者用户的通信服务使用者的信息。

（本款根据2020年12月30日第533–FZ号联邦法施行）

2. 提供通信服务的规则由俄罗斯联邦政府批准。

提供通信服务的规则规范了通信服务用户和通信运营商在签订和履行通信服务协议时的相互关系、进行数据传输和提供电信信息互联网访问权限的通信服务用户及其使用的终端设备的识别程序，以及暂停提供协议项下通信服务和解除该协议的程序和依据、提供通信服务的特点、通信运营商和通信服务用户的权利和义务、通信服务费的结算形式和程序、通信服务用户投诉、索赔意见的提交和审核程序、双方责任。（经2014年5月5日第97–FZ号联邦法修订）

3. 如果通信服务用户违反本联邦法、提供通信服务的规则或通信服务协议规定的要求，包括违反通信服务协议条款规定的通信服务支付日期，则通信运营商有权暂停提供通信服务，直至消除违法行为，但本联邦法规定的情况除外。（经2006年7月26日第132–FZ号联邦法修订）

通信服务用户自收到通信运营商拟暂停提供通信服务的书面通知之日起6个月内未消除违法行为的，通信运营商有权单方面解除通信服务协议，但本联邦法规定的情况除外。（经2006年7月26日第132–FZ号联邦法修订）

4. 根据通信服务协议分配用户号的用户，在解除现有通信服务协议、支付通信服务欠款和签订新的通信服务协议的情况下，有权在俄罗斯联邦政府确定的区域内保存该用户号。

移动无线电话通信运营商在签订新的通信服务协议时确定的用户对保存的用户号的使用费金额不得超过100卢布。

（本款根据2012年12月25日第253-FZ号联邦法施行）

5. 如果通信运营商吸收其他人员提供内容服务，除通过国家和市政服务统一门户网站提供的通信服务外，通信运营商必须根据用户的请求创建一个单独的分户账，仅用于在上述分户账上的资金范围内支付这些通信服务。在没有上述申请的情况下，这些通信服务的支付按照本款第3段规定的程序进行。

提供在技术上与移动无线电话通信服务密不可分并旨在提高其消费价值的其他通信服务，须征得通过实施某些行动来表现的用户的同意，这些行动能够明确识别用户和可靠地确立其获得这些服务的意愿。

在获得用户同意提供在技术上与移动无线电话通信服务密不可分并旨在提高其消费价值的其他通信服务，其中包括内容服务之前，通信运营商应向用户提供服务资费信息和这些服务的内容简介，以及提供具体服务的人员和注销用于支付这些服务的资金的分户账。

向用户提供的服务由通信运营商进行结算。

（本款根据2013年7月23日第229-FZ号联邦法施行）

6. 通信运营商或代表通信运营商行使职责的人员，在签订移动无线电话通信服务协议时，必须向该协议中列入可靠的用户信息，用户清单由提供通信服务的规则确定。代表通信运营商行使职责的人员必须在协议签订后10天内，将一份已签署的协议副本发送给通信运营商，除非上述协议规定了更短的期限。（经2020年12月30日第533-FZ号联邦法修订）

根据本联邦法和提供通信服务的规则，通信运营商有义务核实用户信息和法人或个体经营者用户的通信服务使用者信息的可靠性，其中包括代表通信运营商行使职责的人员提交的信息。

对于自然人用户的信息、法人或个体经营者用户的通信服务使用者的信息，要通过确定姓氏、父称（如有）、出生日期，以及采用下列方式之一确认的用户或通信服务使用者的身份证明文件的其他数据进行核实：

提供身份证明文件；

使用统一识别认证系统；（经2020年12月30日第533–FZ号联邦法修订）

使用强化限定电子签名。

当通信运营商通过统一跨部门电子交互系统连接到国家机构信息系统中时，使用这些系统。

如果用户信息、法人或个体经营者用户的通信服务使用者信息、代表通信运营商行使职责的人员提交的信息的可靠性未经证实，则通信运营商按照提供通信服务的规则暂停提供通信服务。

如果法人用户清算或自然人终止作为个体经营者的活动的，则根据通信服务协议分配给这些用户的用户号可以按照提供通信服务的规则规定的程序，通过与通信服务的实际使用者签订通信服务协议重新登记到该使用者身上。

通信运营商按照俄罗斯联邦政府规定的程序，使用电信信息互联网向用户提供有关其与用户签订的移动无线电话通信服务协议。

（本款根据2013年11月2日第304–FZ号联邦法施行；经2017年7月29日第245–FZ号联邦法修订）

7. 允许非通信运营商的法人或自然人签订提供移动无线电话通信服务的协议，并与用户进行这些服务的费用结算，但必须有书面文件确认上述法人和自然人代表通信运营商行使职责的权力。
（本款根据2013年11月2日第304–FZ号联邦法施行）

第44-1条 通过移动无线电话通信网络分送

1. 通过移动无线电话通信网络分送（以下简称"分送"）须征得通过实施某些行动来表现的用户的初步同意，这些行动能够明确识别用户和可靠地确立其获得分送的意愿。如果分送的客户（在其主动分送的情况下）或移动无线电话通信运营商（在移动无线电话通信运营商提议进行分送的情况下）未证明已获得用户初步同意的，则分送被认定为已实施，无须获得此类同意。

2. 根据与移动无线电话通信运营商签订的协议，在分送客户的提议下通过移动无线电话通信网络进行分送，分送的对象是用户。上述协议的标的为由通信运营商实施分送的服务。

3. 违反本联邦法要求，通过移动无线电话通信网络实施的分送是非法的，但通知用户有关转移用户号的消息的分送，通信运营商必须根据俄罗斯联邦法律进行的其他消息的分送，以及由联邦权力执行机构、俄罗斯航天国家集团公司、国家预算外基金机构、俄罗斯联邦主体国家权力执行机构、地方政府及根据俄罗斯联邦法律实施执行管理授权的其他地方自治机构提议的消息分送除外。（经2015年7月13日第216-FZ号联邦法修订）

（本条根据2014年7月21日第272-FZ号联邦法施行）

第44-2条 监督通信运营商遵守核实用户信息和法人或个体经营者用户的通信服务使用者信息的可靠性的义务，其中包括代表通信运营商行使职责的人员提交的信息

1. 由俄罗斯联邦大众传媒、大众通信、信息技术和通信监督局监督通信运营商遵守核实用户信息和法人或个体经营者用户的通

信服务使用者信息的可靠性的义务，其中包括代表通信运营商行使职责的人员提交的信息。在实施上述监督时，可以使用从统一识别认证系统、转移的用户号数据库及俄罗斯联邦政府确定的其他系统中获得的信息。

2. 由无线电频率部门采取必要的组织和技术措施，以使俄罗斯联邦大众传媒、大众通信、信息技术和通信监督局执行有关监督通信运营商遵守核实用户信息和法人或个体经营者用户的通信服务使用者信息的可靠性的义务的权力，其中包括代表通信运营商行使职责的人员提交的信息，包括使用从统一识别认证系统、转移的用户号数据库及俄罗斯联邦政府确定的其他系统中获得的信息。

（本条根据2020年12月30日第533-FZ号联邦法施行；经2021年7月2日第319-FZ号联邦法修订）

第45条 向公民提供通信服务的特点

1. 与公民签订的通信服务协议是公共协议。此协议的条款应符合提供通信服务的规则。

2. 在更换用户号的所有者情况下，通信运营商必须至少提前60天通知用户并告知其新的用户号，除非这种更换的必要性是由不可预见或紧急情况造成的。

3. 未经用户书面同意，通信运营商无权改变其在独立用户线路上运行的终端设备的接线图。

4. 用户有权要求切换用户号，而通信运营商在具备技术可行性的情况下，有义务将用户号切换到该用户拥有的位于其他地址的场所内的用户线路上。切换用户号是一项附加服务。

5. 如果用户安装终端设备的场所（以下简称"安装电话场

所")的所有权和使用权终止,则与用户签订的通信服务协议终止。

同时,终止了通信服务协议的通信运营商,应按照安装电话场所的新所有者的要求,在30天内与其签订通信服务协议。

如果在安装电话场所内仍然居住着用户家属,则根据提供通信服务的规则,将通信服务协议重新登记到家属中的一人身上。

在俄罗斯联邦民法规定的包括安装电话场所在内的继承日期截止前,无权处置相应的用户号。在继承上述场所时,与继承人签订通信服务协议。继承人有义务在取得继承权之前向通信运营商支付提供的通信服务费用。

6. 用户有权向移动无线电话通信运营商提出申请,要求停止向其用户设备(终端设备)发送文本短信息,并指出该信息中包含的和用户拒绝接收的用户号或唯一识别码,但由移动无线电话通信运营商根据俄罗斯联邦法律发送的信息除外。

移动无线电话通信运营商在不向用户收取费用的情况下,有义务停止通过移动无线电话通信网络,从用户申请中所述的用户号或唯一识别码向用户的用户设备(终端设备)分送消息。

(本款根据2014年7月21日第272-FZ号联邦法施行)

7. 在统一识别认证系统中注册的自然人,有权使用国家和市政服务统一门户网站向统一识别认证系统中录入,以及从该系统中删除:

移动无线电话通信运营商分配给他的一个或多个用户号信息;

在与移动无线电话通信运营商分配的用户号绑定时,在用户设备(终端设备)中使用的用户设备(终端设备)标识符。

如果标识符已录入统一识别认证系统中的用户设备(终端设备)丢失,本款第1段中指定的自然人有权使用国家和市政服务统一门户网站，将该用户设备（终端设备）的丢失信息录入统一识别认证系统中。在从统一识别认证系统中获得用户设备（终端设备）丢失的信息后，以及在确认录入统一识别认证系统中的用户设备（终端设备）的标识符唯一性的情况下，根据移动无线电话通信运营商的现有信息，如果自然人用户或者法人或个体经营者用户的通信服务使用者使用丢失的用户设备（终端设备），则该运营商有义务不向他们提供通信服务。移动无线电话通信运营商与统一识别认证系统运营商的互动程序由俄罗斯联邦政府确定。

（本款根据 2020 年 12 月 30 日第 533 – FZ 号联邦法施行）

8. 当移动无线电话通信运营商收到统一识别认证系统运营商提交的请求，使统一识别认证系统中包含的自然人用户或者法人或个体经营者用户的通信服务使用者的数据，符合移动无线电话通信运营商根据本联邦法第 44 条第 6 款核实信息的可靠性后获得的有关自然人用户或者法人或个体经营者用户的通信服务使用者的数据，移动无线电话通信运营商应将相关信息提交到统一识别认证系统中。

移动无线电话通信运营商与统一识别认证系统运营商之间的上述互动通过统一跨部门电子交互系统实现。

（本款根据 2020 年 12 月 30 日第 533 – FZ 号联邦法施行）

第 46 条　通信运营商的义务

1. 通信运营商有义务：

根据俄罗斯联邦法律、技术规范和规则、许可证，以及通信服务协议向通信服务用户提供通信服务；（经 2016 年 4 月 5 日第 104 – FZ 号联邦法修订）

在通信网络设计、建设、改造、投产和运营期间遵循通信领域的联邦权力执行机构的规范性法律文件,在建设通信网络时要考虑确保其运行稳定性和安全性的要求,以及本联邦法第 64 条第 2 款规定的要求,以及《俄罗斯联邦关于通过"112"号码呼叫紧急部门法及相关法律的修正案》。与此相关的费用,以及其通信网络控制系统创建和运行及其与俄罗斯联邦统一电信网络的交互费用由通信运营商承担;(经 2010 年 2 月 14 日第 10-FZ 号联邦法、2014 年 5 月 5 日第 97-FZ 号联邦法、2020 年 12 月 30 日第 488-FZ 号联邦法修订)

遵守联邦在通信领域的执行机构制定的与其他通信网络的组织技术交互、流量传输和路由相关的要求,以及进行相互结算和强制性付款要求;

按照联邦法律和俄罗斯联邦其他法规规定的形式和程序提交统计报告;

应通信领域的联邦权力执行机构实施其授权的要求,按照联邦法律和俄罗斯联邦其他法规规定的形式和程序提供信息,其中包括通信网络和通信设备的技术状况信息、通信网络和通信设备发展前景信息、提供通信服务、连接服务和流量传输服务的条件信息、适用的资费和结算价格信息;

终止关于通过其网络传输包含违反本联邦法要求进行分送的流量的通信服务;(本段根据 2014 年 7 月 21 日第 272-FZ 号联邦法施行)

在收到从事业务搜索活动的机构的相关请求,收到俄罗斯联邦大众传媒、大众通信、信息技术和通信监督局根据监督通信运营商遵守核实用户信息和法人或个体经营者用户的通信服务使用者信息可靠性的义务的结果发送的请求,或收到上述联邦权力执行机构根据监督措施结果下发的指示时,如果未能在 15 天内确认实际用户的个人数据是否与用户协议中声明的信息一致的，以及在使用通信网络和通信设备预防和制止犯罪的情况下，停止提供通信服务；（本段根据 2016 年 7 月 6 日第 374–FZ 号联邦法施行；经 2020 年 12 月 30 日第 533–FZ 号联邦法修订）

如果在用于组织俄罗斯联邦关键信息基础设施对象交互的电信网络中安装用于在此类电信网络中搜索计算机攻击迹象的设备，应确保执行根据俄罗斯联邦关键信息基础设施安全法批准的此类设备安装和运行程序、技术条件，以及确保其安全；（本段根据 2017 年 7 月 26 日第 193–FZ 号联邦法施行）

遵守本联邦法第 56–2 条和第 65–1 条规定的要求。（本段根据 2019 年 5 月 1 日第 90–FZ 号联邦法施行）

（本款根据 2007 年 2 月 9 日第 14–FZ 号联邦法施行）

2. 通信运营商根据俄罗斯联邦残疾人社会保护法，为残疾人无障碍地使用通信设施提供条件，包括：

为设计用于通信服务用户的通信设施配备大字体的题词、其他文本和图形信息，包括使用凸点盲文；

为残疾人提供在通信设施周围独立活动的可能性，以便使用公共通信服务；

通信运营商的员工使用残疾人可用的其他方式通知其有关通信服务的信息。

在通信设施上，通信运营商在不收取额外费用的情况下为残疾人提供下列服务：

复制残疾人所需的视听信息；

导盲犬的准入须有确认其经过专业训练的文件，该文件按照负责制定和实施居民社会保护领域国家政策及法规调整的联邦权力执行机构确定的形式和程序签发；

在使用用户设备（终端设备）时由通信运营商的员工提供的援助。

通信运营商为残疾人使用通信设施和通信服务提供条件的程序由通信领域的联邦权力执行机构制定，并须征得负责制定和实施居民社会保护领域国家政策及法规调整的联邦权力执行机构的同意。

（本款根据 2014 年 12 月 1 日第 419 – FZ 号联邦法修订）

3. 为了让通信服务用户了解其通信网络上的现有编号，通信运营商必须创建一个免费的信息参考服务系统，以及根据经济合理的成本，有偿向有兴趣创建其信息参考服务系统的组织提供有关其通信网络用户的信息。

4. 根据用户协议提供电视广播和（或）无线电广播通信服务（有线广播通信服务除外）的通信运营商，依照获得的许可证条款，有义务在其运营的通信网络中以不变的形式自费进行强制性公共电视频道和（或）广播频道的转播［无须与强制性公共电视频道和（或）广播频道的广播公司签订协议，也不向他们收取强制性公共电视频道和（或）广播频道的转播费用，以及不向通信运营商的用户收取观看和（或）收听强制性公共电视频道和（或）广播频道］。

全俄强制性公共电视频道和（或）广播频道的位置顺序由俄罗斯联邦总统确定（电视频道从 1 到 10，广播频道从 1 到 3），而对于其他强制性公共电视频道，则根据在俄罗斯全境使用多路复用位置进行空中数字地面广播的权利的招标（竞标、拍卖）结果确定（电视频道从 11 到 20）。

俄罗斯联邦主体的强制性公共电视频道由强制性公共电视频道和（或）广播频道的运营商［使用卫星电视和无线电广播网络进行强制性公共电视频道和（或）广播频道转播的运营商除外］，在俄罗斯联邦相应主体境内其所运营的通信网络上第 21 频道进行转

播。（本段根据2016年7月3日第280-FZ号联邦法施行）

市政府的强制性公共电视频道由强制性公共电视频道和（或）广播频道的运营商［使用卫星电视和无线电广播网络进行强制性公共电视频道和（或）广播频道转播的运营商除外］，在相应行政区境内其所运营的通信网络上第22频道进行转播。（本段根据2019年6月6日第131-FZ号联邦法施行）

对声音和（或）图像质量的要求及遵守强制性公共电视频道和（或）广播频道的位置顺序由通信领域的联邦权力执行机构确定。

强制性公共电视频道和（或）广播频道的运营商为用户提供访问其通信网络的服务，以及包含在电视广播和（或）无线电广播通信服务中的其他服务，在有偿的基础上向用户提供。

（本款根据2010年7月27日第221-FZ号联邦法施行；经2015年7月13日第257-FZ号联邦法修订）

4-1. 提供电视广播和（或）无线电广播通信服务（有线广播通信服务除外）的通信运营商无权更改电视频道和（或）广播频道，包括在其运营的通信网络中转播的电视节目、广播节目和（或）其他视听、声音、文本信息和材料的集合，但事先与强制性公共电视频道和（或）广播频道的广播公司商定此种更改可能性的情况，以及俄罗斯联邦法律规定的情况除外。（本款根据2015年7月13日第257-FZ号联邦法施行）

4-2. 使用卫星电视无线电广播网络提供电视广播和（或）无线电广播通信服务的强制性公共电视频道和（或）广播频道的运营商，无权拒绝居住在强制性公共电视频道和（或）广播频道空中数字地面转播网络覆盖区域以外定居点的公民，就访问其通信网络签订协议，以便能够观看和（或）收听全俄罗斯强制性公共电视频道和（或）广播频道，以及已获得使用多路复用位置在俄罗斯联邦全境进行空中数字地面广播的权利的电视频道，对获得这些频道的观看和（或）收听权利不收取费用。

使用卫星电视无线电广播网络提供电视广播和（或）无线电广播通信服务的强制性公共电视频道和（或）广播频道的运营商，无权以提供观看和（或）收听本款第1段中所述的电视频道和（或）广播频道的可能性为条件，要求居住在强制性公共电视频道和（或）广播频道空中数字地面转播网络覆盖区域以外定居点的公民支付其他费用，但在签订本款第1段规定的协议时一次性收取的运营商通信网络入网费除外。

位于强制性公共电视频道和（或）广播频道空中数字地面转播网络覆盖区域以外的定居点列表，以及每个定居点使用卫星电视无线电广播网络在这些定居点提供电视广播和（或）无线电广播通信服务的强制性公共电视频道和（或）广播频道的运营商列表，由通信领域的联邦权力执行机构批准，并发布到其在电信信息互联网的官方网站上。

（本款根据2018年12月27日第529-FZ号联邦法施行）

4-3. 本条第4-2款第1段规定的协议可由当事人在同时满足下列条件时签订：

1）居民居住在本条第4-2款第1段规定的定居点，并向使用卫星电视无线电广播网络在本定居点提供电视广播和（或）无线电广播通信服务的强制性公共电视频道和（或）广播频道的运营商提出申请的；

2）居民拥有用户设备（终端设备），并且该设备可在其发出申请的、使用卫星电视无线电广播网络提供电视广播和（或）无线电广播通信服务的强制性公共电视频道和（或）广播频道的特定运营商的通信网络中使用的；

3）公民和（或）与其同住的家属没有本条第4-2款第1段规定的、与使用卫星电视无线电广播网络提供电视广播和（或）无线电广播通信服务的强制性公共电视频道和（或）广播频道的任意一个运营商签订的有效协议的。

（本款根据2018年12月27日第529-FZ号联邦法施行）

4-4. 如果已签订本条第4-2款第1段规定的协议的公民居住地发生变化或其死亡的，则该协议可与本条第4-3款第3）项规定的该公民的任意一名家属重新签订，并且不收取运营商通信网络入网费。（本款根据2018年12月27日第529-FZ号联邦法施行）

4-5. 使用卫星电视无线电广播网络提供电视广播和（或）无线电广播通信服务的强制性公共电视频道和（或）广播频道的运营商，有权就本条第4-2款第1段规定的先前已签订的协议的订立和解除交换信息。

使用卫星电视无线电广播网络提供电视广播和（或）无线电广播通信服务的强制性公共电视频道和（或）广播频道的运营商，有权单方面解除本条第4-2款第1段规定的协议，并在未遵守本条第4-3款第1）项规定的条件的情况下，终止对其通信网络的访问。

（本款根据2018年12月27日第529-FZ号联邦法施行）

5. 提供电信信息互联网接入服务的通信运营商，必须按照2006年7月27日第149-FZ号《俄罗斯联邦信息、信息技术和信息保护法》规定的程序，限制和恢复对通过电信信息互联网传播的信息的访问，以及确保在其通信网络中安装按照俄罗斯联邦大众传媒、大众通信、信息技术和通信监督局规定的程序提供的技术设备，对通信运营商、技术通信网络所有者或其他占有者遵守本联邦法和2006年7月27日第149-FZ号《俄罗斯联邦信息、信息技术和信息保护法》规定的限制信息访问要求进行监督。（本款根据

2012年7月28日第139-FZ号联邦法施行；经2014年5月5日第97-FZ号联邦法、2019年5月1日第90-FZ号联邦法修订）

5-1. 提供电信信息互联网接入服务的通信运营商，必须确保在其通信网络中安装应对俄罗斯联邦境内电信信息互联网和公共通信网络在通信设备（确保以超过10Gb/s的速率向用户设备传输数据的可能性）上运行的稳定性、安全性和完整性威胁的技术设备（以下简称"应对威胁的技术设备"），自安装之日起3天内向俄罗斯联邦大众传媒、大众通信、信息技术和通信监督局提交有关应对威胁的技术设备的实际安装地点的信息，并遵守本联邦法第65-1条第3款规定的应对威胁的技术设备安装的技术条件，以及通信网络要求。（经2021年7月2日第319-FZ号联邦法修订）

在通信运营商的通信网络中安装、运行和现代化改造应对威胁的技术设备的程序由俄罗斯联邦政府批准。

提供电信信息互联网接入服务的通信运营商没有义务限制对通过电信信息互联网传播的信息的访问，如果按照公共通信网络集中管理程序，使用应对威胁的技术设备对通信运营商的通信网络中此类信息进行限制访问，则该信息的访问应根据2006年7月27日第149-FZ号《俄罗斯联邦信息、信息技术和信息保护法》进行限制。

如果违反许可条件是由于应对威胁的技术设备运行期间通信网络故障造成的，则不得追究通信运营商的责任，并且不对其采取应对措施。

（本款根据2019年5月1日第90-FZ号联邦法施行）

5-2. 提供电信信息互联网接入服务的通信运营商，在向其通信网络中接入提供电信信息互联网接入服务的其他通信运营商时，必须通过应对威胁的技术设备确保流量进入连接的通信网络，但由其他互动的通信运营商通过应对威胁的技术设备确保流量进入连接的通信网络的情况除外。(本款根据 2021 年 7 月 2 日第 319 – FZ 号联邦法施行,从 2023 年 1 月 1 日起生效)

5 – 3. 向公民用户提供数据传输服务和电信信息互联网接入服务(使用卫星通信网络提供此类服务的情况除外)的通信运营商,有义务在不收费的情况下向公民用户提供通信服务,以使他们访问国内社会重要信息资源清单中包含的电信信息互联网网站、信息系统和电子计算机程序。

国内社会重要信息资源清单包括电信信息互联网中的国家机关和地方自治机构的官方网站、电信信息互联网中的俄罗斯联邦国家预算外基金的官方网站、由政府委员会确定的国家和市政服务门户网站。上述清单可包括由政府委员会确定电信信息互联网中的其他网站、信息系统和电子计算机程序。政府委员会的规定、其组成和决议通过程序由俄罗斯联邦政府批准。

由俄罗斯联邦政府授权的联邦权力执行机构管理国内社会重要信息资源的程序,其中包括选择电信信息互联网网站、信息系统和电子计算机程序以将其列入上述清单的标准,对列入上述清单中的电信信息互联网网站、信息系统和电子计算机程序的所有者的要求,由俄罗斯联邦政府确定。

本款规定的关于访问列入国内社会重要信息资源清单中的电信信息互联网网站、信息系统和电子计算机程序的通信服务的提供条件,由提供通信服务的规则确定。

(本款根据 2021 年 7 月 2 日第 319 – FZ 号联邦法施行)

6. 与决定保留其用户号的用户签订通信服务协议的移动无线电话通信运营商,必须将该号码列入自己的编号资源中,并按照提供移动无线电话通信服务原则规定的程序和条件,在该协议的有效期内提供移动无线电话通信服务。向该用户提供移动无线电话通信服务并在签订通信服务协议时从自己的编号资源中分配用户号的移动无线电话通信运营商,必须按照移动无线电话通信运营商提供用户号转移时的组织技术交互程序规定的方式和期限,确保将该号码发送到其他移动无线电话通信运营商网络中。(本款根据2012年12月25日第253-FZ号联邦法施行)

7. 移动无线电话通信运营商在用户决定保留用户号的情况下,违反本条第6款的规定,将用户号转移到其他移动无线电话通信运营商的网络中,必须在将该号码实际发送到用户选定的移动无线电话通信运营商网络之前,根据先前签订的移动无线电话通信服务协议,向用户提供无偿使用移动无线电话通信的可能性。(本款根据2013年11月25日第314-FZ号联邦法施行)

8. 确保用户的文本短信息(提议发送此类信息)传输的移动无线电话通信运营商,在传输此类信息时,必须以不变的形式传输根据通信服务协议分配给用户的用户号。(本款根据2017年12月5日第386-FZ号联邦法施行)

9. 从其通信网络发起电话呼叫的通信运营商,必须以不变的形式,将根据通信服务协议分配给发起电话呼叫的用户的用户号发送到参与建立电话连接的另一通信运营商的通信网络中。(本段根据2021年7月2日第319-FZ号联邦法施行)

从其数据传输网络发起语音信息传输连接的通信运营商,必须以不变的形式,将根据通信服务协议分配给发起语音信息传输连接的唯一识别码发送到参与建立连接的另一通信运营商的数据传输网络中。

参与建立电话连接或数据传输网络中的语音信息传输连接的通信运营商,必须以不变的形式,将获得的用户号或唯一识别码发送

到参与建立这些连接的另一通信运营商的通信网络中。(本段根据2021年7月2日第319-FZ号联邦法施行)

(本款根据2017年12月5日第386-FZ号联邦法施行)

10. 如果在提供流量传输服务过程中发现违反本条第8款或第9款规定的要求，通信运营商应终止提供向其通信网络传输流量的服务。

在下列情况下，通信运营商必须终止提供通信服务和（或）向其通信网络传输流量的服务：(本段根据2021年7月2日第319-FZ号联邦法施行)

如果在使用确保通信运营商遵守在公共通信网络中提供通信服务和流量传输服务的要求的系统时，发现缺少用户发起连接的信息的，其中包括用于发送文本短信息（从外国通信运营商的通信网络发起连接并附有与外国编号系统和方案相对应的编号的情况除外）；(本段根据2021年7月2日第319-FZ号联邦法施行，从2023年1月1日起生效)

如果是从外国通信运营商的通信网络发起连接的，其中包括用于发送文本短信息，并附有与俄罗斯的编号系统和方案相对应的编号的（由位于俄罗斯联邦境外的俄罗斯移动无线电话通信运营商的用户发起连接的情况除外）；(本段根据2021年7月2日第319-FZ号联邦法施行)

如果参与建立连接（包括传输文本短信息）的通信运营商缺少有关发起该连接的用户的用户号或唯一识别码的信息的。(本段根据2021年7月2日第319-FZ号联邦法施行)

(本款根据2017年12月5日第386-FZ号联邦法施行)

11. 在俄罗斯联邦境内，移动无线电话通信运营商在其通信网络中，为每个用户提供移动无线电话通信服务制定了相同的条件，无论该用户位于俄罗斯联邦主体境内（在向此类通信运营商分配编号资源，包括分配给用户的用户号的决定中指定的区域）还是上述区域范围以外。（本款根据 2018 年 12 月 27 日第 527 – FZ 号联邦法施行）

12. 提供有线电视广播通信服务的通信运营商，必须向俄罗斯联邦大众传媒、大众通信、信息技术和通信监督局和无线电频率部门提供其通信网络的访问权限，以便在其中安装技术设备，以监督在上述通信运营商的通信网络中转播的电视频道（电视节目）编辑部和电视频道广播公司遵守俄罗斯联邦大众传媒法情况。俄罗斯联邦大众传媒、大众通信、信息技术和通信监督局和无线电频率部门安装上述技术监督设备的程序由俄罗斯联邦大众传媒、大众通信、信息技术和通信监督局批准。（本款根据 2020 年 12 月 30 日第 535 – FZ 号联邦法施行）

13. 为了对通信运营商遵守有关核实用户信息和法人或个体经营者用户的通信服务使用者信息，其中包括代表通信运营商行使职责的人员提交信息的可靠性的义务进行监督，移动无线电话通信运营商必须按照俄罗斯联邦政府规定的期限、程序、组成和格式，向俄罗斯联邦大众传媒、大众通信、信息技术和通信监督局，包括应其要求提交以下电子信息：（经 2021 年 12 月 30 日第 465 – FZ 号联邦法修订）

确认用户信息和法人或个体经营者用户的通信服务使用者信息的方法，以及此类信息可靠性的核实结果；

用户信息和法人或个体经营者用户的通信服务使用者的信息；（经 2021 年 12 月 30 日第 465 – FZ 号联邦法修订）

用户和法人或个体经营者用户的通信服务使用者所使用的识别模块的运行状态；（经 2021 年 12 月 30 日第 465 – FZ 号联邦法修订）

向用户和法人或个体经营者用户的通信服务使用者提供通信服务的数量和周期。(经 2021 年 12 月 30 日第 465 - FZ 号联邦法修订)

14. 当自然人或法人通过统一识别认证系统进行认证时，以及自然人或法人使用统一识别认证系统进行由俄罗斯联邦政府批准其清单的重大行动时，移动无线电话通信运营商必须根据提供通信服务的规则，在收取费用的情况下，立即将含有认证确认代码或重大行动确认代码的文本短信息发送给相应的自然人或法人在统一识别认证系统中指定的用户号上。(本款根据 2021 年 12 月 30 日第 465 - FZ 号联邦法施行)

第 46 - 1 条　通信运营商遵守在公共通信网络中提供通信服务和流量传输服务要求的保障系统

1. 为了确保通信运营商遵守本联邦法第 46 条第 8 ~ 10 款规定的义务，无线电频率部门创建和确保通信运营商遵守在公共通信网络中提供通信服务和流量传输服务要求的保障系统的运行和发展。

2. 为了确保通信运营商遵守本联邦法第 46 条第 8 ~ 10 款规定的义务，通信运营商必须按照俄罗斯联邦政府确定的期限、程序、组成、格式和情况，连接到通信运营商遵守在公共通信网络中提供通信服务和流量传输服务要求的保障系统中，并向通信运营商遵守在公共通信网络中提供通信服务和流量传输服务要求的保障系统发送，以及从该系统中获取信息。

3. 俄罗斯联邦大众传媒、大众通信、信息技术和通信监督局对通信运营商遵守本联邦法第 46 条第 8 ~ 10 款和本条第 2 款规定的义务进行监督，其中包括使用从通信运营商遵守在公共通信网络中提供通信服务和流量传输服务要求的保障系统获得信息。

4. 通信运营商遵守在公共通信网络中提供通信服务和流量传输服务要求的保障系统与统一识别认证系统、转移的用户号数据库、通信运营商系统、俄罗斯联邦政府确定的其他系统进行交互。

5. 对通信运营商遵守在公共通信网络中提供通信服务和流量传输服务要求的保障系统的要求，上述系统运行及与信息系统和其他系统，其中包括与通信运营商系统进行交互的规则由俄罗斯联邦政府确定。

（本条根据 2021 年 7 月 2 日第 319 – FZ 号联邦法施行，从 2023 年 1 月 1 日起生效）

第 47 条 使用通信服务的优惠条件和优势

1. 对于某些类别的通信服务用户，可通过俄罗斯联邦国际条约、联邦法律、俄罗斯联邦主体法律制定提供通信服务的顺序、服务费支付程序和金额方面的优惠条件和优势。

2. 本条第 1 款中指定的通信服务用户必须全额支付向其提供的通信服务费用，并直接使用相应级别的预算资金补偿其发生的费用。

第 48 条 提供通信服务时语言和字母表的使用

1. 在俄罗斯联邦，通信领域的办公文件管理使用俄语进行。

2. 通信运营商与通信服务用户因在俄罗斯联邦境内提供通信服务而产生的相互关系使用俄语来实现。

3. 在俄罗斯联邦境内转寄的电报、邮件和邮政汇款的发件人和收件人的地址必须使用俄文填写。在属于俄罗斯联邦的共和国境内转寄的电报、邮件和邮政汇款的发件人和收件人的地址可以使用各共和国的国家语言填写，但发件人和收件人的地址需要使用俄语备份。

4. 电报正文必须用俄文字母表字母或拉丁字母表字母书写。

5. 通过电信网络和邮政通信网络传输的国际信息使用俄罗斯联邦国际条约规定的语言处理。

第 49 条　通信领域的核算报告时间

1. 电信运营商和邮政通信运营商在俄罗斯联邦境内发送和接收电信和邮政通信信息、处理信息的工艺流程中，采用莫斯科统一核算报告时间。

2. 在国际通信中，核算报告时间由俄罗斯联邦国际条约确定。

3. 由通信运营商向通信服务用户通知需要他们直接参与的通信服务的提供时间，并注明通信服务用户所在地时区内的有效时间。（经 2013 年 12 月 2 日第 338 – FZ 号联邦法修订）

第 50 条　电信业务

1. 电信业务用于通信网络的业务技术和行政管理，不得用于在有偿通信服务合同的条件下提供通信服务。

2. 通信运营商按照通信领域的联邦权力执行机构确定的程序提供电信业务。

第 51 条　为满足国家和市政需要提供通信服务、连接服务和流量传输服务

（本名称经 2016 年 3 月 2 日第 44 – FZ 号联邦法修订）

为满足国家和市政需要提供通信服务、连接服务和流量传输服务，根据依照俄罗斯联邦民法和俄罗斯联邦国家和市政府货物、工程和服务采购领域合同系统法规定的程序签订的国家或市政合同，在与相关预算规定的通信服务费用融资金额相对应的范围内进行。

(经2013年12月28日第396-FZ号联邦法、2016年3月2日第44-FZ号联邦法修订)

第51-1条 为满足国家权力机关需要、国防、国家安全和法制保障,以及其他国家机构、地方自治机构和组织需要提供通信服务、连接服务和流量传输服务的特点

(本名称经2016年3月2日第44-FZ号联邦法、2021年12月30日第465-FZ号联邦法修订)

1. 通信领域的联邦权力执行机构有权对公共通信网络包含的并用于提供通信服务的通信网络制定附加要求:

为满足国家权力机关需要、国防、国家安全和法制保障需要:经与管辖用于满足国家权力机关需要、国防、国家安全和法制保障需要的专用通信网络的联邦权力执行机构协商一致;

为满足其他国家机构、地方自治机构和组织需要;如果为满足这些需要而提供通信服务、连接服务和流量传输服务的资金是依靠俄罗斯联邦预算系统的预算资金来实现的。

(本款经2021年12月30日第465-FZ号联邦法修订)

2. 由国家合同规定的,为满足国家权力机关需要、国防、国家安全和法制保障需要而提供的通信服务、连接服务和流量传输服务的价格,以及由根据俄罗斯联邦国家和市政府货物、工程和服务采购领域合同系统法签订的合同(协议)规定的,为满足其他国家机构、地方自治机构和组织需要而提供这些服务的价格,如果使用俄罗斯联邦预算系统的预算资金来提供满足此类需要的服务的,则应根据补偿与提供这些服务相关的经济合理费用和补偿与提供这些服务时所使用的资本的合理回报率(盈利能力)来确定。(经2016

年3月2日第44-FZ号联邦法、2021年12月30日第465-FZ号联邦法修订)

3. 如果提供的通信服务、连接服务和流量传输服务的资金是使用俄罗斯联邦预算系统的预算资金来实现的,则为满足国家权力机关需要、国防、国家安全和法制保障,以及其他国家机构、地方自治机构和组织需要而提供的这些服务价格的变化,以及为满足这些需要而提供的服务支付条件的变化,按照国家合同规定的程序允许每年不超过一次,而当根据俄罗斯联邦国家和市政府货物、工程和服务采购领域合同系统法签订合同(协议)时,则依照该法的要求确定。

如果为满足国家机构、地方自治机构和组织需要而提供通信服务、连接服务和流量传输服务的资金是使用俄罗斯联邦预算系统的预算资金来实现的,并且根据俄罗斯联邦国家和市政府货物、工程和服务采购领域合同系统法在本期签订的合同(协议)条款,与上期签订的类似合同(协议)的条款没有区别,在本期签订的合同(协议)中,这些服务的价格不能超过相对于上期签订的合同(协议)造价所形成的价格,并根据上一年度的消费者价格增长指数考虑指数化情况。

(本款经2021年12月30日第465-FZ号联邦法修订)

4. 在履行根据俄罗斯联邦国家和市政府货物、工程和服务采购领域合同系统法签订的提供通信服务、连接服务和流量传输服务合同(协议),在履行为满足国家权力机关需要、国防、国家安全和法制保障,以及其他国家机构、地方自治机构和组织需要而签订的其他国家合同时,如果使用俄罗斯联邦预算系统的预算资金来提供满足此类需要的服务的,则签订上述合同(协议)的通信运营商,未经相关客户的书面同意,无权暂停和(或)终止提供通信服务、连接服务和流量传输服务。

同时，包括本条第 1 段规定的合同（协议）有效期到期后：

通信运营商根据该合同（协议）规定的要求向客户提供通信服务、连接服务和流量传输服务，以及在没有已签署的合同（协议）的情况下，有权向客户发出函询，要求确认为其提供服务的事实，并按照司法程序支付这些服务的费用；

获得通信服务、连接服务和流量传输服务的客户，在收到通信运营商发出的本条第 3 段规定的函询后，向通信运营商发送确认书，确认已向客户提供服务的事实。

（本款经 2021 年 12 月 30 日第 465-FZ 号联邦法修订）

（本条根据 2006 年 7 月 26 日第 132-FZ 号联邦法施行）

第 52 条 紧急业务部门呼叫服务

1. 通信运营商有义务为通信服务用户提供全天候、免费的紧急业务部门（消防队、警察局、救护车、瓦斯紧急处理等部门，其完整清单由俄罗斯联邦政府确定）呼叫服务的可能性。（经 2011 年 2 月 7 日第 4-FZ 号联邦法修订）

紧急业务部门的免费呼叫服务应通过拨打紧急业务部门的统一呼叫号码，以及根据俄罗斯编号系统和方案确定的相应紧急业务部门的呼叫号码来提供给每一个通信服务用户。（经 2013 年 12 月 2 日第 346-FZ 号联邦法修订）

通信运营商通过统一号码将呼叫发送到紧急业务部门呼叫支持系统的时限由通信领域的联邦权力执行机构针对每个俄罗斯联邦主体确定。（本段根据 2013 年 12 月 2 日第 346-FZ 号联邦法施行）

通信运营商有义务通过统一号码向紧急业务部门的调度员、紧急业务部门呼叫支持系统的运营商提供有关发出呼叫或发送事故消息的用户设备（终端设备）的位置信息，以及确保通过统一号码响应呼叫或事故消息所需的信息。这些信息的提供程序和范围，包括确定用户设备位置的规则，由通信领域的联邦权力执行机构确定。对于本款规定的个人数据的处理和提供，无须征得通过紧急业务部门的统一呼叫号码发出呼叫或发送事故消息的通信服务用户同意。（本段根据2013年12月2日第346-FZ号联邦法施行；经2020年12月30日第488-FZ号联邦法修订）

通信运营商有义务通过移动无线电话通信发送文本短信息，为残疾人提供紧急业务部门呼叫服务的可能性。（本段根据2014年12月1日第419-FZ号联邦法施行）

2. 通信运营商通过俄罗斯联邦主体的统一号码"112"将紧急业务部门的通信网络和紧急业务部门呼叫支持系统接入公共通信网络（以下简称"112系统"），以及在112系统运行的框架内，将这些部门的消息发送给通过公共通信网络获得通信服务的用户的费用，根据通信运营商与创建相应的紧急业务部门或112系统的机构和组织签订的协议进行补偿。（经2020年12月30日第488-FZ号联邦法修订）

第53条　通信运营商用户数据库

1. 通信运营商因履行通信服务协议而获知的用户及其提供的通信服务信息属于受限访问信息，受俄罗斯联邦法律保护。（经2011年7月11日第200-FZ号联邦法修订）

用户信息包括公民用户的姓名或化名、法人用户的名称（公司名称）、该法人的负责人和员工的姓名，以及用户地址或终端设备安装地址、用户号和其他能够识别用户或其终端设备的数据，其中包括用户设备（终端设备）的标识符，提供的通信服务支付系统数

据库信息，包括连接、流量和付款信息。（经 2020 年 12 月 30 日第 533-FZ 号联邦法修订）

仅在公民用户同意的情况下，才能向第三方提供其信息，本联邦法和其他联邦法律规定的情况除外。（本段根据 2013 年 5 月 7 日第 99-FZ 号联邦法施行）

提供证据证明公民用户同意向第三方提供其信息的义务由通信运营商承担。（本段根据 2013 年 5 月 7 日第 99-FZ 号联邦法施行）

根据 2006 年 7 月 27 日第 152-FZ 号《俄罗斯联邦个人数据法》第 6 条第 3 款规定，通信运营商有权委托第三方处理公民用户的个人数据。（本段根据 2013 年 5 月 7 日第 99-FZ 号联邦法施行）

如果通信运营商委托第三方处理公民用户的个人数据，以签订和（或）履行以公民用户为一方的通信服务协议，和（或）实现通信运营商或公民用户的权利和合法利益，则无须公民用户同意此项委托，其中包括同意将其个人数据发送给第三方，以及根据通信运营商的委托，由第三方处理个人数据。（本段根据 2013 年 5 月 7 日第 99-FZ 号联邦法施行）

根据本联邦法，法人或个体经营者用户将其个人数据发送给通信运营商无须征得该用户的通信服务使用者的同意。（本段根据 2017 年 7 月 29 日第 245-FZ 号联邦法施行）

2. 为提供信息查询服务，通信运营商有权创建用户的公共数据库。这些数据库可以包括：

公民用户的姓名、用户号（经其书面同意）；

法人用户的名称（公司名称）、用户号，通信服务协议中指定的终端设备的安装地址。

应用户的书面要求，用户信息应立即由通信运营商澄清。公民用户信息根据其要求或者按照法院判决或俄罗斯联邦其他授权的国家机构的决定，应随时从用户的公共数据库中删除。

（本款经 2013 年 5 月 7 日第 99 – FZ 号联邦法修订）

第 53 – 1 条　在数字创新领域试验性法律制度计划范围内提供信息

在根据 2020 年 7 月 31 日第 258 – FZ 号《俄罗斯联邦数字创新领域试验性法律制度》批准的数字创新领域试验性法律制度计划规定的情况、程序和条件下，作为数字创新领域试验性法律制度主体的移动无线电话通信运营商，有权向同一试验性法律制度的其他主体提供有关在该试验性法律制度作用区域范围内，处于特定时间段特定区域的用户数量信息。（本条根据 2021 年 7 月 2 日第 331 – FZ 号联邦法施行）

<h3 style="text-align:center">第 54 条　支付通信服务费</h3>

1. 通信服务费通过现金或非现金结算方式，直接在提供此类服务后，通过缴纳预付款或延期付款进行。

除非俄罗斯联邦法律另有规定，否则通信服务费的支付程序和形式由通信服务协议确定。如果该通信运营商的服务资费应由国家调节，则按照公民用户的要求，通信运营商必须向该公民用户提供至少 6 个月的分期付款，首期付款不超过规定费用的 30%，以便可以支付通信网络接入费用。

本用户不应为其他用户的呼叫而建立的电话连接付费，除非该电话连接在下列情况下建立：

在接线员的帮助下，由被叫通信服务用户付费的；

使用联邦通信权力执行机构指定的电信服务接入代码的；

与处于俄罗斯联邦境外的被叫用户建立电话连接的。（经 2018 年 12 月 27 日第 527 – FZ 号联邦法修订）

本地电话连接的费用按照公民用户的选择，使用用户或计时收费系统进行支付。

（本款根据 2006 年 3 月 3 日第 32 – FZ 号联邦法修订）

2. 通信服务费用的结算依据是具有测量功能、可统计通信运营商提供的通信服务量的测量器具、通信设备的读数，以及与通信服务用户签订的通信服务协议的条款。（经 2011 年 11 月 7 日第 303 – FZ 号联邦法修订）

3. （本款根据 2004 年 8 月 22 日第 122 – FZ 号联邦法失去效力）

4. 根据 2011 年 6 月 27 日第 161 – FZ 号《俄罗斯联邦国家支付系统法》，公民用户、法人用户和（或）自然人通信服务使用者为通信服务缴纳的货币资金可用于增加这些公民用户和自然人通信服务使用者的电子货币资金余额。（本款根据 2011 年 6 月 27 日第 162 – FZ 号联邦法施行；经 2016 年 7 月 3 日第 288 – FZ 号联邦法修订）

5. 在技术上与移动无线电话通信服务密不可分且旨在提高其消费价值的其他通信服务，包括违反本联邦法规定的要求提供的内容服务，不需付费。（本款根据 2013 年 7 月 23 日第 229 – FZ 号联邦法施行）

6. 向法人或个体经营者用户提供的移动无线电话通信服务只能以非现金结算的形式进行支付，通过从这些用户在商业银行和持有俄罗斯联邦中央银行许可证的其他信贷机构的结算账户中划拨货币资金来实现。

本款规定的限制不适用于向法人或个体经营者用户的通信服务使用者提供的移动无线电话通信服务的付费，这些用户根据本联邦法向通信运营商发送相关信息。

（本款根据 2017 年 7 月 29 日第 245 – FZ 号联邦法施行）

第55条　递交投诉和提出索赔及其审议

1. 通信服务使用者有权按照行政或司法程序控诉机构或负责人员、通信运营商与提供通信服务，以及与确保无线电频谱运营准备工作相关的决定和行为（不作为）。

2. 通信运营商必须制作投诉建议书，并应通信服务使用者的第一次要求出具。

3. 对通信服务使用者的投诉的审议按照俄罗斯联邦法律规定的程序进行。

4. 如果不履行或不当履行由通信服务协议产生的义务的，则通信服务使用者在向法院提出申请前，应向通信运营商提出索赔。

5. 索赔按照下列时间提出：

1）在提供通信服务、拒绝提供通信服务或为提供的通信服务开具账单之日起6个月内：就与拒绝提供通信服务、未及时或不当履行由通信服务协议产生的义务，或者未执行或不当执行电信领域工作相关的问题（与电报通信相关的投诉除外）；

2）在发出邮件、进行邮政汇款之日起6个月内：就与邮件未送达、未及时送达、破损或遗失，转账货币资金未支付或未及时支付相关的问题；

3）在提交电报之日起1个月内：就与电报未送达、未及时送达或改变其含义的电报文本失真相关的问题。

6. 在索赔书后面附上通信服务协议或其他证明协议签订事实的文件（收据、附件清单等）和从本质上审议索赔书所需的其他文件，在其中应注明有关未履行或不当履行通信服务协议规定义务的信息，而在提出赔偿损失的索赔意见时，则应注明有关造成损失的事实和损失金额的信息。

7. 通信运营商应不迟于收到索赔书的次日对索赔书进行登记。通信运营商必须在索赔书登记之日起 30 天内对其进行审议,并将审议结果告知提出索赔的人。上述信息以纸质文件形式或使用普通电子签名签署的电子文件形式发送,前提是此种形式在索赔书中予以规定的。(经 2016 年 3 月 2 日第 42 - FZ 号联邦法修订)

8. 对于某些类型的索赔,规定了特别审议期限:

1) 与在同一居民点范围内转寄(转账)的邮件和邮政汇款相关的索赔,在索赔登记之日起 5 天内审议;

2) 与所有其他邮件和邮政汇款相关的索赔按照本条第 7 款规定的期限审议;

3) 与提供长途和国际电话通信服务及通信运营商向用户提供在俄罗斯联邦境外使用移动无线电话通信服务(该服务由用户未与之签订移动无线电话通信服务协议的另一个通信运营商提供)的可能性相关的索赔,在索赔登记之日起 60 天内审议。(本项根据 2016 年 3 月 2 日第 42 - FZ 号联邦法施行)

8 - 1. 如果在审议索赔书的过程中发现,未履行或不当履行通信服务协议所产生的义务可能是由于应对威胁的技术设备运行期间通信网络故障造成的,则通信运营商有权按照本联邦法第 65 - 1 条第 5 款规定的组织技术交互程序,向俄罗斯联邦大众传媒、大众通信、信息技术和通信监督局发出函询,要求提供应对威胁的技术设备的运行信息。(本款根据 2019 年 5 月 1 日第 90 - FZ 号联邦法施行)

9. 如果索赔被全部或部分驳回,或者规定的审议期限内未收到答复的,则通信服务使用者有权向法院提起诉讼。

第 56 条　有权提出索赔的人和索赔地点

1. 以下人员有权提出索赔：

用户就通信服务协议所产生的债务提出索赔；

拒绝提供此类服务的通信服务使用者；

本联邦法第 55 条第 5 款第 2）项和第 3）项规定情况下的邮件寄件人或收件人。

2. 索赔可向签订通信服务协议或拒绝签订此类协议的通信运营商提出。

与邮件或电报接收或投递有关的索赔既可向接收邮件的通信运营商提出，也可向发送目的地的通信运营商提出。

第 56–1 条　组织活动以确保电信信息互联网在俄罗斯联邦境内稳定、安全和整体运转

1. 由通信运营商、技术通信网络的所有者或其他占有者、流量交换点的所有者或其他占有者、跨俄罗斯联邦国境的通信线路的所有者或其他占有者、其他人员〔如果这些人员在电信信息互联网中拥有通信设备和其他技术设备组合的唯一标识符（以下简称"自主系统编号"）的〕为电信信息互联网在俄罗斯联邦境内稳定、安全和整体运转提供保障。

2. 俄罗斯联邦大众传媒、大众通信、信息技术和通信监督局协调保障电信信息互联网在俄罗斯联邦境内稳定、安全和整体运转。

3. 为获得保障电信信息互联网和公共通信网络在俄罗斯联邦境内稳定、安全和整体运转的实用技能，本联邦法第 56–2 条中指定的人员必须参加训练，训练的规定，其中包括训练的目标和任

务，以及参加者名单由俄罗斯联邦政府确定。

4. 俄罗斯联邦大众传媒、大众通信、信息技术和通信监督局批准根据本联邦法第 56 – 2 条获得的信息的登记程序。

（本条根据 2019 年 5 月 1 日第 90 – FZ 号联邦法施行）

第 56 – 1 – 1 条　通信运营商、技术通信网络的所有者或其他占有者、流量交换点的所有者或其他占有者、跨俄罗斯联邦国境的通信线路的所有者或其他占有者的义务

1. 通信运营商、技术通信网络的所有者或其他占有者、流量交换点的所有者或其他占有者、跨俄罗斯联邦国境的通信线路的所有者或其他占有者，必须遵守通信领域的联邦权力执行机构制定的对跨俄罗斯联邦国境的通信线路的要求，对接入上述通信线路的通信设备要求。

2. 通信运营商、技术通信网络的所有者或其他占有者、流量交换点的所有者或其他占有者、跨俄罗斯联邦国境的通信线路的所有者或其他占有者有义务向俄罗斯联邦大众传媒、大众通信、信息技术和通信监督局发出通知，要求落实本条第 1 款规定的要求，将有关跨俄罗斯联邦国境的通信线路和接入上述通信线路的通信设备信息列入跨俄罗斯联邦国境的通信线路和接入上述通信线路的通信设备登记簿中。

3. 俄罗斯联邦政府批准俄罗斯联邦大众传媒、大众通信、信息技术和通信监督局维护跨俄罗斯联邦国境的通信线路和接入上述通信线路的通信设备登记簿的程序，其中包括通信运营商、技术通信网络的所有者或其他占有者、流量交换点的所有者或其他占有者、跨俄罗斯联邦国境的通信线路的所有者或其他占有者发送本条第 2 款规定的通知的程序，将有关它们的信息列入上述登记簿的程序，以及包含公共信息内容的资料清单。

4. 根据本条第 2 款规定的通知，俄罗斯联邦大众传媒、大众通信、信息技术和通信监督局对跨俄罗斯联邦国境的通信线路和接入上述通信线路的通信设备进行调查。

5. 俄罗斯联邦大众传媒、大众通信、信息技术和通信监督局根据跨俄罗斯联邦国境的通信线路和接入上述通信线路的通信设备调查结果作出决定，将有关上述通信线路和通信设备的资料列入跨俄罗斯联邦国境的通信线路和接入上述通信线路的通信设备登记簿中，或拒绝将其资料列入上述登记簿中。

6. 拒绝将有关跨俄罗斯联邦国境的通信线路和接入上述通信线路的通信设备的资料列入跨俄罗斯联邦国境的通信线路和接入上述通信线路的通信设备登记簿的依据是，通信运营商、技术通信网络的所有者或其他占有者、流量交换点的所有者或其他占有者、跨俄罗斯联邦国境的通信线路的所有者或其他占有者未遵守本条第 1 款规定的要求。

7. 如果跨俄罗斯联邦国境的通信线路和接入上述通信线路的通信设备登记簿中缺少上述通信线路和通信设备的信息时，则通信运营商、技术通信网络的所有者或其他占有者、流量交换点的所有者或其他占有者、跨俄罗斯联邦国境的通信线路的所有者或其他占有者无权将跨俄罗斯联邦国境的通信线路连接到通信设备上，并且无权将通信设备连接到跨俄罗斯联邦国境的通信线路上。

（本条根据 2021 年 7 月 2 日第 319－FZ 号联邦法施行，从 2023 年 1 月 1 日起生效）

第56-2条 通信运营商、技术通信网络的所有者或其他占有者、流量交换点的所有者或其他占有者、跨俄罗斯联邦国境的通信线路的所有者或其他占有者、其他人员（如果这些人员具有自主系统编号的）的义务

1. 在跨俄罗斯联邦国境的通信线路交付管理或使用的情况下，关于此类交付的合同必须包含有关上述通信线路的使用目的，以及有关在上述通信线路上安装的通信工具的信息。上述通信线路的所有者或其他占有者，必须按照俄罗斯联邦大众媒体、大众通信、信息技术和通信监督局制定的期限、程序、组成和格式，以电子形式提交有关通信线路的使用目的，以及有关在上述通信线路上安装的通信工具的信息。在联邦国家通信监管（监督）的范围内，对所提供信息的可靠性和完整性实施监督。（经2021年6月11日第170-FZ号联邦法修订）

2. 流量交换点的所有者或其他占有者必须将开展保障流量交换点运转的活动的开始情况通知俄罗斯联邦大众媒体、大众通信、信息技术和通信监督局。

3. 俄罗斯联邦政府批准俄罗斯联邦大众媒体、大众通信、信息技术和通信监督局管理流量交换点清册的程序，其中包括流量交换点的所有者或其他占有者发送通知的程序及向流量交换点清册中录入信息的程序。

4. 流量交换点的所有者或其他占有者无权将占有者不遵守本条第9款第3）项和本联邦法第64条第2款规定要求的通信网络连接到流量交换点。在联邦国家通信监管（监督）的范围内，对是否遵守上述要求实施监督。（经2021年6月11日第170-FZ号联邦法修订）

5. 通信领域的联邦权力执行机构经与安全保障领域的联邦权力执行机构协调，制定了确保流量交换点运行的要求，其中包括保障通信硬件和软件、通信设施的稳定运行要求，以及遵守本条第 4 款规定要求的程序。

6. 本条第 2~5 款的要求不适用于本联邦法第 18 条和第 19 条规定的通信网络连接情况。

7. 通信运营商、技术通信网络的所有者或其他占有者、使用跨俄罗斯联邦国境的通信线路的其他人员，必须按照俄罗斯联邦大众媒体、大众通信、信息技术和通信监督局制定的期限、程序、组成和格式，以电子形式向上述联邦权力执行机构提交有关确保与此类通信线路（其中包括通过其他通信线路）交互的通信工具信息。

8. 如果通信运营商、技术通信网络的所有者或其他占有者拥有自主系统编号，则这些通信运营商、技术通信网络的所有者或其他占有者同样也必须：

1）遵守通信领域的联邦权力执行机构制定的要求，确保通信工具的稳定运行，使这些通信工具能够保障与其他通信运营商、技术通信网络（包括位于俄罗斯联邦境外的通信网络）的所有者或其他占有者的通信工具进行交互；

2）在使用流量交换点与具有自主系统编号的通信运营商、技术通信网络的所有者或其他占有者、传输电信信息的其他人员进行交互的情况下，应使用其信息包含在流量交换点清册中的流量交换点。在联邦国家通信监管（监督）的范围内，对是否遵守该义务实施监督；（经 2021 年 6 月 11 日第 170-FZ 号联邦法修订）

3）为了识别电信信息互联网中与域名对应的网址，应使用符合通信领域的联邦权力执行机构制定要求的硬件和软件（其中包括通信工具），以及使用国家域名系统；

4）按照俄罗斯联邦大众媒体、大众通信、信息技术和通信监督局制定的期限、程序、组成和格式，以电子形式向上述联邦权力执行机构提交下列信息，其中包括按照该机构的要求提交的信息：

他们拥有的自主系统编号，以及属于自主系统的网址信息；

与拥有自主系统编号的通信运营商、技术通信网络的所有者或其他占有者、其他人员进行交互的信息；

其通信工具与跨俄罗斯联邦国境的通信线路的连接地点信息；

与位于俄罗斯联邦境外的通信线路连接的通信工具的安装地点信息；

电信消息路由信息；

本款第3）项规定的硬件和软件信息；

其通信网络的基础设施信息；

通信运营商的通信网络与其通信网络连接的信息；（本段根据2021年7月2日第319－FZ号联邦法施行）

法人或个体经营者用户的用户设备（终端设备）与通信网络连接的信息。（本段根据2021年7月2日第319－FZ号联邦法施行）

9. 拥有自主系统编号的技术通信网络的所有者或其他占有者同样也必须保证：

1）如果使用技术通信网络访问电信信息互联网，则2006年7月27日颁布的第149－FZ号《俄罗斯联邦信息、信息技术和信息保护法》第15－8条第1款规定的人员应遵守该联邦法第15－8条规定的要求；

2）在其通信网络中安装技术设备，以监测通信运营商、技术通信网络的所有者或其他占有者是否遵守本联邦法和2006年7月

27 日颁布的第 149 – FZ 号《俄罗斯联邦信息、信息技术和信息保护法》规定的限制信息访问要求。对此类技术监测设备的要求,以及对其在技术通信网络中的安装和运行要求,由俄罗斯联邦大众媒体、大众通信、信息技术和通信监督局制定;

3)经与从事侦查活动或保障俄罗斯联邦安全的授权国家机构协调,执行通信领域的联邦权力执行机构制定的网络和通信工具要求,以使这些机构在联邦法规定的情况下采取行动,落实赋予他们的任务,以及采取措施防止披露进行上述行动的组织和战术方法;

4)根据刑事诉讼法的要求,在授权的国家机构开展侦查行动时给予配合。

10. 拥有自主系统编号的技术通信网络的所有者或其他占有者与从事侦查活动或保障俄罗斯联邦安全的授权国家机构的交互程序由俄罗斯联邦政府制定。

11. 根据依照本条第 8 款第 4)项获得的信息,俄罗斯联邦大众媒体、大众通信、信息技术和通信监督局确定其所有者未向上述联邦权力执行机构提交必要信息的自主系统编号。根据俄罗斯联邦大众媒体、大众通信、信息技术和通信监督局的要求,拥有自主系统编号的人员必须按照俄罗斯联邦大众媒体、大众通信、信息技术和通信监督局制定的期限、程序、组成和格式,以电子形式提交本条第 8 款第 4)项规定的信息。

(本条根据 2019 年 5 月 1 日第 90 – FZ 号联邦法施行)

第8章
通用通信服务

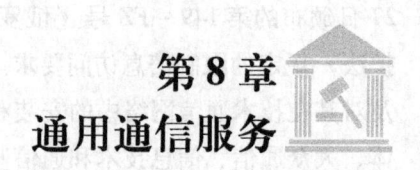

第57条 通用通信服务

1. 俄罗斯联邦保证提供通用通信服务。

根据本联邦法提供的通用通信服务包括：

使用集体访问设备提供的电话通信服务［投币式公用电话、多功能设备、信息亭（查询一体机）和类似设备］；（经2020年4月7日第110-FZ号联邦法修订）

使用接入点提供的数据传输和电信信息互联网接入服务；（经2020年4月7日第110-FZ号联邦法修订）

使用接入点提供的移动无线电话通信服务。（经2020年4月7日第110-FZ号联邦法修订）

2. 开始提供通用通信服务的程序和期限、保障残疾人获得这些服务的程序、通用通信服务资费的调节程序、使用旨在提供通用通信服务的通信基础设施（通信设备、通信线路和通信设施）提供的连接服务和流量传输服务的程序，以及使用上述通信基础设施提供的连接服务和流量传输服务资费和提供使用上述通信基础设施的资费的调节程序，经通信领域的联邦权力执行机构提出，并由俄罗斯联邦政府根据下列原则确定：（经2020年4月7日第110-FZ号联邦法修订）

通信服务用户在不使用车辆的情况下到达提供电话通信服务的

集体访问设备的时间不得超过一小时；

在每个居民点，应至少安装一台提供电话通信服务的集体访问设备，并确保免费接入紧急业务部门，以及要征得负责国家财产管理和在电信与邮政通信领域（其中包括在通信网络、卫星通信系统、电视广播和无线电广播系统的创建、开发和使用领域）提供国家服务的联邦权力执行机构、负责制定和实施国家政策、法规调整，以及在保护人口和地区免受自然和人为紧急情况影响方面进行监督和控制的联邦权力执行机构的地区机构，以及具有通知居民注意发生自然和人为紧急情况的危险或该紧急情况已经发生的职能的地方自治机构的同意；（经2020年4月7日第110-FZ号联邦法修订）

在不提供数据传输和电信信息互联网接入服务、人口数在100~500人的居民点，应至少设置一个接入点，用于提供数据传输和电信信息互联网接入服务；（经2020年4月7日第110-FZ号联邦法修订）

根据本条设置了接入点，同时不提供移动无线电话通信服务，人口数在100~500的居民点，应至少有一个接入点配备了通信设备，用于提供移动无线电话通信服务；（经2020年4月7日第110-FZ号联邦法修订）

考虑本条规定，接入点应使用光纤通信线路连接，并确保以10Gb/s的速率向用户设备传输数据。

3. 通信领域的联邦权力执行机构根据本条规定的规则确定：（经2020年4月7日第110-FZ号联邦法修订）

所设置的接入点可使用除光纤以外的其他通信线路连接的居民点清单；（本段根据2020年4月7日第110-FZ号联邦法施行）

应设置接入点，其中包括必须配备用于提供移动无线电话通信服务的通信设备的接入点，人口数在 100~500 人的居民点清单。（本段根据 2020 年 4 月 7 日第 110-FZ 号联邦法施行）

（本条经 2014 年 2 月 3 日第 9-FZ 号联邦法修订）

第 58 条 通用服务运营商

1. 由根据本条第 2 款实现其目的的通用服务运营商提供通用通信服务。（经 2020 年 4 月 7 日第 110-FZ 号联邦法修订）

2. 在俄罗斯联邦全境提供通用通信服务的义务，由俄罗斯联邦政府委托给在至少 2/3 的俄罗斯联邦主体境内的公共通信网络中占有重要地位的运营商。俄罗斯联邦政府根据通信领域的联邦权力执行机构的提议，有权在克里米亚共和国和塞瓦斯托波尔联邦直辖市境内指定一个在该区域的公共通信网络中占有重要地位的运营商，或在上述区域提供通信服务的其他通信运营商作为通用服务运营商。（经 2020 年 4 月 7 日第 110-FZ 号联邦法修订）

被指定为通用服务运营商的通信运营商无权拒绝其承担的提供通用通信服务义务。（经 2020 年 4 月 7 日第 110-FZ 号联邦法修订）

负责国家财产管理和在电信与邮政通信领域（其中包括在通信网络、卫星通信系统、电视广播和无线电广播系统的创建、开发和使用领域）提供国家服务的联邦权力执行机构，经与通信领域的联邦权力执行机构协商一致，与通用服务运营商签订期限至少为 3 年的通用通信服务协议。经与通信领域的联邦权力执行机构协商一致，协议各方可在俄罗斯联邦当前财务年度和计划期预算法生效之日后 3 个月内修改通用通信服务协议。（经 2020 年 4 月 7 日第 110-FZ 号联邦法修订）

在与受托承担提供通用通信服务义务的通用服务运营商签订的通用通信服务协议中，应确定下列主要条件：

应安装集体访问设备和接入点的居民点清单，并注明这些居民点中的集体访问设备和接入点的数量；

提供通用通信服务的财政支持金额，并考虑通用服务运营商提供通用通信服务的经济合理成本的预计金额，以及通用服务运营商在本协议有效期内提供通用通信服务的标准利润；

结算程序，规定使用通用服务准备金向通用服务运营商支付提供通用通信服务的年度固定金额财政支持；

开始提供通用通信服务的日期，其中包括通用服务运营商必须采取组织技术措施以提供通用通信服务的地区；

本协议履行情况的报告要求，以及通用服务运营商提供通用通信服务的经济合理成本和通用服务运营商为确定提供通用通信服务的财政支持金额而提供通用通信服务的标准利润的计算程序；

符合俄罗斯联邦法律的其他条件。

通用服务运营商无权拒绝其他通信运营商使用旨在提供通用通信服务的通信基础设施（通信设备、通信线路和通信设施），以及无权拒绝签订其旨在使用接入点提供电信服务的电信网络与其他电信网络连接的协议，但电信网络的连接及其交互与通信运营商颁发的许可证条款或与确定俄罗斯联邦统一电信网络建设和运行的规范性法律文件相抵触的情况除外。在使用旨在提供通用通信服务的通信基础设施（通信设备、通信线路和通信设施）来提供流量传输服务时，应确保优先使用该通信基础设施以提供优质的通用通信服务。(经 2020 年 4 月 7 日第 110 – FZ 号联邦法修订)

(本条根据 2014 年 2 月 3 日第 9 – FZ 号联邦法施行)

第 59 条　通用服务准备金

1. 为了对通用通信服务提供财政支持，以及为创建转移用户号数据库及其运行提供资金,建立通用服务准备金。

2. 通用服务准备金从其形成的来源获得的全额收入,按照俄罗斯联邦政府规定的程序,专门用于本联邦法规定的目的。公共通信网络运营商对通用服务准备金的强制性扣款(非税收付款)由通信领域的联邦权力执行机构控制。

(本条经2014年2月3日第9-FZ号联邦法修订)

第60条 通用服务准备金的资金来源

1. 通用服务准备金的形成来源为公共通信网络运营商的强制性扣款(非税收付款)、公共通信网络运营商因未及时或未完全支付强制性扣款(非税收付款)缴纳的罚金,以及法律不禁止的其他来源。(经2017年4月17日第75-FZ号联邦法修订)

2. 计算强制性扣款(非税收付款)的基础是当季从公共通信网络用户和其他使用者提供通信服务中获得的收入,但公共通信网络运营商根据俄罗斯联邦税法向公共通信网络用户和其他使用者提出的税额除外。收入按照俄罗斯联邦规定的会计核算程序确定。

3. 公共通信网络运营商的强制性扣款(非税收付款)税率规定为1.2%。

4. 公共通信网络运营商的强制性扣款(非税收付款)金额由其根据本条确定的收入份额,按照与本条第3款规定税率相对应的比例单独计算。

5. 公共通信网络运营商必须自获得收入的季度结束之日起不迟于30天,进行通用服务准备金的强制性扣款(非税收付款)。季度从日历年度初开始计算。

6. 如果公共通信网络运营商未在规定期限内或未足额对通用服务准备金进行强制性扣款(非税收付款)的,则负责国家财产管理和在电信与邮政通信领域（其中包括在通信网络、卫星通信系统、电视广播和无线电广播系统的创建、开发和使用领域）提供国家服务的联邦权力执行机构，有权向法院提起诉讼，要求追缴强制性扣款（非税收付款）和因未及时或未完全支付强制性扣款（非税收付款）处罚的罚金。（经2017年4月17日第75-FZ号联邦法修订）

（本条经2006年12月29日第245-FZ号联邦法修订）

第61条 通用服务准备金的支出

1. 按照通用通信服务协议规定的金额，使用通用服务准备金向通用服务运营商提供通用通信服务的财政支持。

2. 为转移用户号数据库的创建和运行提供资金的程序由俄罗斯联邦政府确定。

（本条经2014年2月3日第9-FZ号联邦法修订）

第 9 章
通信服务用户的权利保护

第 62 条 通信服务用户的权利

1. 通信服务用户有权传递通信报文，发送邮件或进行邮政汇款，接收或拒绝接收通信报文、邮件或邮政汇款，以及享有本联邦法规定的其他权利，除非联邦法律另有规定。（经 2012 年 12 月 25 日第 253 – FZ 号联邦法修订）

2. 通信服务用户在提供电信和邮政通信、保证获得这些优质通信服务期间的权利保护，获得有关通信服务和通信运营商的必要和可靠信息的权利，因未履行或不当履行通信服务协议所产生的义务而造成的损失赔偿的依据、金额和程序，以及通信服务用户的权利实施机制由本联邦法、民法、俄罗斯联邦消费者权利保护法和根据其颁布的俄罗斯联邦其他规范性法律文件确定。

第 63 条 通信秘密

1. 在俄罗斯联邦境内，保证通过电信网络和邮政通信网络传递的信件、电话交谈、邮件、电报和其他消息的保密性。

只有在联邦法律规定的情况下，才允许限制通过电信网络和邮政通信网络传递的信件、电话交谈、邮件、电报和其他消息的保密权。

2. 通信运营商有义务确保遵守通信秘密。

3. 非通信运营商授权员工检查邮件、邮件开封、检查内部物品、了解通过电信网络和邮政通信网络传递的信息和文件通信，只能根据法院判决进行，联邦法律规定的情况除外。

4. 通过电信网络和邮政通信网络传递的消息、邮件和邮政汇款信息，以及这些消息、邮件和转账的货币资金本身只能发放给寄件人和收件人或其授权代表，除非联邦法律另有规定。

第 64 条 在从事侦查活动、俄罗斯联邦安全保障活动、实施调查行动、犯罪嫌疑人和被告羁押以及以剥夺自由的形式执行刑事处罚期间，通信运营商的义务和通信服务用户的权利限制

（本名称经 2021 年 3 月 9 日第 44－FZ 号联邦法修订）

1. 通信运营商有义务在俄罗斯联邦境内保存：

1）有关接收、传递、送达和（或）处理通信服务用户的语音信息、文本消息、图像、声音、视频或其他消息：自实施这些行为结束之刻起 3 年内；

2）通信服务用户的文本信息，通信服务用户的语音信息、图像、声音、视频、其他消息：在这些消息接收、传递、送达和（或）处理之刻起 6 个月内。本项所述信息保存程序、期限和数量由俄罗斯联邦政府确定。

（本款经 2016 年 7 月 6 日第 374－FZ 号联邦法修订）

1－1. 通信运营商有义务向从事侦查活动或保障俄罗斯联邦安全的国家授权机构提供上述信息、关于通信服务用户和向他们提供的通信服务的信息，以及在联邦法律规定的情况下，执行委托给这些机构的任务所需的其他信息。（本款根据 2016 年 7 月 6 日第 374－FZ 号联邦法施行）

2. 通信运营商必须确保实施通信领域的联邦权力执行机构规定的通信网络和设备要求，并取得从事侦查活动或保障俄罗斯联邦安全的国家授权机构的同意，以便这些机构在联邦法律规定的情况下采取行动，执行委托给他们的任务，以及采取措施防止泄露上述行动的组织和战术方法。（经 2006 年 7 月 27 日第 153 – FZ 号联邦法修订）

3. 在联邦法律规定的情况下，通信运营商根据从事侦查活动或保障俄罗斯联邦安全的国家授权机构负责人之一的合理书面决定，暂停向法人和自然人提供通信服务。（经 2006 年 7 月 27 日第 153 – FZ 号联邦法修订）

根据法院判决或从事侦查活动或保障俄罗斯联邦安全的国家授权机构中作出暂停提供通信服务决定的负责人之一的合理书面决定，通信运营商必须恢复提供通信服务。（经 2006 年 7 月 27 日第 153 – FZ 号联邦法修订）

4. 通信运营商与从事侦查活动或保障俄罗斯联邦安全的国家授权机构的交互程序由俄罗斯联邦政府制定。（经 2006 年 7 月 27 日第 153 – FZ 号联邦法修订）

5. 在国家授权机构开展调查行动时，通信运营商有义务根据刑事诉讼法的要求向这些机构提供协助。

6. 如犯罪嫌疑人、被告和犯人在劳改机关和看守所区域内使用移动无线电话通信用户号的，则通信运营商在联邦法法律规定的情况下，根据在对犯人执行刑事处罚领域行使执法职能、监管和监督职能的联邦权力执行机构负责人或其副手，或者管辖看守所或劳改机关的刑罚执行系统地区机构负责人的书面决定，终止提供这些用户号的通信服务。

就犯罪嫌疑人、被告和犯人在劳改机关和看守所区域内使用移动无线电话通信用户号的情况下，终止提供上述用户号的通信服务有关事宜，在对犯人执行刑事处罚领域行使执法职能、监管和监督职能的联邦权力执行机构、其地区机构与通信运营商的交互程序，以及终止提供通信服务的决定形式，该决定通过和发送给通信运营商的日期，终止提供上述用户号的通信服务的日期由俄罗斯联邦政府确定。

当犯罪嫌疑人、被告和犯人在劳改机关和看守所区域内使用移动无线电话通信用户号时，因终止提供上述用户号的通信服务而造成违反许可要求，并且此种终止行为是根据在对犯人执行刑事处罚领域行使执法职能、监管和监督职能的联邦权力执行机构负责人或其副手，或者管辖看守所或劳改机关的刑罚执行系统地区机构负责人的决定进行的，则通信运营商不得被追究责任，且不得对其采取应对措施。

（本款根据2021年3月9日第44–FZ号联邦法施行）

第 10 章
个别情况下的通信网络管理

（本名称经 2019 年 5 月 1 日第 90－FZ 号联邦法修订）

第 65 条　紧急情况下和紧急状态下的公共通信网络管理

（本名称经 2019 年 5 月 1 日第 90－FZ 号联邦法修订）

1. 通信领域的联邦权力执行机构在与专用通信网络管理中心和与公共通信网络相连的技术通信网络交互的情况下，对紧急情况下的公共通信网络进行管理。

2. 根据俄罗斯联邦关于引入紧急状态的规范性法律文件的规定，为协调工作，以消除作为引入紧急状态依据的情形及其后果，可成立专门的临时管理机构，将通信领域的联邦权力执行机构的相关权力移交给这些机构。

第 65－1 条　在俄罗斯联邦境内电信信息互联网和公共通信网络运行的稳定性、安全性和完整性受到威胁时的通信网络管理

1. 为查明俄罗斯联邦境内电信信息互联网和公共通信网络运行的稳定性、安全性和完整性威胁，俄罗斯联邦大众传媒、大众通信、信息技术和通信监督局对上述网络的运行进行监视。

2. 如果在俄罗斯联邦境内电信信息互联网和公共通信网络运行的稳定性、安全性和完整性受到威胁，则可由俄罗斯联邦大众传媒、大众通信、信息技术和通信监督局对公共通信网络进行集中管理。

3. 俄罗斯联邦大众传媒、大众通信、信息技术和通信监督局根据本联邦法第 46 条第 5-1 款免费向通信运营商提供应对威胁的技术设备。上述联邦权力执行机构制定应对威胁的技术设备安装技术条件，以及使用应对威胁的技术设备时对通信网络的要求。（经 2021 年 7 月 2 日第 319-FZ 号联邦法修订）

4. 通过应对威胁的技术设备管理和（或）通过向通信运营商、技术通信网络所有者或其他占有者、流量交换点的所有者或其他占有者、跨俄罗斯联邦国境的通信线路的所有者或其他占有者、其他人员（如果这些人员具有自主系统编号的）（以下简称"参与集中管理的人员"）发送强制执行指令实现公共通信网络的集中管理。

5. 俄罗斯联邦政府批准公共通信网络的集中管理程序，其中包括：

1）对俄罗斯联邦境内电信信息互联网和公共通信网络运行的稳定性、安全性和完整性产生的威胁类型；

2）确定本款第 1）项中规定的威胁的规程及其消除措施，其中包括管理应对威胁的技术设备和发送强制执行指令的情况；

3）公共通信网络集中管理框架内的组织和技术交互要求，其中包括通信运营商对应对威胁的技术设备的运行提出的意见，以及通信运营商关于提供应对威胁的技术设备在通信运营商网络中运行的信息的请求的审议程序和期限；

4）俄罗斯联邦大众传媒、大众通信、信息技术和通信监督局确定在公共通信网络集中管理框架内发送的指令执行的技术可行性的方法；

5）通信运营商有权不通过应对威胁的技术设备引导流量的条件和情况。

6. 在对公共通信网络进行集中管理的情况下，参与集中管理的人员必须遵守俄罗斯联邦大众传媒、大众通信、信息技术和通信监督局制定的电信信息路由规则。电信信息路由规则适用于这些信息的接收者或发送者为俄罗斯联邦境内通信服务用户的电信信息。

7. 如果对俄罗斯联邦境内电信信息互联网和公共通信网络运行的稳定性、安全性和完整性产生威胁，则俄罗斯联邦大众传媒、大众通信、信息技术和通信监督局有义务告知参与集中管理的人员。

8. 参与集中管理的人员在公共通信网络集中管理框架内用来执行指令的通信设备必须部署在俄罗斯联邦境内。俄罗斯联邦政府批准参与集中管理的人员履行其在俄罗斯联邦境内部署通信设备的义务的监督程序，这些人员将使用该通信设备执行公共通信网络集中管理指令。

9. 俄罗斯联邦大众传媒、大众通信、信息技术和通信监督局实施本联邦法第46条第5-1款和本条第1~4款和第7款规定的授权所需的组织技术措施由组成无线电频率部门的公共通信网络监控和管理中心来实施，该中心的规定及其实施上述措施的程序由上述联邦权力执行机构批准。根据本联邦法第56-2条，为统计发送给俄罗斯联邦大众传媒、大众通信、信息技术和通信监督局的信息所需的组织和技术措施，由组成无线电频率部门的公共通信网络监控和管理中心来实施。

（本条根据2019年5月1日第90-FZ号联邦法施行）

第66条 通信网络和通信设备的优先使用

1. 当产生威胁或发生俄罗斯联邦法律确定的自然和人为紧急情况时,国家授权机构按照俄罗斯联邦政府规定的程序,有权优先使用任何通信网络和通信设备,以及暂停或限制使用这些通信网络和通信设备。(经2013年7月2日第158-FZ号联邦法修订)

2. 通信运营商应当为与水上、陆地、空中、宇宙空间中的人类安全有关的所有信息,以及与国家管理、国防、国家安全和法制保障领域采取紧急措施有关的重大事故、灾难、疫情、动物流行病和自然灾害信息提供绝对的优先级。

3. 当产生威胁或发生自然和人为的紧急情况,以及在开展军事行动或因这些行动导致的情况下,应联邦权力执行机构、俄罗斯联邦主体权力执行机构和(或)地方自治机构根据通信运营商提供通信服务的区域发送给他们的要求,通信运营商有义务确保向通信服务用户的用户设备(终端设备)传输,而在提供以太网地面电视广播和(或)无线电广播通信服务时,则确保空中传输关于发生的危险情况、居民行为规范和采取保护措施的必要性的通告和(或)紧急信息信号。联邦权力执行机构、俄罗斯联邦主体权力执行机构、地方自治机构与通信运营商的交互程序,以及通信运营商传输关于发生的危险情况、居民行为规范和采取保护措施的必要性的通告和(或)紧急信息信号的程序由俄罗斯联邦政府确定。(本款根据2017年6月7日第110-FZ号联邦法施行;经2020年3月1日第42-FZ号联邦法修订)

4. 通信运营商因落实本条第3款的要求而发生的费用不予补偿。

当提供电视广播和(或)无线电广播通信服务时,通信运营商根据本条第 3 款传输关于在产生威胁或发生自然和人为的紧急情况，以及在开展军事行动或因这些行动而导致的危险情况，关于居民行为规范和采取保护措施的必要性的通告和（或）紧急信息信号并不视为中断提供通信服务。提供电视广播和（或）无线电广播通信服务的通信运营商，不因与广播公司签订的电视广播和（或）无线电广播通信服务协议产生的义务的不当履行而承担责任，如果这一行为与通信运营商落实本条第 3 款的要求有关的。

（本款根据 2017 年 6 月 7 日第 110 - FZ 号联邦法施行）

第 67 条

（本条根据 2004 年 8 月 22 日第 122 - FZ 号联邦法失去效力）

第 11 章
违反俄罗斯联邦通信法的责任

第 68 条 违反俄罗斯联邦通信法的责任

1. 在俄罗斯联邦法律规定的情况和程序下，违反俄罗斯联邦通信法的人员承担刑事、行政和民事法律责任。

2. 因国家机构、地方自治机构或这些机构的负责人员的违法行为（不作为）而造成的损失，应依照民法向通信运营商和通信服务用户提供赔偿。

3. 对贵重邮件的遗失、损坏、邮件内部物品不足申报价值、电报报文发生改变其含义的失真、电报未送达或电报自提交之刻起24小时后按照已缴纳的电报费金额交给收件人，通信运营商承担财产责任，但发往没有电信网络的定居点的电报除外。

4. 通信运营商未履行或不当履行其转寄或送达其他登记邮件的义务的责任范围由联邦法律确定。

5. 通信运营商的员工因其履行职责的过错造成各类邮件电报遗失或延迟送达、邮件内部物品损坏的，应当在通信运营商对通信服务用户负责的范围内，向雇主承担物质责任，除非相关的联邦法律规定了其他责任措施。

6. 对不履行或不当履行收发报文或转寄、送达邮件的义务，经证明这种不履行或不当履行义务是由于通信服务用户过错或因不可抗力行为造成的，则通信运营商不承担责任。

7. 在本联邦法第 44 条第 3 款规定的情况下，通信服务用户必须向通信运营商赔偿造成的损失。

8. 在连接和提供技术上与移动无线电话通信服务密切相关并旨在增加其消费价值的其他通信服务，其中包括内容服务时，如违反本联邦法第 44 条第 5 款规定的要求的，通信运营商应向用户负责。（本款根据 2013 年 7 月 23 日第 229–FZ 号联邦法施行）

9. 如果公共通信网络运营商未及时或未完全支付通用服务准备金的强制性扣款（非税收付款）的，则该公共通信网络运营商从规定的扣款日的次日起，对逾期履行支付通用服务准备金的强制性扣款（非税收付款）义务的每一个自然日均应支付罚金，直至公共通信网络运营商支付通用服务准备金的强制性扣款（非税收付款）为止。

逾期每一天的罚金按照通用服务准备金的强制性扣款（非税收付款）未支付金额的百分比确定。

罚金利率等于罚金计算当天实行的俄罗斯联邦中央银行再融资利率的 1/300。

（本款根据 2017 年 4 月 17 日第 75–FZ 号联邦法施行）

第 12 章
俄罗斯联邦在通信领域的国际合作

第 69 条 俄罗斯联邦在通信领域的国际合作

1. 在遵守公认的国际法原则和规范,以及俄罗斯联邦国际条约的基础上进行俄罗斯联邦通信领域的国际合作。

在电信和邮政通信领域的国际活动中,通信领域的联邦权力执行机构充当俄罗斯联邦通信管理局。

俄罗斯联邦通信管理局在其职权范围内代表和保护俄罗斯联邦在电信和邮政通信领域的利益,与外国通信管理局、政府间和国际非政府通信组织进行互动,以及协调俄罗斯联邦、俄罗斯联邦公民和俄罗斯组织在通信领域开展的国际合作问题,确保履行俄罗斯联邦在通信领域的国际条约产生的俄罗斯联邦的义务。

2. 在俄罗斯联邦境内开展通信领域活动的外国组织或外国公民,依照各自国家为俄罗斯联邦公民和俄罗斯组织提供相应制度的程度,采用为俄罗斯联邦公民和俄罗斯组织规定的法律制度,除非俄罗斯联邦国际条约或联邦法律另有规定。

3. 在俄罗斯联邦开展赋予(指定)无线电频率或无线电信道的国际法律保护工作的程序,其中包括与在国际电信联盟申请、协调和登记此类无线电频率或无线电信道和地球同步轨道卫星的相应位置或其他轨道卫星的相应特性有关的工作,由俄罗斯联邦政府确定。(本款根据 2013 年 10 月 21 日第 281 – FZ 号联邦法施行)

第70条 国际通信领域活动的管理

1. 与俄罗斯联邦境内的国际通信领域活动相关的关系由俄罗斯联邦在通信领域的国际条约、本联邦法、其他联邦法律和俄罗斯联邦其他规范性法律文件进行调整。

2. 国际电信运营商之间的结算程序根据国际运营协议确定，并考虑俄罗斯联邦作为成员的国际电信组织的建议。

3. 为在俄罗斯联邦境内提供全球电信信息网络内的通信服务，必须：

创建全球、地区卫星通信网络俄罗斯分部，以确保与俄罗斯联邦统一通信网络交互，并确保从俄罗斯联邦境内管理全球、地区卫星通信网络俄罗斯分部；（经2013年10月21日第281-FZ号联邦法修订）

创建符合本联邦法所提要求的俄罗斯通信运营商；

确保经济、公共、国防、生态、信息和其他方面的安全。

4. 外国管辖的卫星通信网络在俄罗斯联邦境内的使用程序由俄罗斯联邦政府确定。（本款根据2013年10月21日第281-FZ号联邦法施行）

第71条 俄罗斯联邦无线电电子设备和高频设备的进出口

根据俄罗斯联邦国际条约、欧亚经济联盟框架下的关税同盟海关法典和俄罗斯联邦法律开展俄罗斯联邦无线电电子设备和高频设备的进出口业务。（经2011年12月6日第409-FZ号联邦法修订）

第72条 国际邮政通信

俄罗斯联邦通信管理局组织国际邮政通信，其中包括在俄罗斯联邦境内设立国际邮政交流场所。

第13章
最后和过渡条款

第73条 使立法行为符合本联邦法

认定下列法律从2004年1月1日起失效:

1995年2月16日第15-FZ号《俄罗斯联邦通信法》(《俄罗斯联邦法律汇编》,1995年,第8期,第600条);

1999年1月6日第8-FZ号《关于俄罗斯联邦通信法的修改和补充》(《俄罗斯联邦法律汇编》,1999年,第2期,第235条);

1999年7月17日第176-FZ号《俄罗斯联邦邮政通信法》第42条第2款(《俄罗斯联邦法律汇编》,1999年,第29条,第3697条)。

第74条 本联邦法的生效

1. 本联邦法自2004年1月1日起生效,本联邦法第47条第2款除外。

2. 本联邦法第47条第2款自2005年1月1日起生效。

俄罗斯联邦总统
弗拉基米尔·弗拉基米罗维奇·普京
莫斯科克里姆林宫
2003年7月7日
第126-FZ号

俄罗斯联邦

信息、信息技术和信息保护法

2006年7月8日由俄罗斯国家杜马通过
2006年7月14日经俄罗斯联邦委员会批准

(经以下联邦法修订:2010年7月27日第227-FZ号、2011年4月6日第65-FZ号、2011年7月21日第252-FZ号、2012年7月28日第139-FZ号、2013年4月5日第50-FZ号、2013年6月7日第112-FZ号、2013年7月2日第187-FZ号、2013年12月28日第396-FZ号、2013年12月28日第398-FZ号、2014年5月5日第97-FZ号、2014年7月21日第222-FZ号、2014年7月21日第242-FZ号、2014年11月24日第364-FZ号、2014年12月31日第531-FZ号、2015年6月29日第188-FZ号、2015年7月13日第263-FZ号、2015年7月13日第264-FZ号、2016年6月23日第208-FZ号、2016年7月6日第374-FZ号、2016年12月29日第442-FZ号、2017年5月1日第87-FZ号、2017年6月7日第109-FZ号、2017年6月18日第127-FZ号、2017年7月1日第156-FZ号、2017年7月29日第241-FZ号、2017年7月29日第276-FZ号、2017年7月29日第278-FZ号、2017年11月25日第327-FZ号、2017年12月31日第482-FZ号、2018年4月23日第102-FZ号、2018年6月29日第173-FZ号、2018年7月19日第211-FZ号、2018年11月28日第451-FZ号、2018年12月18日第472-FZ号、2019年3月18日第30-FZ号、2019年3月18日第31-FZ号、2019年5月1日第90-FZ号、2019年12月2日第426-FZ号、2019年12月2日第427-FZ号、2019年12月27日第480-FZ号、2020年4月3日第105-FZ号、2020年6月8日第177-FZ号、2020年12月29日第479-FZ号、2020年12月30日第530-FZ号、2021年3月9日第39-FZ号、2021年3月9日第43-FZ号、2021年6月11日第170-FZ号、2021年6月28日第231-FZ号、2021年7月1日第250-FZ号、2021年7月1日第260-FZ号、2021年7月1日第261-FZ号、

2021年7月1日第266-FZ号、2021年7月1日第288-FZ号、2021年7月2日第355-FZ号、2021年12月30日第441-FZ号联邦法）

第1条　本联邦法作用范围

1. 本联邦法调整在下列情况下产生的关系：
1) 在行使查找、接收、传输、制作和传播信息的权利时；
2) 在使用信息技术时；
3) 在提供信息保护时。

2. 除本联邦法规定的情况外，本联邦法的规定不适用于对智力活动成果和与之等同的个体化方式进行法律保护时产生的关系。（经2013年7月2日第187-FZ号联邦法修订）

第2条　本联邦法中所使用的基本概念

本联邦法中使用了以下基本概念：
1) 信息：与表现形式无关的资料（消息、数据）；
2) 信息技术：信息查找、收集、存储、处理、提供、传播的过程、方法，以及实现这些过程的方式方法；
3) 信息系统：数据库中包含的信息及确保其处理的信息技术和技术手段的总称；
4) 电信信息网：设计用于通过通信线路传输信息的技术系统，使用技术终端对其进行访问；
5) 信息的拥有者：独立创建信息或根据法律或合同获取通过任何标志所确定的信息允许或限制访问权利的人员；
6) 信息访问：获取信息及其使用的可能性；
7) 信息的保密性：获得特定信息访问许可的人员必须执行的

要求，即未经信息拥有者的同意不得将其传递给第三方；

8）提供信息：旨在通过特定群体获取信息或将信息传递给特定群体的行为；

9）信息传播：旨在通过不特定群体获取信息或将信息传递给不特定群体的行为；

10）电子信息：电信信息网用户发送或接收的信息；

11）文件化信息：通过文件化记录在物质载体上的信息，其中包含能够识别此类信息或在俄罗斯联邦法律规定的情况下识别其物质载体的要素；

11-1）电子文件：以电子形式呈现的文件化信息，即以适合人类利用电子计算机感知的形式呈现，以及通过电信信息网传输或在信息系统中处理的信息；（本项根据2010年7月27日第227-FZ号联邦法施行）

12）信息系统运营商：开展信息系统运营活动，包括处理其数据库中包含的信息的公民或法人实体；

13）互联网网站：电子计算机程序和信息系统中包含的其他信息的总称，其访问通过电信信息互联网（以下简称"互联网"）并按照能够识别互联网网站的域名和（或）网址来实现；（本项根据2012年7月28日第139-FZ号联邦法施行；经2013年6月7日第112-FZ号联邦法修订）

14）互联网网站页面（以下简称"互联网网页"）：互联网网站的一部分，按照互联网网站所有者定义的域名和符号构成的索引进行访问；（本项根据2012年7月28日第139-FZ号联邦法施行）

15）域名：符号标记，设计用于互联网网站寻址，以确保对互联网上发布的信息进行访问；（本项根据2012年7月28日第139-FZ号联邦法施行）

16）网址：数据传输网络中的标识符，在提供远程信息处理通信服务时确定用户终端或信息系统中包含的其他通信方式；（本项根据 2012 年 7 月 28 日第 139 – FZ 号联邦法施行）

17）互联网网站所有者：独立和自行决定互联网网站使用程序，其中包括在此类网站上发布信息的程序的人员；（本项根据 2012 年 7 月 28 日第 139 – FZ 号联邦法施行）

18）虚拟主机提供商：为在永久接入互联网的信息系统中发布信息而提供计算机处理能力服务的人员；（本项根据 2012 年 7 月 28 日第 139 – FZ 号联邦法施行）

19）统一识别认证系统：由俄罗斯联邦政府制定使用程序，并在俄罗斯联邦法律规定的情况下，对信息系统中所包含的信息进行授权访问的联邦国家信息系统；（本项根据 2013 年 6 月 7 日第 112 – FZ 号联邦法施行）

20）检索系统：根据用户需求，在互联网上查找特定内容的信息，并向用户提供互联网网页索引资料，以访问属于其他人的互联网网站上的查询信息的信息系统，但用于行使国家和市政职能、提供国家和市政服务及行使联邦法律规定的其他公共权力的信息系统除外；（本项根据 2015 年 7 月 13 日第 264 – FZ 号联邦法施行）

21）识别：根据联邦法及依据该联邦法通过的法规实施的关于建立个人及其验证信息，并将这些信息与确定该人所需的个人信息唯一标记（以下简称"标识符"）进行对比的所有措施；（本项根据 2020 年 12 月 29 日第 479 – FZ 号联邦法施行）

22）认证：通过将标识符与进行认证的人所拥有的个人资料进行对比，检验该人与标识符的所属关系，并在认证程序范围内，通过使用认证标志确定该人拥有标识符的合法性，并最终认为该人是

法定人员的所有措施。(本项根据 2020 年 12 月 29 日第 479 – FZ 号联邦法施行)

第 3 条 在信息、信息技术和信息保护领域产生的关系的法律调整原则

在信息、信息技术和信息保护领域产生的关系的法律调整基于以下原则:

1) 以任何合法方式查找、接收、传输、制作和传播信息的自由;

2) 仅通过联邦法律确定信息访问限制;

3) 公开有关国家机构和地方自治机构的活动信息并对此类信息自由访问,联邦法律规定的情况除外;

4) 在信息系统创建和运行的情况下俄罗斯联邦民族语言平等;

5) 在信息系统创建、运行和保护其中所含信息时确保俄罗斯联邦的安全;

6) 信息的可靠性及其提供的及时性;

7) 私生活不可侵犯,未经个人同意,不得收集、存储、使用和传播有关其私生活的信息;

8) 不允许通过法规建立使用某些信息技术相对于其他信息技术的任何优势,除非联邦法律规定了使用特定的信息技术来创建和运营国家信息系统的义务。

第 4 条 俄罗斯联邦信息、信息技术和信息保护法

1. 俄罗斯联邦信息、信息技术和信息保护法以俄罗斯联邦宪法、俄罗斯联邦国际条约为基础,由本联邦法和调整信息使用关系的其他联邦法律组成。

2. 与大众传媒的组织和活动有关的关系的法律调整根据俄罗斯联邦大众传媒法的规定进行。

3. 包含在档案馆中的文件化信息的存储和使用程序由俄罗斯联邦档案事业法规定。

第 5 条 作为法律关系客体的信息

1. 信息可以作为公共关系、民事关系和其他法律关系的客体。任何人都可以自由使用信息,由一个人传递给另一个人,除非联邦法律规定了信息访问的限制或对信息的提供或传播程序规定了其他要求。

2. 根据信息访问的类别,信息分为公共信息和受联邦法律限制访问的信息(受限访问信息)。

3. 信息依据其提供或传播的程序分为:

1) 自由传播的信息;

2) 参与相关关系的个人同意提供的信息;

3) 根据联邦法律应提供或传播的信息;

4) 在俄罗斯联邦被限制或禁止传播的信息。

4. 俄罗斯联邦法律可根据信息的内容或所有者确定其种类。

第 6 条 信息的所有者

1. 信息所有者可以是公民(自然人)、法人实体、俄罗斯联邦、俄罗斯联邦主体、行政区。

2. 国家机构和地方自治机构在相关法规确定的权力范围内,分别代表俄罗斯联邦、俄罗斯联邦主体、行政区行使信息所有者的权力。

3. 除非联邦法律另有规定,信息的所有者有权:

1）允许或限制对信息的访问，确定此类访问的程序和条件；

2）自行决定使用信息，其中包括传播信息；

3）根据合同或其他法律规定向他人传递信息；

4）在他人非法获取信息或非法使用信息的情况下，以法律规定的方式保护自己的权利；

5）执行与信息有关的其他行动或允许执行此类行动。

4. 信息所有者在行使自己的权利时有义务：

1）遵守他人的合法权益；

2）采取信息保护措施；

3）如果联邦法律规定了此类义务，则限制对信息的访问。

第7条 公共信息

1. 公共信息包括众所周知的和其他不限制访问的信息。

2. 任何人均可酌情使用公共信息，但须遵守联邦法律对此类信息传播的限制。

3. 根据决定成为公共信息的信息所有者有权要求传播此类信息的人员指出其是此类信息的来源。

4. 由所有者以允许自动化处理的格式发布到互联网上，无须任何人初步修改就能重复使用的信息是以开放数据形式发布的公共信息。（本款根据2013年6月7日第112－FZ号联邦法施行）

5. 以开放数据形式在互联网上发布信息须考虑俄罗斯联邦国家秘密法的要求。如果以开放数据形式发布信息可能导致构成国家秘密的信息扩散，则根据有权处理此类信息的机构要求，终止以开放数据形式发布该信息。（本款根据2013年6月7日第112－FZ号联邦法施行）

6. 如果以开放数据形式发布信息可能导致侵犯依据联邦法律

限制访问的信息所有者的权利，或侵犯个人数据主体的权利，则应通过法院判决终止以开放数据形式发布上述信息。如果以开放数据形式发布信息违反了 2006 年 7 月 27 日第 152 – FZ 号《俄罗斯联邦个人数据法》的要求，则根据个人数据主体权益保护授权机构的要求，暂停或终止以开放数据形式发布信息。（本款根据 2013 年 6 月 7 日第 112 – FZ 号联邦法施行）

第 8 条　信息访问权

1. 公民（自然人）和组织（法人）（以下简称"组织"）在遵守本联邦法和其他联邦法律规定的要求的前提下，有权查找和接收任何形式和任何来源的任何信息。

2. 公民（自然人）有权按照俄罗斯联邦法律规定的程序，从国家机构、地方自治机构及负责人处获得直接影响其权利和自由的信息。

3. 组织有权从国家机构、地方自治机构获得与本组织的权益和义务直接相关的信息，以及在本组织开展其法定活动时与上述机构沟通所需的信息。

4. 不得限制访问：

1）影响个人和公民的权利、自由和义务，以及确立组织的法律地位和国家机构、地方自治机构的权力的规范性法律文件；

2）环境状况信息（生态信息）；（经 2021 年 3 月 9 日第 39 – FZ 号联邦法修订）

3）有关国家机构和地方自治机构的活动及预算资金使用情况的信息（构成国家秘密或职务秘密的信息除外）；

4）图书馆、博物馆的开放式资料库，以及国家、市政和其他信息系统中积累的信息，这些信息系统的创建或设计旨在为公民

（自然人）和组织提供此类信息；（经 2019 年 12 月 2 日第 427 – FZ 号联邦法修订）

4 – 1）档案资料库的档案文件中所包含的信息（俄罗斯联邦法律限制访问的信息和文件除外）；（本项根据 2019 年 12 月 2 日第 427 – FZ 号联邦法施行）

5）联邦法律规定不得限制访问的其他信息。

5. 根据联邦法律、俄罗斯联邦主体法律和地方自治机构法规的规定，国家机构和地方自治机构有义务使用电信信息网络，包括使用互联网，确保访问以俄文和俄罗斯联邦内部各共和国的国家语言提供的有关其活动的信息。希望获得此类信息访问的人员无须证明获得这些信息的必要性。（经 2010 年 7 月 27 日第 227 – FZ 号联邦法修订）

6. 国家机构和地方自治机构、社会团体、官员违反信息访问权的决定和作为（不作为）可以向上级机关或高级官员或法院提起上诉。

7. 因非法拒绝访问信息、不及时提供信息、提供明显不可靠或与咨询内容不符的信息而造成损失的，则按照民法规定赔偿这些损失。

8. 免费提供下列信息：

1）由国家机构和地方自治机构发布到电信信息网上的有关这些机构活动的信息；

2）影响俄罗斯联邦法律规定的利害关系人的权利和义务的信息；

3）法律规定的其他信息。

9. 只有在联邦法律规定的情况和条件下，才能对国家机构和地方自治机构提供有关其活动的信息收取费用。

第 9 条 信息访问限制

1. 信息访问限制由联邦法律规定，宗旨是保护宪法体系的基础、他人的道德、健康、权利和合法利益、保障国防和国家安全。

2. 必须保守联邦法律限制访问的信息秘密。

2-1. 识别信息资源以采取措施限制其访问的程序，根据本联邦法所采用的限制此类访问的方式（方法）的要求，以及对所发布的有关限制信息资源访问的信息的要求，由俄罗斯联邦大众传媒、大众通信、信息技术和通信监督局确定。（本款根据 2017 年 7 月 29 日第 276-FZ 号联邦法施行）

3. 根据俄罗斯联邦国家秘密法，对构成国家秘密的信息进行保护。

4. 联邦法律规定了将信息分类为商业秘密、职务秘密和其他秘密信息的条件，对此类信息保密的业务，以及对其披露的责任。

5. 公民（自然人）在履行其职业职责过程中，或组织在开展某类活动（职业秘密）过程中获取的信息，应在联邦法律规定这些人承担保守此类信息秘密的义务的情况下得到保护。

6. 构成职业秘密的信息可以根据联邦法律和（或）法院判决提供给第三方。

7. 对构成职业秘密的信息履行保密义务的期限，只有在提供本人信息的公民（自然人）同意的情况下，方可限制。

8. 禁止要求公民（自然人）提供有关其私人生活的信息，包括构成个人或家庭秘密的信息，以及违反公民（自然人）意愿获取此类信息，除非联邦法律另有规定。

9. 公民（自然人）个人数据的访问程序由联邦个人数据法规定。

第 10 条 传播信息或提供信息

1. 在俄罗斯联邦，根据俄罗斯联邦法律规定的要求，信息可自由传播。

2. 在不使用大众传媒的情况下传播的信息应包括关于其所有者或关于他人的可靠信息，以足以识别该人的形式和范围来传播信息。互联网网站所有者必须在其拥有的网站上发布有关其名称、所在地和地址、用于发送本联邦法第 15 - 7 条规定的申请的电子邮件地址信息，以及有权提供通过填写互联网网站上的电子表格来发送此类申请的可能性。（经 2014 年 11 月 24 日第 364 - FZ 号联邦法修订）

3. 当使用能够识别信息接收者的信息传播方式时，其中包括邮件和电子消息，传播信息的人员有义务为信息接收者提供拒绝接收此类信息的可能性。

4. 按照参与信息交换的人员协商确定的程序提供信息。

5. 强制传播信息或提供信息的情况和条件，其中包括强制提供文件副本，均由联邦法律规定。

6. 禁止传播以宣传战争、煽动民族、种族或宗教仇恨和敌意为目的的信息，以及传播后需要承担刑事或行政责任的其他信息。

7. 根据 1991 年 12 月 27 日第 2124 - I 号《俄罗斯联邦大众传媒法》规定，禁止传播履行外国代理人职能的外国大众传媒，和（或）其创办的俄罗斯法人实体的消息和材料［未说明这些消息和材料是由这些人员创建和（或）传播的］。此类说明的形式、发布要求和发布程序由授权的联邦权力执行机构制定。（本款根据 2019 年 12 月 2 日第 426 - FZ 号联邦法施行）

第10-1条 互联网信息传播组织者的义务

1. 互联网信息传播组织者为开展关于保障信息系统和（或）电子计算机程序运行的活动的人员，这些系统和程序设计和（或）用于接收、传输、送达和（或）处理互联网用户的消息。

2. 互联网信息传播组织者有义务按照俄罗斯联邦政府规定的程序，通知俄罗斯联邦大众传媒、大众通信、信息技术和通信监督局有关开始本条第1款规定的活动的开展情况。

3. 互联网信息传播组织者有义务在俄罗斯联邦境内保存：

1）互联网用户的语音信息、书面文字、图像、声音、视频或其他电子消息的接收、传输、送达和（或）处理的事实信息，以及自此类行为结束之刻起1年内的这些用户信息；

2）互联网用户的短信、语音信息、图像、声音、视频信息，以及自这些信息接收、传输、送达和（或）处理结束之刻起6个月内的互联网用户的其他电子消息。本项指定信息的存储程序、期限和数量由俄罗斯联邦政府制定。

（本款经2016年7月6日第374-FZ号联邦法修订）

3-1. 在联邦法律规定的情况下，互联网信息传播组织者有义务将本条第3款规定的信息提供给从事业务搜索活动或确保俄罗斯联邦安全的授权国家机构。（本款根据2016年7月6日第374-FZ号联邦法施行；经2017年7月29日第241-FZ号联邦法修订）

4. 互联网信息传播组织者经与从事业务搜索活动或确保俄罗斯联邦安全的授权国家机构协商一致，有义务确保落实通信领域的联邦权力执行机构制定的设备和软硬件要求，这些设备和软硬件由上述组织者在其运营的信息系统中使用，以便这些机构在联邦法律规定的情况下开展活动以落实委托给他们的任务,并采取措施防止泄露开展这些活动的组织和战术方法。互联网信息传播组织者与从事业务搜索活动或确保俄罗斯联邦安全的授权国家机构的沟通程序由俄罗斯联邦政府制定。

4-1. 互联网信息传播组织者在接收、传输、送达和(或)处理互联网用户的电子消息的过程中使用电子消息额外编码时,和(或)在向互联网用户提供电子消息额外编码的可能性时,有义务向联邦安全保障权力执行机构提交对接收的、传输的、送达的和(或)处理的电子消息进行解码所需的信息。(本款根据2016年7月6日第374-FZ号联邦法施行)

4-2. 互联网信息传播组织者在开展活动以保障信息系统和(或)电子计算机程序运行的情况下,设计和(或)主要用于交换这些信息系统和(或)电子计算机程序用户之间的电子消息,同时由电子消息的发送者确定电子消息的一个或多个接收者,互联网用户不得将公共信息发布到互联网上以及将电子消息传输给不特定对象(以下简称"即时通信服务的组织者"),还有义务:

1)互联网用户的身份验证由互联网信息传播的组织者(以下简称"即时通信服务用户")通过移动无线电话通信运营商的用户号进行识别,即时通信服务的组织者使用移动无线电话通信运营商的用户号码,按照俄罗斯联邦政府制定的互联网电子消息传输程序实施,本联邦法规定的情况除外;

2)自收到授权的联邦权力执行机构的相关要求之刻起1日内,按照俄罗斯联邦政府制定的程序,限制此要求中指定的即时通信服务用户进行包含禁止在俄罗斯联邦传播的信息,以及违反俄罗斯联邦法律要求传播的信息的电子消息传输的可能性;

3）确保即时通信服务用户拒绝接收其他用户电子消息的技术可能性；

4）确保所传输的电子消息的机密性；

5）根据俄罗斯联邦法律规定，确保按照国家机构的倡议传输电子消息的可能性；

6）在俄罗斯联邦政府规定的情况和程序下，禁止向即时通信服务用户发送电子消息。

（本款根据2017年7月29日第241-FZ号联邦法施行）

4-3. 作为俄罗斯法人实体或俄罗斯联邦公民的即时通信服务的组织者，有权自行通过确定即时通信服务用户的移动无线电话通信用户号码来识别即时通信服务用户。俄罗斯联邦政府可制定由作为俄罗斯法人实体或俄罗斯联邦公民的即时通信服务的组织者确定即时通信服务用户的移动无线电话通信用户号码的程序要求。（本款根据2017年7月29日第241-FZ号联邦法施行）

4-4. 作为俄罗斯法人实体或俄罗斯联邦公民的即时通信服务的组织者，有义务保存有关仅识别俄罗斯联邦境内的即时通信服务用户的移动无线电话通信用户号码的信息（以下简称"用户号码的识别信息"）。只有经即时通信服务用户同意，才能向第三方提供用户号码的识别信息，本联邦法和其他联邦法律规定的情况除外。即时通信服务的组织者有义务提供获得即时通信服务用户同意的证据，以向第三方提供该即时通信服务用户的用户号码的识别信息。（本款根据2017年7月29日第241-FZ号联邦法施行）

5. 本条规定的义务不适用于国家信息系统运营商、市政信息系统运营商、根据相关许可证在许可活动范围内提供通信服务的通信运营商,以及不适用于开展本条第 1 款规定的活动,以满足个人和家庭需要的公民(自然人)。为适用本条规定,俄罗斯联邦政府制定了在开展本条第 1 款规定的活动时的个人和家庭需要清单。

6. 根据本条第 3 款应保存的信息的组成、其保存地点和规则、向从事业务搜索活动或确保俄罗斯联邦安全的授权国家机构提供该信息的程序,以及对在互联网上传播与此类信息相关的信息组织者的活动实施监督的程序,以及授权实施这种监督的联邦权力执行机构由俄罗斯联邦政府确定。

7. 具有互联网通信方式和其他技术手段组合的唯一标识符(以下简称"自主系统编号")的互联网信息传播组织者,有义务履行 2003 年 7 月 7 日第 126 – FZ 号《俄罗斯联邦通信法》第 56 – 1 条第 3 款、第 56 – 2 条第 8 款和第 65 – 1 条第 4 款规定的要求和义务,以及对拥有自主系统编号的人员提出的要求和义务。(本款根据 2019 年 5 月 1 日第 90 – FZ 号联邦法施行)

(本条根据 2014 年 5 月 5 日第 97 – FZ 号联邦法施行)

第 10 – 2 条

(本条根据 2014 年 5 月 5 日第 97 – FZ 号联邦法施行;根据 2017 年 7 月 29 日第 276 – FZ 号联邦法失去效力)

第 10 – 3 条 检索系统运营商的义务

1. 按照公民(自然人)(在本条以下行文中简称"申请人")的要求,在互联网上发布旨在吸引俄罗斯联邦境内消费者注意的广告的检索系统运营商,有义务终止发布有关互联网网站页面索引(以下简称"链接")信息,因为这些索引允许访问在违反俄罗斯联邦法律的情况下传播的不可靠的、不具有现实意义、因后续事件或申请人行为而对申请人失去意义的申请人信息,但有关含有刑罚行为特征、追究刑事责任的期限尚未到期的事件信息,以及未撤销或未消除定罪的公民作案信息除外。

2. 申请人的要求应包含:

1)姓名、身份证明信息、联系信息［电话和(或)传真号码、电子邮件地址、邮政地址］;

2)本条第 1 款中规定的、应终止发布链接的申请人信息;

3)发布本条第 1 款中规定的信息的互联网网站页面索引;

4)检索系统终止发布链接的依据;

5)关于处理申请人个人数据的同意书。

3. 如果发现申请人要求中的信息不完整、不准确或有错误,检索系统运营商有权在收到上述要求之刻起 10 个工作日内向申请人发送有关明确所提交信息的通知。检索系统运营商同时有权向申请人发送需要提供身份证明文件的通知。上述通知可一次发送给申请人。

4. 自收到本条第 3 款中规定的通知之刻起 10 个工作日内,申请人采取措施补足所缺少的信息,消除不正确的地方和错误,并(在必要的情况下)将明确后的信息,以及身份证明文件发送给检索系统运营商。

5. 自收到申请人的要求或申请人明确的信息之刻起 10 个工作日内(在向申请人发送本条第 3 款中规定的通知的情况下),检索系统运营商有义务终止申请人要求中指定的信息链接,并按照检索系统用户的请求显示包含申请人名字和(或)姓氏的检索结果,将此情况通知申请人或向申请人发送合理拒绝书。

6. 检索系统运营商向申请人发送满足本条第 1 款中规定的申请

人要求的通知，或以与收到的上述要求相同的形式发送拒绝满足该要求的理由。

7. 申请人认为检索系统运营商的拒绝是不合理的，有权向法院递交起诉状，申请终止发布申请人要求中指定信息的链接。

8. 除联邦法律规定的情况外，检索系统运营商有义务不披露申请人根据本条第 1 款规定的要求向其提出申请的信息。

（本条根据 2015 年 7 月 13 日第 264 – FZ 号联邦法施行）

第 10 – 4 条　新闻聚合器传播信息的特点

1. 使用俄罗斯联邦国家语言、俄罗斯联邦内各共和国的国家语言或俄罗斯联邦的其他民族语言在互联网上处理和传播新闻信息，并可以借助其发布旨在吸引俄罗斯联邦境内消费者注意、每日访问量超过 100 万互联网用户的广告的电子计算机程序的所有者、互联网网站和（或）网页所有者（以下简称"新闻聚合器的所有者"）有义务遵守俄罗斯联邦法律的要求，其中包括：

1）禁止使用俄罗斯联邦国家语言、俄罗斯联邦内各共和国的国家语言或俄罗斯联邦的其他民族语言在互联网上处理和传播新闻信息，并禁止使用这些语言发布旨在吸引俄罗斯联邦境内消费者注意、每日访问量超过 100 万互联网用户的广告的电子计算机程序、互联网网站和（或）网页（以下简称"新闻聚合器"），用来实施刑罚行为，泄露构成国家秘密或其他受法律特别保护的秘密的信息，传播含有公开号召开展恐怖主义活动或公开为恐怖主义辩解的内容的材料，其他极端主义材料，宣传色情、崇拜暴力和残暴行为的材料及含有淫秽语言的材料；

2）在具有社会意义的信息传播前检验其可靠性，并根据本条第 9 款规定的指示立即停止传播；

3）禁止使用新闻聚合器来隐藏或伪造具有社会意义的信息，以可靠消息为幌子传播不可靠的具有社会意义的新闻信息，以及传播违反俄罗斯联邦法律的信息；

4）禁止传播以性别、年龄、种族或国籍、语言、宗教态度、职业、居住地和工作地点，以及与政治信念有关的理由诽谤公民或某些类别公民的新闻信息；

5）禁止在违反民法的情况下传播有关公民私生活的新闻信息；

6）遵守俄罗斯联邦全民公决法和俄罗斯联邦选举法规定的禁令和限制；

7）遵守俄罗斯联邦关于调整大众信息传播程序的法律要求；

8）遵守公民和组织的权利和合法利益，包括公民的荣誉、尊严和商誉、组织商誉；

9）在新闻聚合器上发布电子邮件地址，以便向他们发送具有法律意义的消息，以及他们的姓名（对于自然人）或名称（对于法人实体）；

10）将其传播的新闻信息、接收来源信息，以及传播时间信息保存6个月；

11）确保俄罗斯联邦大众传媒、大众通信、信息技术和通信监督局通过该机构与新闻聚合器所有者的互动系统（该系统的运行程序由上述联邦权力执行机构制定）访问本条第10款中规定的信息；

12）安装由俄罗斯联邦大众传媒、大众通信、信息技术和通信监督局推荐的一种电子计算机程序，用于确定互联网上的信息资源用户数量；（本项根据2017年5月1日第87－FZ号联邦法施行）

13）确保授权机构能够研究本联邦法第12－2条第1款规定的听众数量，研究新闻聚合器的听众数量，以及根据本联邦法第

12-2条发布在其上的新闻信息。（本项根据2021年7月1日第266-FZ号联邦法施行）

2. 新闻聚合器传播的新闻信息，如果是逐字逐句复制发布在互联网国家机关官方网站上或由可能已被确定并追究违反俄罗斯联邦大众传媒法的责任的大众传媒传播的消息、资料或其片段的，则该新闻聚合器的所有者对此种传播不承担责任。（经2017年11月25日第327-FZ号联邦法修订）

3. 俄罗斯联邦大众传媒、大众通信、信息技术和通信监督局对新闻聚合器进行登记。为确保建立新闻聚合器登记簿，俄罗斯联邦大众传媒、大众通信、信息技术和通信监督局：

1）组织信息资源监控；

2）批准每日信息资源用户数量的测定方法；

3）有权要求新闻聚合器的所有者和其他人员提供进行此类登记所需的信息。上述人员有义务在收到俄罗斯联邦大众传媒、大众通信、信息技术和通信监督局的请求之日起10天内提供所要求的信息。

4. 如果在电信信息网，包括在互联网上发现正在使用俄罗斯联邦国家语言、俄罗斯联邦内各共和国的国家语言或俄罗斯联邦的其他民族语言处理和传播新闻信息的信息资源，并可在其中发布旨在吸引俄罗斯联邦境内消费者注意、每日访问量超过100万互联网用户的广告，包括审查国家权力机关、地方自治机构、公民或组织的申请，则俄罗斯联邦大众传媒、大众通信、信息技术和通信监督局：

1）承认该信息资源为新闻聚合器，并将其列入新闻聚合器登记簿中；

2）确定虚拟主机提供商或确保在互联网上发布新闻聚合器的其他人员；

3）向虚拟主机提供商或本款第2）项中指定人员发送俄文和英文电子通知，告知必须提供能够识别新闻聚合器所有者的数据；

4）在相应的信息系统中记录将本款第3）项中规定的通知发送给虚拟主机提供商或本款第2）项中指定人员的日期和时间。

5. 在收到本条第4款第3）项中规定的通知后3个工作日内，虚拟主机提供商或本条第4款第2）项中指定人员必须提供能够识别新闻聚合器所有者的数据。

6. 在收到本条第4款第3）项中规定的数据后，俄罗斯联邦大众传媒、大众通信、信息技术和通信监督局向新闻聚合器的所有者发送通知，将其信息资源列入新闻聚合器登记簿中，并注明适用于该信息资源的俄罗斯联邦法律的要求。

7. 如果新闻聚合器在3个月以来的访问量每天不超过100万互联网用户的，则该新闻聚合器按其所有者的申请从新闻聚合器登记簿中删除，对此向新闻聚合器的所有者发送相关通知。如果该新闻聚合器在6个月以来的访问量每天不超过100万互联网用户的，则该新闻聚合器不经其所有者的申请也可从新闻聚合器登记簿中删除。

8. 如果在新闻聚合器上发现伪造具有社会意义的信息、以可靠消息为幌子传播不可靠的具有社会意义的新闻信息，以及违反俄罗斯联邦法律传播新闻信息的，授权的国家机构有权通过俄罗斯联邦大众传媒、大众通信、信息技术和通信监督局的官方网站上填写电子表格，向俄罗斯联邦大众传媒、大众通信、信息技术和通信监督局提出申请，要求采取措施停止传播此类信息，并附上法院的判决或上述国家机构的决定。发送此要求及其所附文件的形式和程序由俄罗斯联邦大众传媒、大众通信、信息技术和通信监督局确定。

9. 如果收到本条第 8 款规定的要求及其所附文件的，则俄罗斯联邦大众传媒、大众通信、信息技术和通信监督局，在收到文件之刻起 24 小时内对其进行审核并向新闻聚合器所有者发送指示，其中包括通过本条第 1 款第 11) 项规定的互动系统，要求立即停止传播本条第 8 款规定的信息。

10. 就本条而言，新闻信息是指从根据 1991 年 12 月 27 日第 2124 - I 号《俄罗斯联邦大众传媒法》注册的大众传媒，以及其他来源获得的公共信息。

11. 根据 1991 年 12 月 27 日第 2124 - I 号俄罗斯联邦大众传媒法注册为网络出版物的信息资源不能作为新闻聚合器。

12. 新闻聚合器的所有者只能是俄罗斯法人实体或俄罗斯联邦公民。

13. 新闻聚合器的所有者违反本条要求将根据俄罗斯联邦法律追究刑事、行政或其他责任。

（本条根据 2016 年 6 月 23 日第 208 - FZ 号联邦法施行）

第 10 - 5 条 视听服务所有者的义务

1. 用于在互联网上形成和（或）组织传播视听作品集，通过付费和（或）观看旨在吸引俄罗斯联邦境内消费者注意的广告后进行访问、俄罗斯联邦境内的互联网用户每日的访问量超过 10 万的互联网网站和（或）网页，和（或）信息系统，和（或）电子计算机程序的所有者必须遵守俄罗斯联邦法律的要求，其中包括：

1) 禁止使用用于在互联网上形成和（或）组织传播视听作品集，通过付费和（或）观看旨在吸引俄罗斯联邦境内消费者注意的广告后进行访问、俄罗斯联邦境内的互联网用户每日的访问量超过 10 万的互联网网站和（或）网页，和（或）信息系统，和（或）

电子计算机程序（以下简称"视听服务"），用来实施刑罚行为，泄露构成国家秘密或其他受法律特别保护的秘密的信息，传播含有公开号召开展恐怖主义活动或公开为恐怖主义辩解的内容的材料，其他极端主义材料，宣传色情、崇拜暴力和残暴行为的材料及含有淫秽语言的材料；

2）如果相关视听作品的制作者或发行者未提前对其进行分类，则根据2010年12月29日第436-FZ号《关于儿童免受对健康和发育有害信息侵害的保护法》的要求，在视听作品传播前对其进行分类，以及确保使用相应的信息产品标志和（或）有关限制向儿童传播对健康和（或）发育有害的信息产品的文字警告对该视听产品的类别进行标记，但其用户在此视听服务上发布的视听作品除外；

3）遵守俄罗斯联邦全民公决法和俄罗斯联邦选举法规定的禁令和限制；

4）遵守俄罗斯联邦关于调整大众信息传播程序的法律要求；

5）禁止通过视听服务传播未根据1991年12月27日第2124-I号《俄罗斯联邦大众传媒法》注册的电视频道或电视节目；

6）在视听服务中发布电子邮件地址，以便于向其发送具有法律意义的消息，以及发布自己的姓名（对于自然人）或名称（对于法人实体）；

7）安装由俄罗斯联邦大众传媒、大众通信、信息技术和通信监督局推荐的电子计算机程序之一，用于确定互联网上的信息资源用户数量；

8）确保授权机构能够研究本联邦法第12-2条第1款规定的听众数量，研究视听服务，以及根据本联邦法第12-2条传播的视听作品的听众数量。（本项根据2021年7月1日第266-FZ号联邦法施行）

1-1. 视听服务的所有者有义务：

1）确保使用指定的视听服务传播全俄罗斯所有的强制性公共电视频道和根据1991年12月27日第2124-I号《俄罗斯联邦大众传媒法》第32-1条的要求，有权使用俄罗斯联邦全境的多路复用位置进行以太网地面数字广播的电视频道，无须与这些电视频道的播音员签订合同且不对此类电视频道的传播收取费用；

2）获准访问全俄罗斯强制性公共电视频道和有权使用俄罗斯联邦全境的多路复用位置进行以太网地面数字广播的电视频道，目的是根据与机构达成的协议在互联网上进行电视频道的传播，该机构根据1991年12月27日第2124-I号《俄罗斯联邦大众传媒法》第32-2条的要求，授权确保在互联网上传播全俄罗斯强制性公共电视频道和有权使用俄罗斯联邦全境的多路复用位置进行以太网地面数字广播的电视频道（以下简称"确保在互联网上传播电视频道的授权机构"）；

3）对根据本款第2）项提供访问的全俄罗斯强制性公共电视频道和有权使用俄罗斯联邦全境的多路复用位置进行以太网地面数字广播的电视频道不作修改；

4）禁止向第三方转让和（或）提供对全俄罗斯强制性公共电视频道和有权使用俄罗斯联邦全境的多路复用位置进行以太网地面数字广播的电视频道的访问，以便在互联网上进一步传播此类电视频道；

5）禁止对全俄罗斯强制性公共电视频道和有权使用俄罗斯联邦全境的多路复用位置进行以太网地面数字广播的电视频道的观看权，向互联网用户收取费用；

6）按照俄罗斯联邦大众传媒、大众通信、信息技术和通信监督局制定的程序，通知互联网用户观看全俄罗斯强制性公共电视频道和有权使用俄罗斯联邦全境的多路复用位置进行以太网地面数字广播的电视频道的可能性。

（本款根据 2021 年 7 月 1 日第 261 – FZ 号联邦法施行）

1 – 2. 视听服务的所有者在互联网上传播全俄罗斯强制性公共电视频道和有权使用俄罗斯联邦全境的多路复用位置进行以太网地面数字广播的电视频道时，必须使用满足 1991 年 12 月 27 日第 2124 – I 号《俄罗斯联邦大众传媒法》第 32 – 2 条第 13 款第 1）项规定要求、专有权属于确保在互联网上传播电视频道的授权机构的电子计算机程序，或者使用满足上述要求、专有权属于该视听服务所有者的电子计算机程序。（本款根据 2021 年 7 月 1 日第 261 – FZ 号联邦法施行）

2. 俄罗斯联邦大众传媒、大众通信、信息技术和通信监督局对视听服务进行登记。为了确保建立视听服务登记簿，俄罗斯联邦大众传媒、大众通信、信息技术和通信监督局：

1）组织信息资源监控；

2）批准每日信息资源用户数量的测定方法；

3）有权要求视听服务的所有者和其他人员提供进行此类登记所需的信息。上述人员有义务在收到俄罗斯联邦大众传媒、大众通信、信息技术和通信监督局的请求之日起 10 天内提供所要求的信息。

3. 如果在互联网上发现用于形成和（或）组织传播视听作品集，通过付费和（或）观看旨在吸引俄罗斯联邦境内消费者注意的广告后进行访问、俄罗斯联邦境内的互联网用户每日的访问量超过 10 万的信息资源，包括审查国家权力机关、地方自治机构、公民或组织的申请，则俄罗斯联邦大众传媒、大众通信、信息技术和通信监督局：

1）承认该信息资源为视听服务，并将其列入视听服务登记簿中；

2）确定虚拟主机提供商或确保在互联网上发布视听服务的其他人员；

3）向虚拟主机提供商或本款第2）项中指定人员发送俄文和英文电子通知，告知必须提供能够识别视听服务所有者的数据；

4）在相应的信息系统中记录将本款第3）项中规定的通知发送给虚拟主机提供商或本款第2）项中指定人员的日期和时间。

4. 在收到本条第3款第3）项中规定的通知之刻起3个工作日内，虚拟主机提供商或本条第3款第2）项中指定人员必须提供能够识别视听服务所有者的数据。

5. 在收到本条第3款第3）项中规定的数据后，俄罗斯联邦大众传媒、大众通信、信息技术和通信监督局向视听服务所有者发出通知，将其信息资源列入视听服务登记簿中，并注明适用于该信息资源的俄罗斯联邦法律的要求。

6. 收到本条第5款规定通知的视听服务所有者，必须在收到通知之日起2个月内向俄罗斯联邦大众传媒、大众通信、信息技术和通信监督局提交文件，证明已满足本条第7款要求。

7. 视听服务的所有者可以是俄罗斯的法人实体，也可以是不具有其他国家国籍的俄罗斯联邦公民。除非俄罗斯联邦的国际条约另有规定，否则外国、国际组织，以及受其控制的组织、法定资本中外资参股份额超过20%的外国法人实体、外国公民、无国籍人士、拥有其他国家国籍的俄罗斯联邦公民，其一并或每人单独拥有信息资源（用于在互联网上传播视听作品集并且在俄罗斯联邦境内的用户数量少于此类信息资源用户总数的50%）的关联人员，有权直接或间接拥有、管理或控制视听服务所有者法定资本中20%以上的股份（股票），同时要征得政府委员会对上述所有权、管理权或控制权的同意。

8. 在与视听服务所有者有关的所有权、管理权或控制权将有助于俄罗斯联邦视听服务市场发展的情况下，政府委员会将作出决定，同意本条第 7 款规定的此类所有权、管理权或控制权。

9. 政府委员会的规定、其组成和作出决定的程序由俄罗斯联邦政府批准。

10. 本条第 7 款的规定不适用于对确保国防和国家安全具有战略意义的经济团体，以及不适用于开展 2008 年 4 月 29 日第 57 – FZ 号《关于对确保国防和国家安全具有战略意义的经济团体引入外资的程序法》第 6 条第 11～14、34、37 款中规定的活动的经济团体，和（或）在满足限制与视听服务所有者有关的所有权、管理权或控制权的要求方面，不适用于与这些经济团体列入同一人群的人员。

11. 证明视听服务所有者满足本条第 7 款要求的文件清单，以及将这些文件发送给俄罗斯联邦大众传媒、大众通信、信息技术和通信监督局的形式和程序由俄罗斯联邦政府批准。

12. 如果视听服务在 3 个月以来的访问量每天少于 10 万互联网用户，则按照视听服务所有者的申请，将该视听服务从登记簿中删除，对此向视听服务的所有者发送相关通知。如果视听服务在 6 个月以来的访问量每天少于 10 万互联网用户的，则该视听服务不经其所有者的申请也可从视听服务登记簿中删除。

13. 如果视听服务所有者未执行本条第 11 款和（或）第 12 款规定的要求，或者在视听服务中发现违反俄罗斯联邦法律传播的信息，则俄罗斯联邦大众传媒、大众通信、信息技术和通信监督局向视听服务的所有者发出要求，请其采取措施消除已查明的违反俄罗斯联邦法律的行为。（经 2021 年 7 月 1 日第 261 – FZ 号联邦法修订）

14. 如果发生下列情况，俄罗斯联邦大众传媒、大众通信、信息技术和通信监督局可向法院申请限制访问视听服务：

1）通过已经生效的处理行政违法决定确定，视听服务的所有者在一年内屡次未按要求采取措施消除已查明的违反俄罗斯联邦法律的行为的；

2）视听服务的所有者未履行本条第6款和第7款规定的要求的。

15. 根据已经生效的法院判决，在视听服务的所有者执行本条第6款和第7款规定的要求之前，视听服务的访问受到提供互联网访问服务的通信运营商进行限制，但2003年7月7日第126-FZ号《俄罗斯联邦通信法》第46条第5-1款第3段规定的情况除外。俄罗斯联邦大众传媒、大众通信、信息技术和通信监督局与通信运营商、视听服务所有者之间的配合程序，以及限制和恢复视听服务访问的程序和告知此类限制的程序由俄罗斯联邦政府制定。

（经2019年5月1日第90-FZ号联邦法修订）

16. 不能作为视听服务的有：

1）根据1991年12月27日第2124-I号《俄罗斯联邦大众传媒法》注册为网络出版物的信息资源；

2）检索系统；

3）视听作品主要由互联网用户发布的信息资源。确定此类信息资源的程序和准则由俄罗斯联邦大众传媒、大众通信、信息技术和通信监督局批准。

17. 视听服务所有者违反本条要求的行为将依据俄罗斯联邦法律追究刑事、行政或其他责任。

（本条根据2017年5月1日第87-FZ号联邦法施行）

第 10 – 6 条　社交网络中信息传播的特点

1. 设计和（或）由用户通过使用俄罗斯联邦国家语言、俄罗斯联邦内各共和国的国家语言或俄罗斯联邦的其他民族语言创建个人信息网页提供和（或）传播信息，并可以借助其发布旨在吸引俄罗斯联邦境内消费者注意、每日访问量超过 50 万互联网用户的广告的互联网网站和（或）网页，和（或）信息系统，和（或）电子计算机程序的所有者（以下简称"社交网络的所有者"）有义务遵守俄罗斯联邦法律的要求，其中包括：

1）禁止使用设计和（或）由用户通过使用俄罗斯联邦国家语言、俄罗斯联邦内各共和国的国家语言或俄罗斯联邦的其他民族语言创建个人信息网页提供和（或）传播信息，并可以借助其发布旨在吸引俄罗斯联邦境内消费者注意、每日访问量超过 50 万互联网用户的广告的互联网网站和（或）网页，和（或）信息系统，和（或）电子计算机程序（以下简称"社交网络"），用来实施刑罚行为，泄露构成国家秘密或其他受法律特别保护的秘密的信息，传播含有公开号召开展恐怖主义活动或公开为恐怖主义辩解的内容的材料，其他极端主义材料，宣传色情、崇拜暴力和残暴行为的材料及含有淫秽语言的材料；

2）禁止传播以性别、年龄、种族或国籍、语言、宗教态度、职业、居住地和工作地点，以及与政治信念有关的理由诽谤公民或某些类别公民的信息；

3）遵守俄罗斯联邦全民公决法和俄罗斯联邦选举法规定的禁令和限制；

4）遵守公民和组织的权利和合法利益，包括公民的荣誉、尊严和商誉、组织商誉；

5）对社交网络进行监控，以查明：

a）带有未成年人色情图片的材料和（或）关于吸引未成年人作为表演者参加色情娱乐活动的广告；

b）关于麻醉剂、精神药物及其原料、新的具有潜在危险的精神活性物质的开发、制作和使用方式、方法，以及有关含麻醉剂的植物栽培方式和地点的信息；

c）关于自杀和邀请自杀的方式的信息；

d）违反 2006 年 12 月 29 日第 244-FZ 号《国家对组织和进行赌博活动的监管以及对相关法案的修订》和 2003 年 11 月 11 日第 138-FZ 号《俄罗斯联邦抽彩法》关于禁止使用互联网和其他通信方式组织和进行赌博和抽彩活动的要求的信息；

e）包含酒精产品、和（或）含酒精的食品、和（或）乙醇、和（或）含酒精的非食品远程零售建议的信息，这些产品的零售受到有关乙醇、酒精产品生产和周转的国家调控及限制酒精产品消费（饮用）的法律的限制和禁止；

f）旨在怂恿或以其他方式引诱未成年人从事对其生命和（或）健康或对他人的生命和（或）健康构成威胁的非法行为的信息；

g）以不雅形式表达有损人类尊严和公共道德，明显不尊重社会、国家、俄罗斯联邦官方国家象征、俄罗斯联邦宪法或俄罗斯联邦行使国家权力的机关的信息；

h）包含煽动大规模骚乱、实施极端主义活动、参加违反规定程序举行的群众性（公共）活动的信息，以可靠消息为幌子传播的不可靠的具有社会意义的信息，这些信息会对公民的生命和（或）健康、财产造成损害，对公共秩序和（或）公共安全的大规模破坏构成威胁或对生命保障设施、交通或社会基础设施、信贷机构、能源、工业或通信设施的运行或停止运行造成干扰，根据

2012 年 12 月 28 日第 272－FZ 号《俄罗斯联邦关于对参与侵犯基本人权和自由、侵犯公民权和自由的主体采取必要措施的法规》，其在俄罗斯联邦境内的活动被认定为不受欢迎的活动的外国或国际非政府组织的信息材料，以及能够获得上述信息或材料访问许可的信息；

6）在社交网络上发布电子邮件地址，可向其发送具有法律意义的消息和姓名（对于自然人）或名称（对于法人实体），以及发布电子表格，用于发送违法传播的信息申请，对该信息的要求由俄罗斯联邦大众传媒、大众通信、信息技术和通信监督局制定；

7）每年发布一份关于使用本款第 6）项中规定的电子表格提交的申请审核结果，以及根据本款第 5）项进行的监控结果的报告。本报告的格式、组成和发布要求由俄罗斯联邦大众传媒、大众通信、信息技术和通信监督局制定；

8）在社交网络发布确定社交网络使用规则的文件；

9）如果对社交网络使用规则作出修改，则在进行此类修改之日起 3 天内，向社交网络的每个用户发送有关修改的通知，并说明修改内容；

10）安装由俄罗斯联邦大众传媒、大众通信、信息技术和通信监督局推荐的电子计算机程序之一，用于确定互联网上的信息资源用户数量；

11）通知社交网络用户关于根据本款第 5）项采取的限制访问其信息的措施，以及采取此类限制的依据。

2. 社交网络使用规则应包含：

1）社交网络中信息的传播要求与俄罗斯联邦法律不相抵触；

2）社交网络用户的权利和义务；

3）社交网络所有者的权利和义务；

4）社交网络用户的申请审核程序，确保其在收到申请之日起不超过30个自然日的期限内进行审核；

5）以查明本条第1款第5）项中规定的信息为目的的社交网络监控程序，以及有关查明此类信息的申请审核程序。

3. 社交网络使用规则应使用俄语发布到社交网络上。社交网络的所有者应确保用户不受阻碍地、无偿地访问社交网络使用规则。

4. 如果在社交网络监控期间或根据本条第1款第6）项中规定的申请审核结果发现本条第1款第5）项中规定的信息，以及如果在根据本条第18款规定的指示监控社交网络期间发现信息，社交网络的所有者必须立即采取措施限制对其访问，但本条第5款规定的情况除外。

5. 如果社交网络的所有者无法评估在社交网络监控过程中或根据本条第1款第6）项中规定的申请审核结果发现的信息，以及本条第1款第5）项中规定的信息的符合程度，则其必须在发现此类信息之刻起1天内：

1）将其发送给俄罗斯联邦大众传媒、大众通信、信息技术和通信监督局。发送给上述机构的信息的定义标准、其组成和发送程序由俄罗斯联邦大众传媒、大众通信、信息技术和通信监督局制定；

2）俄罗斯联邦大众传媒、大众通信、信息技术和通信监督局决定采取措施限制对本联邦法规定的信息进行访问或拒绝采取此类措施之前，采取措施限制对上述信息的访问。

6. 当收到社交网络所有者根据本条第5款发送的信息时，俄罗斯联邦大众传媒、大众通信、信息技术和通信监督局通过互动系统，在24小时内将其发送给授权的国家机构，根据本联邦法第

15-1条第5款第1）项、第15-1-1条第1款、第15-3条第1款的规定进行审核并作出决定。

7. 俄罗斯联邦大众传媒、大众通信、信息技术和通信监督局审核本条第5款第1）项中规定的信息的程序，以及与授权的国家机构的互动程序由俄罗斯联邦政府制定。

8. 根据本条第4款或第5款规定，对于信息已采取限制社交网络所有者访问措施的社交网络用户，有权根据本条第4款或第5款规定的决定向社交网络所有者提出申诉。社交网络所有者必须审核此类申诉，并在收到该申诉之日起3天内向社交网络用户发送回复。如果不同意社交网络所有者的回复，则用户有权向俄罗斯联邦大众传媒、大众通信、信息技术和通信监督局提出申请，要求取消社交网络所有者根据本条第4款或第5款规定采取的限制访问用户信息的措施。

9. 根据本条第4款或第5款规定，对于信息已采取限制社交网络所有者访问措施的社交网络用户，如果不同意所作出的决定，则有权向俄罗斯联邦大众传媒、大众通信、信息技术和通信监督局提出申请，要求取消社交网络所有者根据本条第4款或第5款规定采取的限制访问用户信息的措施。

10. 俄罗斯联邦大众传媒、大众通信、信息技术和通信监督局根据本条第8款或第9款规定的申请，或者在监控社交网络时，可以向社交网络所有者提出请求，要求取消社交网络所有者根据本条第4款或第5款规定采取的限制访问用户信息的措施。本条第8款或第9款规定的申请审核程序和期限，以及向社交网络所有者提出要求的程序由俄罗斯联邦政府制定。

11. 由俄罗斯联邦大众传媒、大众通信、信息技术和通信监督局进行社交网络登记。为了确保建立社交网络登记簿，俄罗斯联邦大众传媒、大众通信、信息技术和通信监督局：

1）组织信息资源监控；

2）批准每日信息资源用户数量的测定方法；

3）有权要求社交网络所有者和其他人员提供进行此类登记所需的信息。上述人员有义务在收到俄罗斯联邦大众传媒、大众通信、信息技术和通信监督局的请求之日起10天内提供所要求的信息。

12. 如果在互联网上发现设计和（或）由用户通过使用俄罗斯联邦国家语言、俄罗斯联邦内各共和国的国家语言或俄罗斯联邦的其他民族语言创建个人信息网页提供和（或）传播信息，并可以借助其发布旨在吸引俄罗斯联邦境内消费者注意、每日访问量超过50万互联网用户的广告的信息资源，包括审查国家权力机关、地方自治机构、公民或组织的申请，则俄罗斯联邦大众传媒、大众通信、信息技术和通信监督局：

1）承认互联网上的信息资源为社交网络，并将其列入社交网络登记簿中；

2）确定虚拟主机提供商或确保在互联网上发布社交网络的其他人员；

3）向虚拟主机提供商或本款第2）项中指定人员发送俄文和英文电子通知，告知必须提供能够识别社交网络所有者的数据；

4）在相应的信息系统中记录将本款第3）项中规定的通知发送给虚拟主机提供商或本款第2）项中指定人员的日期和时间。

13. 在收到本条第12款第3）项中规定的通知后3个工作日内，虚拟主机提供商或本条第12款第2）项中指定人员必须提供能够识别社交网络所有者的数据。

14. 在收到本条第12款第3）项中规定的数据后，俄罗斯联邦大众传媒、大众通信、信息技术和通信监督局向社交网络所有者发送通知,将其信息资源列入社交网络登记簿中,并注明适用于该信息资源的俄罗斯联邦法律的要求。

15. 在信息资源被列入社交网络登记簿之日起 2 个月内,社交网络的所有者必须保证使社交网络的使用规则符合本联邦法的要求,并使其社交网络的用户了解上述规则。

16. 如果社交网络在 3 个月以来的访问量每天不超过 50 万互联网用户的,则该社交网络按其所有者的申请从社交网络登记簿中删除,对此向社交网络所有者发送相关通知。如果社交网络在 6 个月以来的访问量每天不超过 50 万互联网用户的,则该社交网络不经其所有者的申请也可从社交网络登记簿中删除。

17. 俄罗斯联邦大众传媒、大众通信、信息技术和通信监督局与社交网络所有者的配合程序由上述联邦权力执行机构制定。

18. 俄罗斯联邦大众传媒、大众通信、信息技术和通信监督局有权向社交网络的所有者下发指示,对社交网络进行监控,以便查明混淆性相似信息,该网络或其他社交网络的所有者有义务根据本联邦法,在先前发送的上述联邦机构的要求或通知的基础上采取措施清除此类信息。

(本条根据 2020 年 12 月 30 日第 530 – FZ 号联邦法施行)

第 11 条 信息的文件化

1. 可通过俄罗斯联邦法律或双方协议规定信息的文件化要求。

2. 在国家机构、地方自治机构中,根据在档案和公文处理领域授权的联邦权力执行机构制定的公文处理规则进行信息的文件化。(经 2017 年 6 月 18 日第 127 – FZ 号联邦法修订)

3. (本款根据 2011 年 4 月 6 日第 65 – FZ 号联邦法失去效力)

4. 为了订立合同或处理其他由电子消息交换人员参与的法律关系，每一条电子消息均按照联邦法律、其他法规或双方协议规定的程序，由该消息发送人的电子签名或模拟手写签名签署的电子消息的交换被视为文件的交换。（经2011年4月6日第65-FZ号联邦法修订）

5. 包含文件化信息的物质载体的所有权和其他物权由民法规定。

第11-1条　在行使国家权力机关和地方自治机构的权力时，以电子文件形式交换信息

1. 国家权力机关、地方自治机构，以及根据联邦法律行使某些公共权力的组织，在其权限范围内，有义务按照公民（自然人）和组织的选择提供经强化限定电子签名签署的电子文件信息，和（或）纸质文件信息，除非调整规定活动范围内法律关系的联邦法律或俄罗斯联邦其他法规另行规定了此类信息的提交程序。

2. 国家权力机关、地方自治机构，以及根据联邦法律行使某些公共权力的组织在行使权力时所需的信息，可由公民（自然人）和组织以电子签名签署的电子文件形式提交给国家权力机关、地方自治机构，以及根据联邦法律行使某些公共权力的组织，除非调整规定活动范围内法律关系的联邦法律另有规定。

3. 公民（自然人）和组织与国家权力机关、地方自治机构和根据联邦法律行使某些公共权力的组织以电子形式进行协作的要求，以及这种协作的程序由俄罗斯联邦政府根据2011年4月6日第63-FZ号《俄罗斯联邦电子签名法》制定。

（本条根据2015年7月13日第263-FZ号联邦法施行）

第 12 条　信息技术应用领域的国家调整

1. 信息技术应用领域的国家调整规定：

1）根据本联邦法确定的原则，调整与使用信息技术（信息化）进行查找、接收、传输、生产和传播信息相关的关系；

2）开发各种信息系统，以便为公民（自然人）、组织、国家机构和地方自治机构提供信息，以及保障这些系统的相互协作；

3）为在俄罗斯联邦有效使用电信信息网，包括互联网和其他类似的电信信息网创造条件；

4）保障儿童的信息安全。（本项根据 2011 年 7 月 21 日第 252–FZ 号联邦法施行）

2. 国家机构、地方自治机构依据其权限：

1）参与制订和实施信息技术应用专项计划；

2）创建信息系统，并以俄语和俄罗斯联邦内相应共和国的国家语言提供其中包含的信息的访问权限。

第 12–1 条　俄罗斯电子计算机程序和数据库使用领域的国家调整特点

1. 为扩大俄罗斯电子计算机程序和数据库的使用范围，证明其来源于俄罗斯联邦，以及为了向电子计算机程序或数据库的权利人提供国家支持措施，创建了统一俄罗斯电子计算机程序和数据库登记簿（以下简称"俄罗斯软件登记簿"）。

2. 俄罗斯软件登记簿的建立和管理规则，俄罗斯软件登记簿中所包含的信息组成，其中包括有关权利人产生专有权的依据信息，将此类信息纳入俄罗斯软件登记簿中的条件以及将其从俄罗斯软件登记簿中删除的条件，俄罗斯软件登记簿中所包含的信息提供程序，作出有关将此类信息纳入俄罗斯软件登记簿中的决定的程序由俄罗斯联邦政府制定。

3. 俄罗斯联邦政府授权的联邦权力执行机构按照俄罗斯联邦政府确定的程序和标准，可以邀请俄罗斯软件登记簿运营商（在俄罗斯联邦境内注册的组织）参与建立和管理俄罗斯软件登记簿。

4. 俄罗斯联邦政府授权的联邦权力执行机构批准电子计算机程序和数据库分类表，以便管理俄罗斯软件登记簿。

5. 俄罗斯软件登记簿包括满足以下要求的电子计算机程序和数据库信息：

1）电子计算机程序或数据库的专有权在全球范围内和在专有权的整个有效期内属于以下人员（权利人）中的一人或多人的：

a）俄罗斯联邦、俄罗斯联邦主体、行政区；

b）俄罗斯非营利组织，其最高管理机构直接和（或）间接由俄罗斯联邦、俄罗斯联邦主体、行政区和（或）俄罗斯公民组成，由于外国人与俄罗斯非营利组织之间的关系特点，该外国人无法对其作出决定；

c）俄罗斯商业组织，其中本项 b）子项中指出的俄罗斯联邦、俄罗斯联邦主体、行政区、俄罗斯非营利组织、俄罗斯联邦公民直接和（或）间接参股总份额超过 50%；

d）俄罗斯联邦公民；

2）电子计算机程序或数据库已在俄罗斯联邦境内合法投入民用流通，电子计算机程序或数据库的副本或电子计算机程序或数据库的使用权在俄罗斯联邦全境自由销售；

3）许可协议和其他协议付款总额少于电子计算机程序或数据库权利人销售电子计算机程序或数据库获得收益的 30%，为了开发、转化和修改电子计算机程序或数据库，以及为了外国法人实体和（或）自然人、受其控制的俄罗斯商业组织和（或）俄罗斯非营利组织、外国人的代理人、代表和受其控制的俄罗斯商业组织和（或）俄罗斯非营利组织的利益，这些协议规定提供智力活动成果和个性化手段、与开发、转化和修改电子计算机程序或数据库相关的工程施工、提供服务的权利，包括提供一个日历年度的使用权，无论合同类型如何；

4）有关电子计算机程序或数据库的信息不构成国家秘密，并且电子计算机程序或数据库也不含有构成国家秘密的信息。

6. 俄罗斯联邦政府可对信息已列入俄罗斯软件登记簿中的电子计算机程序和数据库制定附加要求。

7. 信息已列入俄罗斯软件登记簿中的电子计算机程序和数据库被认为来源于俄罗斯联邦。

8. 就本条而言，一个组织在另一个组织中或俄罗斯联邦公民在组织中的参股份额根据《俄罗斯联邦税法》第14－1章规定的程序确定。

9. 就本条而言，受外国人控制的俄罗斯商业组织或俄罗斯非营利组织是指外国人主要通过直接和（或）间接参与该组织、参与标的为管理该组织的合同（协议），或由外国人与该组织和（或）其他人之间的关系特点而有能力作出决定的组织。

10. 关于拒绝将电子计算机程序或数据库列入俄罗斯软件登记簿中的决定，可由电子计算机程序或数据库的权利人在收到此决定之日起3个月内向法院提起上诉。

（本条根据2015年6月29日第188－FZ号联邦法施行）

第12－2条　互联网上信息资源的听众数量的研究特点

1. 按照1991年12月27日第2124－Ⅰ号《俄罗斯联邦大众传

媒法》规定程序确定的授权研究听众数量的组织（以下简称"授权研究听众数量的组织"），对用于传播根据 1991 年 12 月 27 日第 2124 - I 号《俄罗斯联邦大众传媒法》注册的大众传媒的产品（以下简称"大众传媒产品"）、视听作品和其他使用俄罗斯联邦国家语言、俄罗斯联邦内各共和国的国家语言或俄罗斯联邦的其他民族语言发布到互联网上的公共信息，以及列入根据本条第 3 款建立、听众数量有待研究的信息资源（以下简称"听众数量有待研究的信息资源"）登记簿中，并由他们传播的大众传媒产品、视听作品和其他公共信息的互联网网站、和（或）互联网网页、和（或）信息系统、和（或）电子计算机程序的听众数量进行研究，以便在上述信息资源中发布广告时和在联邦法律规定的其他目的情况下，确保通过此类研究及其后续使用获得的数据的可比性、公开性、可靠性和完整性。

2. 就本联邦法而言，听众数量研究是指与听众数量有待研究的信息资源的听众范围和偏好有关、与该信息资源中发布的大众传媒产品、视听作品和其他公共信息有关的数据的系统搜集、记录、系统化和分析，以及转让（提供、传播、访问）获得的研究成果。

3. 根据依照 1991 年 12 月 27 日第 2124 - I 号《俄罗斯联邦大众传媒法》第 24 - 2 条第 5 款规定设立的委员会的建议，听众数量有待研究的信息资源登记簿由俄罗斯联邦大众传媒、大众通信、信息技术和通信监督局建立。

4. 听众数量有待研究的信息资源的所有者有义务通过安装授权研究听众数量的组织所使用的用于研究听众数量的电子计算机程序，和（或）通过向授权研究听众数量的组织提供研究所需且充分的数据，向授权研究听众数量的组织提供对该信息资源的听众数量进行研究的可能性,其中包括发布在其上的大众传媒产品、视听作品和其他公共信息。

5. 授权研究听众数量的组织:

1)无权将从听众数量有待研究的相关信息资源所有者处获得的数据用于听众数量研究以外的目的;

2)无权进行广告发布,也无权作为广告发布者的代表或中介。

6. 俄罗斯联邦政府批准:

1)听众数量有待研究的信息资源登记簿的创建、形成和管理程序;

2)向授权研究听众数量的组织提供用于对听众数量有待研究的信息资源的听众数量进行研究的数据的清单和程序。

7. 俄罗斯联邦大众传媒、大众通信、信息技术和通信监督局批准:

1)听众数量有待研究的信息资源,其中包括发布在其上的大众媒体产品、视听作品和其他公共信息的听众数量的研究方法;

2)授权研究听众数量的组织所使用的旨在研究信息资源,其中包括发布在其上的大众媒体产品、视听作品和其他公共信息听众数量的电子计算机程序的要求,以及授权研究听众数量的组织提供、安装和(或)使用电子计算机软件的程序;

3)授权研究听众数量的组织与听众数量有待研究的信息资源所有者的协作规则。

8. 授权研究听众数量的组织有义务每年向俄罗斯联邦大众传媒、大众通信、信息技术和通信监督局提交一份已进行了研究的报告,以及将其发布到自己在互联网上的官方网站上。授权研究听众数量的组织的报告格式及其提交期限由上述联邦权力执行机构确定。

(本条根据 2021 年 7 月 1 日第 266 – FZ 号联邦法施行)

第 13 条 信息系统

1. 信息系统包括：

1）国家信息系统：根据相关联邦法律、俄罗斯联邦主体法律、国家机构的法律文件创建的联邦信息系统和地区信息系统；

2）根据地方自治机构的决定创建的市政信息系统；

3）其他信息系统。

2. 如果联邦法律未有其他规定，则信息系统运营商为合法使用数据库、处理该数据库中包含的信息的技术手段的所有者，或者与该所有者签订信息系统使用协议的人员。在联邦法律规定的情况和程序下，信息系统运营商应确保以开放数据的形式在互联网上发布信息的可能性。（经 2013 年 6 月 7 日第 112 - FZ 号联邦法修订）

2 - 1. 国家机构、地方自治机构、国家和市政单一制企业或国家和市政机关所使用的信息系统的技术手段应位于俄罗斯联邦境内。根据 2011 年 7 月 18 日第 223 - FZ 号《关于某些类型的法人实体采购货物、工程、服务的联邦法》，实施采购的国家信息系统、市政信息系统、法人实体信息系统的运营商不得在信息系统运行期间使用位于俄罗斯联邦境外的数据库和未包含在此类信息系统中的技术手段。（本款根据 2014 年 12 月 31 日第 531 - FZ 号联邦法施行；经 2019 年 5 月 1 日第 90 - FZ 号联邦法修订）

2 - 2. 如果在特许协议或公私伙伴关系协议基础上创建或升级信息系统，则由特许权所有者或私营合伙人在相应协议规定的范围、数量和期限内行使信息系统运营商的职能。（本款根据 2018 年 6 月 29 日第 173 - FZ 号联邦法施行）

2 - 3. 国家机构、地方自治机构、国家和市政单一制企业、国家和市政机关在以电子形式开展与公民（自然人）和组织的协作时，必须确保可以根据俄罗斯联邦信息密码保护国家标准规定的并由2015年6月29日第162-FZ号《俄罗斯联邦标准化法》批准的规则和原则开展此类协作。（本款根据2019年5月1日第90-FZ号联邦法施行）

3. 信息系统数据库中包含的信息所有者的权利应受到保护，无论该数据库的版权和其他权利如何。

4. 本联邦法规定的对国家信息系统的要求适用于市政信息系统，除非俄罗斯联邦地方自治立法另有规定。

5. 国家信息系统和市政信息系统的运行特点可根据决定创建此类信息系统的国家机构的技术规程、法规、地方自治机构的法规确定。

6. 非国家信息系统或市政信息系统的创建和运行程序由此类信息系统的运营商根据本联邦法或其他联邦法律规定的要求确定。

7. 对遵守本条第2-1款和本联邦法第14条第6款规定的要求实施监督的程序由俄罗斯联邦政府制定。（本款根据2014年12月31日第531-FZ号联邦法施行）

第14条 国家信息系统

1. 国家信息系统建立的目的是行使国家机构的权力，并确保这些机构之间的信息交流，以及满足联邦法律规定的其他目的。

2. 国家信息系统的建立、升级和运行要考虑俄罗斯联邦国家和市政府货物、工程和服务采购领域合同系统法或俄罗斯联邦公私伙伴关系、市政府与私营伙伴关系法、特许协议法规定的要求，而在国家信息系统的运行无须从俄罗斯联邦预算系统中吸引预算资金的情况下，则应满足其他联邦法律的要求。（经2013年12月28日第396-FZ号联邦法、2018年6月29日第173-FZ号联邦法、2018年7月19日第211-FZ号联邦法修订）

3. 国家信息系统是在公民（自然人）、组织、国家机构、地方自治机构提供的统计信息和其他文件化信息的基础上建立和运行的。

4. 必须提供的信息类型清单由联邦法律规定，而其提供条件则由俄罗斯联邦政府或相关国家机构制定，除非联邦法律另有规定。如果国家信息系统在建立或运行时预计或正在处理根据2009年2月9日第8-FZ号《关于确保访问国家机构和地方自治机构的活动信息法》第14条批准的清单所规定的公共信息，则国家信息系统应以开放数据形式将此类信息发布到互联网上。（经2013年6月7日第112-FZ号联邦法修订）

4-1. 俄罗斯联邦政府确定使用互联网访问国家信息系统中包含的信息仅提供给在统一识别认证系统中获得授权的信息用户的情况，以及确定统一识别认证系统的使用程序。（本款根据2013年6月7日第112-FZ号联邦法施行）

5. 除非建立国家信息系统的决定另有规定，否则由签订国家信息系统建立合同的客户行使该信息系统运营商的职能。同时，国家信息系统将按照上述客户制定的程序投入使用。

5-1. 如果在特许协议或公私伙伴关系协议基础上建立或升级国家信息系统，则由特许权所有者或私营合伙人在相应协议规定的范围、数量和期限内行使该系统运营商的职能。（本款根据2018年6月29日第173-FZ号联邦法施行）

6. 俄罗斯联邦政府批准国家信息系统建立、发展、投入使用、运行和停止使用、进一步保存其数据库中包含的信息的程序要求，包括国家信息系统建立、发展、投入使用、运行和停止使用、进一步保存其数据库中包含信息的措施各个阶段的清单、内容和实施期限。（经2014年12月31日第531-FZ号联邦法修订）

7. 使用作为智力活动对象的系统组成部分未经适当授权的，不得使用国家信息系统。

8. 指定用于处理国家信息系统中包含的信息的技术手段，包括软硬件和信息保护手段，应符合俄罗斯联邦技术调整法的要求。

9. 国家信息系统中包含的信息，以及国家机构支配的其他资料和文件是国家信息资源。国家信息系统中包含的信息为官方信息。根据规范国家信息系统运行的法律法规确定的国家机构，有义务保障该信息系统中包含的信息的可靠性和现实性，并按照法律规定的情况和程序访问上述信息，以及保护上述信息免受非法访问、销毁、修改、封锁、复制、提供、传播和其他非法行为。（经2010年7月27日第227-FZ号联邦法修订）

第14-1条　使用信息技术识别自然人❶

（本名称经2020年12月29日第479-FZ号联邦法修订）

1. 在联邦法律规定的情况下，国家机构、银行和其他组织在自然人亲自出席并征得其同意的情况下进行识别后，免费以电子形式：（经2020年12月29日第479-FZ号联邦法修订）

1）在统一识别认证系统中发布自然人注册所需的信息，如果联邦法律规定此类信息的，则在统一识别认证系统中发布其他信息；（经2020年12月29日第479-FZ号联邦法修订）

2）在提供个人生物特征数据处理的统一个人数据信息系统中发布自然人的个人生物特征数据，包括收集和保存个人生物特征数据、验证和传输有关其与提供的自然人的个人生物特征数据符合程

---

❶ 经2022年12月29日第572-FZ号联邦法，本条已失效。因俄罗斯法律的修订均在原文基础上实时进行，本法翻译所依据的2020年底版本这一条仍有效，但出版时已失效，为了保持全文的连贯性，未予删除。

度的信息（以下简称"统一生物特征识别系统"）。（经 2020 年 12 月 29 日第 479 – FZ 号联邦法修订）

1 – 1. 统一生物特征识别系统是国家信息系统。（经 2020 年 12 月 29 日第 479 – FZ 号联邦法修订）

1 – 2. 统一生物特征识别系统的规定，包括其运行程序及与其他信息系统配合的程序，由俄罗斯联邦政府经与在安全领域授权的联邦权力执行机构、个人数据主体权利保护授权机构、俄罗斯联邦中央银行协商一致后批准。（本款根据 2020 年 12 月 29 日第 479 – FZ 号联邦法施行）

1 – 3. 自然人在统一识别认证系统中拥有统计记录，并且该记录中指定人员的身份在先前已通过亲自出席得到确认的前提下，有权使用旨在处理个人生物特征数据、包含在统一生物特征识别系统中并由其运营商提供的俄罗斯软件［该软件使用本条第 19 – 1 款规定的加密（密码）手段来运行］，以及使用其组成中具有识别模块的用户设备（终端设备）在统一生物特征识别系统中发布自己的个人生物特征数据。自然人的身份在进行此类发布时通过俄罗斯联邦境外的俄罗斯联邦公民身份证明文件进行确认，该文件包含记录有护照持有人个人数据的电子信息载体，包括个人生物特征数据。俄罗斯联邦政府经与在安全领域授权的联邦权力执行机构、个人数据主体权利保护授权机构、俄罗斯联邦中央银行协商一致后，制定了自然人在统一生物特征识别系统中发布自己的个人生物特征数据的程序，包括发布在统一生物特征识别系统中的个人生物特征数据的验证要求，以及使用这些个人生物特征数据的案例和期限。（本款根据 2020 年 12 月 29 日第 479 – FZ 号联邦法施行）

2. 俄罗斯联邦政府经与俄罗斯联邦中央银行协商一致后，制定下列要求：

1) 记录发布本条第 1 款第 1) 项和第 2) 项中规定的信息时的行为；

2) 由国家机构和本条第 1 款规定的组织对自然人进行识别，但按照 2001 年 8 月 7 日第 115 – FZ 号《俄罗斯联邦反洗钱和反资助恐怖主义法》规定的程序进行此类识别的组织除外。(经 2020 年 12 月 29 日第 479 – FZ 号联邦法修订)

3. 确定国家机构和发布本条第 1 款第 1) 项和第 2) 项中规定的信息的组织义务的联邦法律，应规定对相关行为进行监管和监督，以及对授权实施监管和监督的国家权力机关或组织进行定义。

4. 本条第 1 款第 1) 项和第 2) 项中规定的信息应由国家机构或组织的授权人员分别发布到统一识别认证系统和统一生物特征识别系统中，并使用该国家机构或组织强化限定电子签名进行签字。

5. 本条第 1 款第 1) 项和第 2) 项中规定的个人数据和个人生物特征数据处理同意书的格式由俄罗斯联邦政府批准。自然人有权使用普通电子签名签署上述同意书，其密钥由自然人根据俄罗斯联邦政府制定的普通电子签名使用规则，在以电子形式申请获取国家和市政服务时亲自到场领取。俄罗斯联邦政府制定了在保存上述同意书期间检验此类电子签名的要求。使用普通电子签名签署的上述同意书被认定为电子文件，等同于该自然人手写签名签署的纸质版文件。(经 2020 年 12 月 29 日第 479 – FZ 号联邦法修订)

6. 自然人在统一识别认证系统中的登记程序，包括自然人在上述系统中登记所需信息的组成，使用国家信息系统在统一识别认证系统中发布的信息的检验和更新程序与期限由俄罗斯联邦政府制定。国家机构，其中包括行使国家政策制定和实施及内部事务法规调整职能的联邦权力执行机构，国家预算外基金机构将自然人的资料发送到统一识别认证系统中，以便按照上述程序对其进行更新。

（经 2020 年 12 月 29 日第 479 – FZ 号联邦法修订）

7. 在联邦法律规定的情况下，国家机构和组织有权使用从统一识别认证系统中获得的资料，对按照本条第 18 款识别的自然人信息进行更新。（经 2020 年 12 月 29 日第 479 – FZ 号联邦法修订）

8. 发布到统一生物特征识别系统中的资料组成，包括个人生物特征数据的类型、发布这些资料的组织的信息及收集方式的信息，由俄罗斯联邦政府确定。（经 2020 年 12 月 29 日第 479 – FZ 号联邦法修订）

9. 本条第 1 款第 1 段中规定的国家机构、银行和其他组织对个人生物特征数据的处理，包括使用统一生物特征识别系统，均按照 2006 年 7 月 27 日第 152 – FZ 号《俄罗斯联邦个人数据法》规定的个人生物特征数据保护要求进行。禁止在统一生物特征识别系统中发布和处理属于国家机密的信息。（经 2020 年 12 月 29 日第 479 – FZ 号联邦法修订）

10. 在处理统一生物特征识别系统中的个人数据时，对 2006 年 7 月 27 日第 152 – FZ 号《俄罗斯联邦个人数据法》规定的个人数据安全保障的组织和技术措施的落实，以及对本条第 18 – 3、18 – 5、18 – 6、18 – 14、18 – 15、18 – 17、18 – 18、18 – 19、18 – 20、18 – 22、18 – 25、18 – 26、18 – 27 款规定的要求的执行情况，除开展 2002 年 7 月 10 日第 86 – FZ 号《俄罗斯联邦中央银行（俄罗斯银行）法》第 76 – 1 条第 1 款规定的活动类型的信贷机构、非信贷金融机构，国家支付系统主体（以下简称"金融市场组织"）使用统一生物特征识别系统时，对个人数据安全保障的组织和技术措施的落实外，由在安全保障领域授权的联邦权力执行机构和在反技术侦查和信息技术保护领域授权的联邦权力执行机构，在俄罗斯联邦个人数据法规定的权限范围内实施监管和监督。（经 2020 年 12 月 29 日第 479 – FZ 号联邦法修订）

10-1. 对统一生物特征识别系统，以及国家机构、地方自治机构、金融市场组织、其他组织和个体经营者［这些机构和组织在识别和（或）认证，包括与统一生物特征识别系统交互时，进行个人生物特征数据的处理］的信息系统中的个人数据的处理，由俄罗斯联邦大众传媒、大众通信、信息技术和通信监督局，在俄罗斯联邦个人数据法规定的权限范围内实施监管和监督。(本款根据2020年12月29日第479-FZ号联邦法施行)

11. 金融市场组织对个人生物特征数据安全保障的组织和技术措施的落实，由俄罗斯联邦中央银行实施监管和监督。(经2020年12月29日第479-FZ号联邦法修订)

12. 俄罗斯联邦政府确定了根据个人生物特征数据对自然人识别进行调整的联邦权力执行机构。(经2020年12月29日第479-FZ号联邦法修订)

13. 根据个人生物特征数据对自然人识别进行调整的联邦权力执行机构：(经2020年12月29日第479-FZ号联邦法修订)

1) 确定个人生物特征数据的处理程序，包括个人生物特征数据参数的收集和保存，确定个人生物特征数据在统一生物特征识别系统和使用自然人的个人生物特征数据确保识别和（或）认证的其他信息系统中的发布和更新程序，以及对设计用于处理个人生物特征数据以进行识别的信息技术和技术手段的要求。在此种情况下，上述要求经与联邦安全保障权力执行机构协商一致后确定（在银行领域和金融市场的其他领域，这些要求要额外征得俄罗斯联邦中央银行的同意）；(经2020年12月29日第479-FZ号联邦法修订)

2) 确定用于处理个人生物特征数据的信息技术和技术手段符合本款第1）项规定的要求的确认表格，并公布具有符合性确认的技术和手段清单（符合性确认表格经与联邦安全保障权力执行机构协商一致后确定,在银行领域和金融市场的其他领域,这些要求要额外征得俄罗斯联邦中央银行的同意);(经 2020 年 12 月 29 日第 479 - FZ 号联邦法修订)

3)对于根据本条第 18、18 - 2、18 - 14、18 - 17、18 - 18 和 18 - 20 款使用的个人生物特征数据,制定和批准自然人提供的个人生物特征数据与使用个人生物特征数据确保识别和(或)认证的信息系统中包含的该人的个人生物特征数据的符合性验证方法,而对于根据本条第 18、18 - 2 和 18 - 14 款使用的个人生物特征数据,还确定了上述个人生物特征数据的相互符合程度,使之足以进行本联邦法规定的识别;(经 2020 年 12 月 29 日第 479 - FZ 号联邦法修订)

4)经与在安全保障领域授权的联邦权力执行机构、在反技术侦查和信息技术保护领域授权的联邦权力执行机构、俄罗斯联邦中央银行和统一生物特征识别系统运营商协商一致后,确定在处理、验证个人生物特征数据和传输有关其与统一生物特征识别系统中提供的个人生物特征数据的符合程度的信息时实际存在的,以及在国家机构、地方自治机构、个体经营者、公证人和组织(金融市场组织除外)与统一生物特征识别系统交互时实际存在的安全威胁清单,同时考虑根据俄罗斯联邦个人数据法进行的可能损害评估;(本项根据 2020 年 12 月 29 日第 479 - FZ 号联邦法施行)

5)如果自然人和法人实体未使用已确认符合在安全保障领域授权的联邦权力执行机构规定要求的信息加密保护工具,则免费向自然人和法人实体发放信息加密保护软件,该软件已确认符合在安全保障领域授权的联邦权力执行机构规定的要求,供自然人和法人实体在与统一生物特征识别系统和组织的其他信息系统交互时获取识别服务,该组织拥有使用自然人的个人生物特征数据来确保识别和（或）认证的指定的其他信息系统，和（或）使用自然人的个人生物特征数据来提供识别和（或）认证服务［以下简称"使用自然人的个人生物特征数据进行识别和（或）认证的组织"］；（本项根据 2020 年 12 月 29 日第 479-FZ 号联邦法施行）

6）经与在安全保障领域授权的联邦权力执行机构、在反技术侦查和信息技术保护领域授权的联邦权力执行机构和统一生物特征识别系统运营商协商一致后，确定在处理、验证个人生物特征数据和传输有关其与使用自然人的个人生物特征数据进行识别和（或）认证的组织的信息系统（统一生物特征识别系统除外）中提供的自然人个人生物特征数据的符合程度的信息时实际存在的，以及在国家机构、地方自治机构、个体经营者、公证人和组织（金融市场组织除外）与上述信息系统交互时实际存在的安全威胁清单，同时考虑根据俄罗斯联邦个人数据法进行的可能损害评估，以及考虑本条第 18-28 款和第 18-31 款规定的组织认证类型；（本项根据 2020 年 12 月 29 日第 479-FZ 号联邦法施行）

7）使用统一生物特征识别系统及统一识别认证系统确保基于个人生物特征数据的自然人识别和（或）认证的可能性，根据 2010 年 7 月 27 日第 210-FZ 号《关于组织提供国家和市政服务的联邦法》，通过与提供国家和市政服务的多功能中心签订合作协议提供国家服务、履行国家职能。由在大众传媒、大众通信、信息技术和通信领域行使监管和监督职能的联邦权力执行机构、在安全保障领域授权的联邦权力执行机构，按照俄罗斯联邦政府规定的程序，对多功能中心遵守统一生物特征识别系统中个人生物特征数据的发布和更新程序进行监管和监督；（本项根据 2020 年 12 月 29 日第 479-FZ 号联邦法施行）

8）对使用自然人的个人生物特征数据进行识别和（或）认证

的组织进行认可。(本项根据 2020 年 12 月 29 日第 479 – FZ 号联邦法施行)

14. 俄罗斯联邦中央银行经与在安全保障领域授权的联邦权力执行机构、在反技术侦查和信息技术保护领域授权的联邦权力执行机构、根据个人生物特征数据对自然人识别进行调整的联邦权力执行机构和统一生物特征识别系统运营商协商一致后,确定在处理、验证个人生物特征数据并在金融市场组织与统一生物特征识别系统交互时传输有关该数据与自然人提供的个人生物特征数据符合程度的信息时实际存在的安全威胁清单,同时考虑根据俄罗斯联邦个人数据法进行的可能损害评估。(经 2020 年 12 月 29 日第 479 – FZ 号联邦法修订)

14 – 1. 俄罗斯联邦中央银行经与在安全保障领域授权的联邦权力执行机构、在反技术侦查和信息技术保护领域授权的联邦权力执行机构、根据个人生物特征数据对自然人识别进行调整的联邦权力执行机构和统一生物特征识别系统运营商协商一致后,确定在处理、验证个人生物特征数据和传输有关其与金融市场组织[该组织使用自然人的个人生物特征数据进行识别和(或)认证]信息系统中自然人提供的个人生物特征数据的符合程度的信息时实际存在的(统一生物特征识别系统除外),以及在金融市场组织、其他组织、个体经营者与上述信息系统交互时实际存在的安全威胁清单,同时考虑根据俄罗斯联邦个人数据法进行的可能损害评估,以及考虑本条第 18 – 28 款和第 18 – 31 款规定的组织认证类型。(本款根据 2020 年 12 月 29 日第 479 – FZ 号联邦法施行)

15. 国家机构、银行和本条第 1 款规定的其他组织,以及统一生物特征识别系统运营商在处理,包括收集和保存个人生物特征数据、验证该数据及确定其与自然人提供的个人生物特征数据的符合程度时:(经 2020 年 12 月 29 日第 479 – FZ 号联邦法修订)

1）根据俄罗斯联邦个人数据法和本联邦法的要求行使其职能；

2）使用已确认符合本联邦法规定要求的信息技术和技术手段对个人生物特征数据进行处理，包括收集和保存；

3）确保检验自然人提供的个人生物特征数据与其按照本联邦法批准的方法确定的个人生物特征数据的一致性。（经 2020 年 12 月 29 日第 479 – FZ 号联邦法修订）

16. 统一生物特征识别系统运营商：

1）向国家机构、地方自治机构、金融市场组织、其他组织、个体经营者，以及公证人传输有关自然人提供的个人生物特征数据与其在统一生物特征识别系统中的个人生物特征数据的一致性检验结果的信息；（经 2020 年 12 月 29 日第 479 – FZ 号联邦法修订）

2）按照俄罗斯联邦政府规定的程序，向行使国家政策制定和实施及内部事务法规调整职能的联邦权力执行机构，以及确保在国防、国家安全、法制保护和打击恐怖主义方面提供安全保障的联邦权力执行机构提供统一生物特征识别系统中包含的信息；

3）应自然人的要求，按照 2006 年 7 月 27 日第 152 – FZ 号《俄罗斯联邦个人数据法》规定程序冻结或销毁其个人生物特征数据；（本项根据 2020 年 12 月 29 日第 479 – FZ 号联邦法施行）

4）按照在安全、国家保护、国家保卫、对外侦查领域授权的联邦权力执行机构的合理请求，对自然人的个人生物特征数据进行去个性化、冻结、删除、销毁，在俄罗斯联邦法律规定的情况下对统一生物特征识别系统中包含的信息作出其他修改，以及在俄罗斯联邦法律规定的情况下，为上述联邦权力执行机构行使职权提供对上述信息的访问；（本项根据 2020 年 12 月 29 日第 479 – FZ 号联邦法施行）

5）按照俄罗斯联邦大众传媒、大众通信、信息技术和通信监督局的合理请求，在俄罗斯联邦个人数据法规定的情况下，澄清、冻结、停止处理和销毁统一生物特征识别系统中包含的自然人的个人生物特征数据；(本项根据 2020 年 12 月 29 日第 479–FZ 号联邦法施行)

6) 有权向使用自然人的个人生物特征数据进行识别和（或）认证的组织发送合理请求，要求对个人生物特征数据进行去个性化、冻结、删除、销毁，以及对其信息系统中包含的信息作出其他修改；(本项根据 2020 年 12 月 29 日第 479–FZ 号联邦法施行)

7) 向俄罗斯联邦大众传媒、大众通信、信息技术和通信监督局发送，以及在其互联网的官方网站上发布并保持更新使用统一生物特征识别系统的国家机构、地方自治机构、金融市场组织、其他组织、个体经营者、公证人名单。上述名单的管理程序由根据个人生物特征数据在自然人识别领域进行调整的联邦权力执行机构确定。(本项根据 2020 年 12 月 29 日第 479–FZ 号联邦法施行)

17. 俄罗斯联邦政府将统一生物特征识别系统运营商的职能委托给俄罗斯联邦政府确定的满足以下要求的组织：

1) 是俄罗斯法人实体；

2) 是旨在处理统一生物特征识别系统中包含的信息的技术手段的所有者，其中包括满足俄罗斯联邦技术调整法要求的软硬件和信息保护手段；

3) 拥有电子计算机程序的专有权，以确保统一生物特征识别系统的运行和其中包含的信息的处理。

(本款根据 2021 年 7 月 1 日第 266–FZ 号联邦法施行)

18. 在联邦法律、俄罗斯联邦政府决定和根据该决定通过的其他法规规定的情况下，由国家机构、地方自治机构、金融市场组织、其他组织、个体经营者、公证人进行自然人的识别，其中包括自然人本人未到场情况，并使用下列信息确定和检验自然人资料的可靠性：(经2020年12月29日第479-FZ号联邦法修订)

1) 按照俄罗斯联邦政府确定的程序，发布到统一识别认证系统中的自然人信息；(经2020年12月29日第479-FZ号联邦法修订)

2) 关于自然人提供的个人生物特征数据与其包含在统一生物特征识别系统中的个人生物特征数据的符合程度的信息。(经2020年12月29日第479-FZ号联邦法修订)

18-1. 在安全、国家保护、国家保卫和对外侦查领域授权的联邦权力执行机构，有权向统一生物特征识别系统的运营商发送合理请求，要求根据俄罗斯联邦某些自然人的国家保护法，对某些自然人的个人生物特征数据进行去个性化、冻结、删除、销毁，并在俄罗斯联邦法律规定的情况下，对统一生物特征识别系统中包含的信息作出其他修改，以及按照俄罗斯联邦法律规定的情况和程序处理上述信息。(本款根据2020年12月29日第479-FZ号联邦法施行)

18-2. 国家机构、地方自治机构、金融市场组织、其他组织、个体经营者、公证人有权使用统一生物特征识别系统对表示同意的自然人进行认证，以便实施特定的行为或确认某人实施特定行为的意愿或授权。(本款根据2020年12月29日第479-FZ号联邦法施行)

18-3. 本条第18-2款规定的机构、组织、个体经营者和公证人在使用统一生物特征识别系统时，必须落实组织和技术措施，保障根据2006年7月27日第152-FZ号《俄罗斯联邦个人数据法》第19条第4款建立的个人数据的安全，并使用能够保障个人数据安全的信息保护手段，这要通过使用根据本条第13款第5)项确定的信息加密保护工具来实现，或者使用能够保障个人数据安全的信息加密保护工具,免受根据本条第14款为金融市场组织定义的威胁,以及根据本条第13款第4)项为其他组织、机构、个体经营者和公证人定义的威胁。(本款根据2020年12月29日第479-FZ号联邦法施行)

18-4. 对本条第18-2款规定的机构、组织、个体经营者和公证人落实保障个人数据安全的组织和技术措施,以及对本条第18-3款规定的信息保护手段的使用,由在安全保障领域授权的联邦权力执行机构和在反技术侦查和信息技术保护领域授权的联邦权力执行机构,按照俄罗斯联邦政府制定的程序,在其权限范围内进行监管和监督,无权了解此类机构、组织、个体经营者和公证人的个人数据信息系统中待处理的个人数据。(本款根据2020年12月29日第479-FZ号联邦法施行)

18-5. 在使用统一生物特征识别系统之前,本条第18-2款规定的机构、组织、个体经营者和公证人向统一识别认证系统提供其个人数据信息系统中包含的自然人信息,包括这些信息的标识符。这些标识符在其与统一识别认证系统中包含的自然人信息进行对比后,从统一识别认证系统传输到统一生物特征识别系统中。(本款根据2020年12月29日第479-FZ号联邦法施行)

18-6. 自然人的认证由本条第18-2款规定的机构、组织、个体经营者和公证人使用下列方法之一进行,通过对比标识符与下列信息检验标识符和该自然人的从属关系:

1) 发布在统一识别认证系统中,以及根据自然人提供的个人生物特征数据与统一生物特征识别系统中包含的个人生物特征数据的符合程度信息提供的有关指定标识符的自然人信息;

2) 发布在此类机构(组织、个体经营者、公证人)的个人数据信息系统中,以及根据自然人提供的个人生物特征数据与统一生物特征识别系统中包含的个人生物特征数据的符合程度信息提供的有关指定标识符的自然人信息。

（本款根据2020年12月29日第479-FZ号联邦法施行）

18-7. 统一生物特征识别系统运营商无权提供统一生物特征识别系统中包含的自然人的个人生物特征数据，但2006年7月27日第152-FZ号《俄罗斯联邦个人数据法》第11条第2款规定的个人生物特征数据的处理情况除外。本条第18-2款规定的机构、组织、个体经营者和公证人处理自然人的个人数据仅允许用于该自然人向统一生物特征识别系统运营商提供处理其个人数据的同意书时确定的目的。（本款根据2020年12月29日第479-FZ号联邦法施行）

18-8. 本条第18-2款规定的组织（金融市场组织除外）、个体经营者应符合下列标准：

1）组织及其唯一执行机构或委员制执行机构的成员、个体经营者未列入参与极端主义活动或恐怖主义的组织和个人名单中，或参与大规模杀伤性武器扩散的组织和个人名单中；

2）组织的唯一执行机构或委员制执行机构的成员、个体经营者不存在未撤销或未消除的定罪；

3）关于组织，在法人所属国家统一登记簿中不存在有关法人信息不可靠性的记录。

（本款根据2020年12月29日第479-FZ号联邦法施行）

18-9. 由行使俄罗斯联邦反洗钱和反资助恐怖主义法、俄罗斯联邦反资助大规模杀伤性武器扩散职能的联邦权力执行机构，按照统一生物特征识别系统运营商与该联邦权力执行机构签订的协议确定的程序，应统一生物特征识别系统运营商的要求，通过向其提供信息来确认本条第18-2款规定的个体经营者和组织（金融市场组织除外）是否符合本条第18-8款第1）项规定的标准。由将法人和自然人作为个体经营者进行国家登记的联邦权力执行机构，应统一生物特征识别系统运营商的要求，通过向其提供信息来确认本条第18－2款规定的个体经营者和组织（金融市场组织除外）是否符合本条第18－8款第3）项规定的标准。

18－10. 通过向统一生物特征识别系统运营商提供由行使国家政策制定和实施及内部事务法规调整职能的联邦权力执行机构出具的关于不存在未撤销或未消除定罪的证明，确认本条第18－2款规定的个体经营者和组织（金融市场组织除外）是否符合本条第18－8款第2）项规定的标准。（本款根据2020年12月29日第479－FZ号联邦法施行）

18－11. 如果自然人的认证是通过将标识符与本条第18－6款第1）项规定的信息进行对比来检验其与标识符的从属关系，则国家机构、地方自治机构、金融市场组织、其他组织、个体经营者、公证人在向统一生物特征识别系统运营商提供文件，证明确保个人生物特征数据安全的组织和技术措施已落实并使用了本条第18－3款规定的信息加密保护工具，以及满足本条第13款第1）项规定的要求后，才允许处理个人生物特征数据。（本款根据2020年12月29日第479－FZ号联邦法施行）

18－12. 统一生物特征识别系统运营商有义务在统一生物特征识别系统的整个使用期间保存本条第18－9、18－10、18－11款规定的信息和文件。（本款根据2020年12月29日第479－FZ号联邦法施行）

18－13. 俄罗斯联邦大众传媒、大众通信、信息技术和通信监督局对统一生物特征识别系统运营商执行本条第18－7、18－9、18－10、18－11、18－12款规定的要求进行监督。（本款根据2020年12月29日第479－FZ号联邦法施行）

18-14. 如果进行识别和（或）认证为实施法规规定的国家机构、和（或）地方自治机构、和（或）行使某些公共权力的组织的权力所必需时，则用于此类识别和（或）认证的个人生物特征数据应使用统一生物特征识别系统进行处理。如果上述权力的实施需要处理与统一生物特征识别系统发布类型不符的个人生物特征数据，则实施上述权力的识别和（或）认证采用其他国家信息系统进行，按照俄罗斯联邦政府规定的程序和要求，经与在安全保障领域授权的联邦权力执行机构、授权保护个人数据主体权利的机构、俄罗斯联邦中央银行协商一致，这些系统的所有者和（或）运营商为已被认可有权拥有此类国家信息系统和（或）行使运营商职能的国家机构（以下简称"国家认可机构"）。（本款根据2020年12月29日第479-FZ号联邦法施行，从2022年9月1日起生效）

18-15. 在根据本条第18-14款处理国家认可机构的国家信息系统中的个人生物特征数据时，必须确保使用2006年7月27日第152-FZ号《俄罗斯联邦个人数据法》规定的个人数据安全保障组织和技术措施，并使用能够确保个人数据安全的信息加密保护工具，免受根据本条第13款第4）项确定的威胁，以及满足本条第13款第1）项规定的要求。在国家认可机构的国家信息系统中，允许收集和传输个人生物特征数据，以便根据联邦法律发布到统一生物特征识别系统中，以及使用作为统一生物特征识别系统中包含的自然人的个人生物特征数据处理结果的信息，本次处理采用满足本条第13款第1）项规定要求的信息技术和技术手段进行，为了进行自然人的认证，不受2006年7月27日第152-FZ号《俄罗斯联邦个人数据法》的影响。禁止在国家认可机构的国家信息系统中对处理个人生物特征数据进行其他操作。（本款根据2020年12月29日第479-FZ号联邦法施行，从2022年9月1日起生效）

18-16. 自然人拒绝使用其个人生物特征数据进行识别和（或）认证不能作为拒绝为其提供国家或市政服务的依据。（本款根据 2020 年 12 月 29 日第 479-FZ 号联邦法施行）

18-17. 在金融市场组织、其他组织、个体经营者、公证人的信息系统中，禁止收集和处理用于识别和（或）认证的个人生物特征数据，但本条第 18-18 款和第 18-20 款规定的情况除外，以及根据联邦法律收集和处理个人生物特征数据以发布到统一生物特征识别系统中的情况除外。（本款根据 2020 年 12 月 29 日第 479-FZ 号联邦法施行，从 2022 年 9 月 1 日起生效）

18-18. 在同时满足以下条件的情况下，允许在组织的信息系统中收集和处理用于认证的个人生物特征数据，其中包括使用自然人的个人生物特征数据进行识别和（或）认证的金融市场组织：

1）此类组织机构采取组织和技术措施，保障根据 2006 年 7 月 27 日第 152-FZ 号《俄罗斯联邦个人数据法》第 19 条第 4 款建立的个人数据的安全，并使用能够保障个人数据安全的信息保护手段，这要通过使用根据本条第 13 款第 5）项确定的信息加密保护工具来实现，或者使用能够保障个人数据安全的信息加密保护工具，免受根据本条第 14-1 款为金融市场组织定义的威胁，以及根据本条第 13 款第 6）项为其他组织定义的威胁，以及满足本条第 2 款第 2）项和第 13 款第 1）项规定的个人生物特征数据收集和处理要求；

2）具备自然人的同意书，同意为上述目的，其中包括为了特定的第三方利益而处理其个人生物特征数据；

3）上述组织根据本条第 18-28、18-29、18-30 款规定通过认可。

（本款根据 2020 年 12 月 29 日第 479-FZ 号联邦法施行，从 2022 年 9 月 1 日起生效）

18－19. 根据俄罗斯联邦国家秘密法，禁止在金融市场组织、其他组织、个体经营者处理个人生物特征数据的信息系统中发布和处理属于国家机密的信息。（本款根据 2020 年 12 月 29 日第 479 - FZ 号联邦法施行）

18－20. 除国家机构、地方自治机构行使其职能，其中包括提供国家和市政服务的情况外，在俄罗斯联邦政府确定的并与俄罗斯联邦中央银行达成一致的情况下，允许收集和处理组织信息系统中用于识别或识别认证的个人生物特征数据，其中包括使用自然人的个人生物特征数据进行识别和（或）认证的金融市场组织，同时应满足下列条件：

1）此类组织机构采取组织和技术措施，保障根据 2006 年 7 月 27 日第 152－FZ 号《俄罗斯联邦个人数据法》第 19 条第 4 款建立的个人数据的安全，并使用能够保障个人数据安全的信息保护手段，免受根据本条第 14－1 款为金融市场组织定义的威胁，以及根据本条第 13 款第 6）项为其他组织定义的威胁，以及满足本条第 2 款第 2）项和第 13 款第 1）项规定的个人生物特征数据收集和处理要求；

2）实现本联邦法和 2017 年 7 月 26 日第 187－FZ 号《俄罗斯联邦关键信息基础设施安全法》的要求，包括实现由在安全保障领域授权的联邦权力执行机构和在反技术侦查和信息技术保护领域授权的联邦权力执行机构，在其职权范围内确定的国家信息系统中包含的信息保护要求，以及通过与检测、预防和消除对俄罗斯联邦信息资源计算机攻击后果的国家系统的自动化信息交互，解决与检测、预防和消除计算机攻击后果有关的问题；

3）具备自然人的同意书，同意为上述目的，其中包括为了特定的第三方利益而处理其个人生物特征数据；

4）上述组织根据本条第 18－31、18－32、18－33 款规定通过认可。

（本款根据 2020 年 12 月 29 日第 479 - FZ 号联邦法施行，从 2022 年 9 月 1 日起生效）

18 - 21. 自然人拒绝使用其个人生物特征数据进行识别和（或）认证不能作为拒绝向其提供服务的依据。（本款根据 2020 年 12 月 29 日第 479 - FZ 号联邦法施行）

18 - 22. 金融市场组织和使用个人生物特征数据进行识别和（或）认证的其他组织，应统一生物特征识别系统运营商的合理请求，对自然人的个人生物特征数据进行去个性化、冻结、删除、销毁，并对其信息系统中包含的信息进行其他修改。（本款根据 2020 年 12 月 29 日第 479 - FZ 号联邦法施行）

18 - 23. 如果金融市场组织、其他组织依据联邦法律收集和处理个人生物特征数据期间，收集到的个人生物特征数据符合本条第 13 款第 1) 项规定的个人生物特征数据的类型、参数和程序，以及符合统一生物特征识别系统中发布的个人生物特征数据的，则金融市场组织、其他组织所收集的这些个人生物特征数据在征得个人数据相关主体的同意后，应发布到统一生物特征识别系统中。上述组织在将个人生物特征数据发布到统一生物特征识别系统中之前，应确保获得上述同意书。针对须发布到统一生物特征识别系统中的个人生物特征数据，为获得上述同意书，这些组织应按照俄罗斯联邦政府规定的程序，确保向个人数据的相关主体提供给予上述同意书的可能性。（本款根据 2020 年 12 月 29 日第479 - FZ 号联邦法施行）

18 - 24. 金融市场组织、其他组织、个体经营者有权利用组织的信息系统对表示同意的自然人进行认证，以便实施特定的行为或确认该人实施特定行为的意愿或授权。该组织使用符合本条第 18 - 18 款规定要求的自然人的个人生物特征数据进行识别和（或）

认证。(本款根据2020年12月29日第479-FZ号联邦法施行，从2022年9月1日起生效)

18-25. 本条第18-24款规定的金融市场组织、其他组织、个体经营者必须满足本条第18-3、18-6、18-8、18-9、18-10、18-11款规定的要求。(本款根据2020年12月29日第479-FZ号联邦法施行，从2022年9月1日起生效)

18-26. 除国家机构、地方自治机构行使其职能，其中包括提供国家和市政服务的情况外，在俄罗斯联邦政府确定的并与俄罗斯联邦中央银行达成一致的情况下，组织（金融市场组织除外）、个体经营者有权利用组织的信息系统对表示同意的自然人进行识别或识别认证，以便实施特定的行为或确认该人实施特定行为的意愿或授权。该组织使用符合本条第18-20款规定要求的自然人的个人生物特征数据进行识别和（或）认证。同时，应通过对在相关组织的信息系统中发布的自然人信息与统一识别认证系统中包含的该自然人的信息进行比较，确定并验证其信息的可靠性，以及根据有关自然人提供的个人生物特征数据与其包含在统一生物特征识别系统中的个人生物特征数据符合程度的信息，或者在统一生物特征识别系统中缺乏此类数据的情况下，通过使用自然人的个人生物特征数据进行识别和（或）认证的组织的信息系统进行自然人的认证。(本款根据2020年12月29日第479-FZ号联邦法施行，从2022年9月1日起生效)

18-27. 本条第18-26款规定的组织、个体经营者应满足本条第18-3、18-8、18-9、18-10、18-11款规定的要求。(本款根据2020年12月29日第479-FZ号联邦法施行，从2022年9月1日起生效)

18-28. 按照俄罗斯联邦政府规定的无期限限制程序，为实施认证，对本条第18-18款规定的组织，其中包括金融市场组织进

行认可。(本款根据2020年12月29日第479-FZ号联邦法施行，从2022年9月1日起生效)

18-29. 在满足下列要求的前提下，对本条第18-28款规定的组织，其中包括金融市场组织进行认可：

1）该组织不是外国法人实体，也不是法定资本中外国法人参股份额超过49%的法人实体，除非本条第18-30款和第18-33款另有规定；

2）自有资金（资本）最低金额不少于5000万卢布；

3）对因组织使用个人生物特征数据进行的认证结果的信任而给第三方造成的损失责任提供财务担保，金额不少于5000万卢布；

4）拥有密码（加密）设备、使用密码（加密）设备保护的信息系统和电信系统的开发、生产、传播、工程施工、提供信息加密领域的服务，密码（加密）设备、使用密码（加密）设备保护的信息系统和电信系统的技术维护经营许可证；

5）拥有组织使用个人生物特征数据来提供识别和（或）认证服务，并确认符合联邦安全保障权力执行机构规定要求的密码（加密）硬件所有权，以及合法拥有密码（加密）软件的使用权；

6）在组织的人员编制中至少有两名员工直接使用个人的生物特征数据进行识别认证活动，并在信息技术或信息安全领域接受过高等教育；

7）满足联邦权力执行机构制定的唯一执行机构或委员制执行机构成员的商誉要求，该执行机构根据个人生物特征数据对自然人进行识别并授权作出认可决定；

8）对于法人所属国家统一登记簿中的组织，无法人信息不可靠的记录；

9）满足唯一执行机构的附加要求：

a）具有俄罗斯联邦国籍；

b）该人未列入参与极端主义活动或恐怖主义的组织和自然人名单中，或未列入参与大规模杀伤性武器扩散的组织和自然人名单中；

c）该人不存在未撤销或未消除的定罪；

d）根据《俄罗斯联邦刑法典》第 183 条和第 283 条规定，该人在申请提交日之前的 5 年内，未因非法获取和披露构成国家、商业、税务或银行秘密的信息而被追究刑事责任；

10）对于申请获得认可的组织，在申请提交日之前的 3 年内未提前终止其认可；

11）在没有授权书情况下有权代表申请获得认可的组织行事的人员，不能是在没有授权书的情况下有权代表其他使用自然人的个人生物特征数据进行识别和（或）认证，并且在申请提交日之前的 3 年内提前终止认可的组织。

（本款根据 2020 年 12 月 29 日第 479 – FZ 号联邦法施行，从 2022 年 9 月 1 日起生效）

18 – 30. 俄罗斯联邦政府确定了本条第 18 – 18 款规定的外国法人的认可特征，其中包括有权制定与本条第 18 – 29 款规定不同的要求。（本款根据 2020 年 12 月 29 日第 479 – FZ 号联邦法施行，从 2022 年 9 月 1 日起生效）

18 – 31. 为进行识别或识别认证，按照俄罗斯联邦政府规定的无期限限制程序，对本条第 18 – 20 款规定的组织，其中包括金融市场组织进行认可。（本款根据 2020 年 12 月 29 日第 479 – FZ 号联邦法施行，从 2022 年 9 月 1 日起生效）

18 – 32. 本条第 18 – 31 款规定的组织（其中包括金融市场组织）认可，在满足本条第 18 – 29 款要求，以及满足下列附加要求的前提下进行：

1）自有资金（资本）最低金额不少于5亿卢布；

2）对因组织使用个人生物特征数据进行的识别或识别认证结果的信任而给第三方造成的损失责任提供财务担保，金额不少于1亿卢布；

3）组织接入（访问）检测、预防和消除对俄罗斯联邦信息资源计算机攻击后果的国家系统。

（本款根据2020年12月29日第479-FZ号联邦法施行，从2022年9月1日起生效）

18-33. 俄罗斯联邦政府确定了本条第18-20款规定的外国法人的认可特征，其中包括有权制定与本条第18-32款规定不同的要求。（本款根据2020年12月29日第479-FZ号联邦法施行，从2022年9月1日起生效）

18-34. 由俄罗斯联邦政府授权的联邦权力执行机构进行识别和（或）认证领域的联邦国家监管（监督）。（本款根据2020年12月29日第479-FZ号联邦法施行，从2022年9月1日起生效）

18-35. 在识别和（或）认证领域实施联邦国家监督的对象是使用自然人的个人生物特征数据进行识别和（或）认证的组织、国家认可机构遵守本条要求和其他依据本条通过的法规。（本款根据2020年12月29日第479-FZ号联邦法施行，从2022年9月1日起生效）

18-36. 在识别和（或）认证领域组织和实施联邦国家监督由2020年7月31日第248-FZ号《俄罗斯联邦关于国家监管（监督）和市政监督法》进行调整。（本款根据2020年12月29日第479-FZ号联邦法施行，从2022年9月1日起生效）

18-37. 在识别和（或）认证领域实施联邦国家监管（监督）的规定由俄罗斯联邦政府批准，其依据是，使用自然人的个人生物特征数据进行识别和（或）认证的组织、国家认可机构在识别和（或）认证领域实施联邦国家监管（监督）时，每3年至少进行一次计划性检查。（本款根据2020年12月29日第479-FZ号联邦法施行，从2022年9月1日起生效）

19. 当通过通信渠道向统一生物特征识别系统提供自然人的个人生物特征数据，以便在无须本人到场的情况下通过互联网对其进行识别和（或）认证时，应使用能够保障所传数据安全的密码（加密）工具，使其免受个人生物特征数据处理时实际存在的、根据本条第13款第4）项规定为国家机构、地方自治机构、组织、个体经营者和公证人定义的，以及根据本条第14款规定为金融市场组织定义的安全威胁。上述密码（加密）工具应已确认符合2006年7月27日第152-FZ号《俄罗斯联邦个人数据法》第19条规定的要求。国家机构、地方自治机构、金融市场组织、其他组织、个体经营者、公证人有义务向申请在无须本人到场的情况下进行识别的自然人提议使用本款所述的密码（加密）工具，并指出提供这些工具的互联网网页。[经2020年12月29日第479-FZ号联邦法修订，本款规定有效期至2021年12月31日（含）]

19-1. 当通过通信渠道提供自然人的个人生物特征数据，以便通过互联网对其进行识别和（或）认证时，应使用能够保障所传数据安全的密码（加密）工具，使其免受个人生物特征数据处理时实际存在的、根据本条第13款第4）项和第6）项规定为国家机构、地方自治机构、组织、个体经营者和公证人定义的，以及根据本条第14款和第14-1款规定为金融市场组织定义的安全威胁。上述密码（加密）工具应已确认符合2006年7月27日第152-FZ号《俄罗斯联邦个人数据法》第19条规定的要求。国家机构、地方自治机构、金融市场组织、其他组织、个体经营者、公证人有义务向申请的自然人提议使用本款所述的密码（加密）工具，并指出提供这些工具的互联网网页。（本款根据2020年12月29日第479-FZ号联邦法施行）

19-2. 如果拒绝自然人使用本条第19-1款所述的密码（加密）工具提供个人生物特征数据，则不允许国家机构、地方自治机构、金融市场组织、其他组织、个体经营者、公证人在自然人本人未到场的情况下进行识别和（或）认证。（本款根据2020年12月29日第479-FZ号联邦法施行）

20. 如果自然人为了在本人未到场的情况下通过互联网提供个人生物特征数据进行识别，使用具有识别模块的用户设备（终端设备）并拒绝使用本条第19款规定的密码（加密）工具，则国家机构、地方自治机构、金融市场组织、其他组织、个体经营者、公证人有义务拒绝为此类人员进行上述识别。[经2020年12月29日第479-FZ号联邦法、2021年7月1日第266-FZ号联邦法修订，本款规定有效期至2021年12月31日（含）]

21. 如果自然人在本人未到场的情况下通过互联网提供其生物特征数据以进行识别时，使用电子计算机[具有识别模块的用户设备（终端设备）除外]，并拒绝使用本条第19款规定的密码（加密）工具的，国家机构、地方自治机构、金融市场组织、其他组织、个体经营者、公证人将通知其有关与此种拒绝相关的风险。在自然人确认自己的决定后，国家机构、地方自治机构、金融市场组织、其他组织、个体经营者、公证人可在不使用上述密码（加密）工具的情况下，通过互联网对自然人进行相应识别。[经2020年12月29日第479-FZ号联邦法、2021年7月1日第266-FZ号联邦法修订，本款规定有效期至2021年12月31日（含）]

22. 国家机构、地方自治机构、金融市场组织、其他组织、个体经营者、公证人在根据本条第 18 款使用信息技术识别自然人时，有权使用国家机构的信息系统，其中包括行使国家政策制定和实施及内部事务法规调整职能的联邦权力执行机构、俄罗斯联邦养老基金、联邦强制医疗保险基金，和（或）使用俄罗斯联邦政府确定的国家信息系统确认本条第 18 款第 1）项规定信息的可靠性。（经 2020 年 12 月 29 日第 479 – FZ 号联邦法修订）

23. 自然人对处理统一识别认证系统中包含的个人数据，以及根据本条第 18、18 – 2 和 18 – 7 款规定，处理使用信息技术进行识别或认证的个人生物特征数据的同意书，可使用普通电子签名签署，其密钥由自然人根据俄罗斯联邦政府制定的普通电子签名使用规则，在以电子形式申请获取国家和市政服务时亲自到场领取。

24. 统一生物特征识别系统运营商收取统一生物特征识别系统使用费的数额和程序，根据统一生物特征识别系统使用费收费计算方法，由统一生物特征识别系统运营商与金融市场组织、其他组织、个体经营者、公证人之间签署的合同确定，除非联邦法律另有规定。（经 2020 年 12 月 29 日第 479 – FZ 号联邦法修订）

25. 统一生物特征识别系统运营商确定并向银行和在统一生物特征识别系统中发布个人生物特征数据的其他组织支付本条第 24 款规定的部分费用，其最高金额由根据个人生物特征数据对自然人识别进行调整的联邦权力执行机构确定，并要征得俄罗斯联邦中央银行的同意。（本款根据 2020 年 12 月 29 日第 479 – FZ 号联邦法施行）

26. 统一生物特征识别系统使用费收费计算方法由根据个人生物特征数据对自然人识别进行调整的联邦权力执行机构确定，并要征得俄罗斯联邦中央银行的同意。（本款根据 2020 年 12 月 29 日第 479 – FZ 号联邦法施行）

27. 在遵守本条规定要求的情况下，使用统一生物特征识别系统和统一识别认证系统对自然人进行识别和（或）认证的行为等同于该自然人身份证明文件的验证行为，其中包括根据俄罗斯联邦法规、俄罗斯联邦主体法规、市政法规要求进行上述验证的情况。同时，如果俄罗斯联邦法规、俄罗斯联邦主体法规、市政法规规定获取、使用和（或）保存自然人身份证明文件的信息，则在使用统一生物特征识别系统对上述自然人进行识别和认证后，可以从统一识别认证系统获取这些信息。在这种情况下，不需要出示自然人身份证明文件。（本款根据2020年12月29日第479-FZ号联邦法施行）

（本条根据2017年12月31日第482-FZ号联邦法施行）

第14-2条　确保在俄罗斯联邦境内稳定地和安全地使用域名

1. 为确保在俄罗斯联邦境内稳定地和安全地使用域名，创建国家域名系统，该系统是一套相互关联的软件和硬件，旨在保存和接收网址和域名信息。

2. 国家域名系统的规定、要求、创建程序，其中包括该系统中包含的信息的生成、硬件使用规则，包括提供信息访问的条件和程序，由俄罗斯联邦大众传媒、大众通信、信息技术和通信监督局确定。

3. 俄罗斯联邦大众传媒、大众通信、信息技术和通信监督局确定构成俄罗斯国家域名区域的域名分组列表。

4. 包含在构成俄罗斯国家域名区域的域名分组中的域名生成活动由非营利组织进行协调，该组织的创办人之一为俄罗斯联邦，而且是国际网址和域名分配组织中该区域注册的数据库所有者。由在大众媒体、大众通信、信息技术和通信领域行使监管和监督职能的联邦权力执行机构代表俄罗斯联邦行使创办人的职能和权力。

(本条根据 2019 年 5 月 1 日第 90 – FZ 号联邦法施行)

第 15 条　电信信息网络的使用

1. 在俄罗斯联邦境内，电信信息网络的使用要遵守俄罗斯联邦通信法、本联邦法和俄罗斯联邦其他法规的要求。

2. 访问权限不限于特定人群的电信信息网络的使用由俄罗斯联邦进行调控，并要考虑自律组织在该领域活动的公认国际惯例。其他电信信息网络的使用程序由这些网络的所有者考虑本联邦法规定的要求确定。

3. 在俄罗斯联邦境内的经济活动或其他活动中使用电信信息网络，不能作为确立附加要求或限制的依据，这些要求或限制涉及在不使用这些网络的情况下开展的上述活动的调控，以及不能作为不遵守联邦法律规定要求的依据。

4. 联邦法律可能规定对在开展企业活动期间使用电信信息网络的个人、组织进行强制识别。同时，位于俄罗斯联邦境内的电子消息接收者有权进行验证，以确定电子消息的发送者，而在联邦法律或双方协议规定的情况下，必须进行此类验证。

5. 通过使用电信信息网络传递信息不受限制，但须遵守联邦法律规定的信息传播和智力活动对象保护要求。信息传递只能按照联邦法律规定的程序和条件进行限制。

6. 国家信息系统接入电信信息网络的特点可由俄罗斯联邦总统或俄罗斯联邦政府发布的规范性法律文件确定。

第15-1条　能够识别含有禁止在俄罗斯联邦传播的信息的互联网网站的域名、互联网网页索引和网址统一清册

1. 为了限制访问含有禁止在俄罗斯联邦传播的信息的互联网网站，创建统一自动化信息系统"能够识别含有禁止在俄罗斯联邦传播的信息的互联网网站的域名、互联网网页索引和网址统一清册"（以下简称"清册"）。

2. 本清册包括：

1）含有禁止在俄罗斯联邦传播的信息的互联网网站域名和（或）网页索引；

2）能够识别含有禁止在俄罗斯联邦传播的信息的互联网网站的网址。

3. 由俄罗斯联邦大众传媒、大众通信、信息技术和通信监督局，按照俄罗斯联邦政府规定的程序进行清册的创建、形成和管理。

4. 按照俄罗斯联邦政府规定的程序和标准，俄罗斯联邦大众传媒、大众通信、信息技术和通信监督局可吸引清册运营商参与创建和维护清册，该清册运营商须在俄罗斯境内注册。

5. 将本条第2款规定的信息纳入清册中的依据有：

1）俄罗斯联邦政府授权的联邦权力执行机构依据其权限，按照俄罗斯联邦政府规定的程序，针对通过互联网发布的下列内容作出的决定：

a）带有未成年人色情图片的材料和（或）关于吸引未成年人作为表演者参加色情娱乐活动的广告；

b）关于麻醉剂、精神药物及其原料、新的具有潜在危险的精神活性物质的开发、制作和使用方式、方法，以及有关含麻醉剂的

植物栽培方式和地点的信息;(经2016年12月19日第442-FZ号联邦法修订)

c) 关于自杀和邀请自杀的方式的信息;

d) 联邦法律禁止传播的有关因非法行为(不作为)而遭受痛苦的未成年人的信息;(本子项根据2013年4月5日第50-FZ号联邦法施行)

e) 违反2006年12月29日第244-FZ号《国家对组织和进行赌博活动的监管以及对相关法案的修订》和2003年11月11日第138-FZ号《俄罗斯联邦抽彩法》关于禁止使用互联网和其他通信方式组织和进行赌博和抽彩活动的要求的信息,以及确保可以通过列入2006年12月29日第244-FZ号《国家对组织和进行赌博活动的监管以及对相关法案的修订》第51条第16款和第32款和2003年11月11日第138-FZ号《俄罗斯联邦抽彩法》第62条第11款和第26款规定的清单中的支付服务提供商实现资金调拨行为的信息;(本子项根据2014年7月21日第222-FZ号联邦法施行;经2021年7月2日第355-FZ号联邦法修订)

f) 包含酒精产品、和(或)含酒精的食品、和(或)乙醇、和(或)含酒精的非食品远程零售建议的信息,这些产品的零售受到有关乙醇、酒精产品生产和周转的国家调控以及限制酒精产品消费(饮用)的法律的限制和禁止;(本子项根据2017年7月29日第278-FZ号联邦法施行)

g) 旨在怂恿或以其他方式引诱未成年人从事对其生命和(或)健康或对他人的生命和(或)健康构成威胁的非法行为的信息;(本子项根据2018年12月18日第472-FZ号联邦法施行)

h) 包含药品流通法规定限制或禁止零售的药品零售建议信息,其中包括远程零售方式,和(或)如果药品流通法规定需要获得执照和许可证时,由没有营业执照和许可证的人员从事药品零售的建议信息,其中包括远程零售方式;(本子项根据 2020 年 4 月 3 日第 105-FZ 号联邦法施行)

i)根据 1995 年 4 月 20 日第 45-FZ 号《俄罗斯联邦关于法官、执法机构和监管机关职责人员的保护法》和 2004 年 8 月 20 日第 119-FZ 号《俄罗斯联邦关于受害人、证人和其他刑事诉讼参与人的保护法》要进行保密的人员信息;(本子项根据 2021 年 7 月 1 日第 288-FZ 号联邦法施行)

j)关于自制炸药和炸药装置、非法制造或改装武器、枪支主要部件的方式、方法信息;(本子项根据 2021 年 6 月 28 日第 231-FZ 号联邦法施行,从 2022 年 6 月 29 日起生效)

2)法院关于将通过互联网传播的信息认定为俄罗斯联邦禁止传播的信息的判决;(经 2018 年 11 月 28 日第 451-FZ 号联邦法修订)

3)执行法警关于限制访问互联网上发布的损害公民的荣誉、尊严或商誉或法人商誉的信息。(本项根据 2018 年 4 月 23 日第 102-FZ 号联邦法施行)

6. 关于将能够识别含有俄罗斯联邦禁止传播的信息的互联网网站域名、网页索引和网址纳入清册的决定,可由互联网网站所有者、虚拟主机提供商、提供电信信息互联网接入服务的通信运营商,在作出该决定之日起 3 个月内向法院提起诉讼。

7. 自收到清册运营商关于将互联网网站域名、网页索引和网址纳入清册的通知之刻起,虚拟主机提供商应立即将此情况通知其所服务的互联网网站所有者,并通知他必须删除含有俄罗斯联邦禁止传播的信息的网页。(经 2018 年 12 月 18 日第 472-FZ 号联邦法修订)

8. 自收到虚拟主机提供商关于将互联网网站域名和（或）网页索引纳入清册的通知之刻起，互联网网站所有者必须删除含有俄罗斯联邦禁止传播的信息的网页。如果互联网网站所有者拒绝或不作为，则虚拟主机提供商有义务在一天内限制该互联网网站的访问。（经2018年12月18日第472-FZ号联邦法修订）

9. 如果虚拟主机提供商和（或）互联网网站所有者未采取本条第7款和第8款规定的措施，则将能够识别含有俄罗斯联邦禁止传播信息的互联网网站的网址纳入清册中。

10. 在将能够识别含有俄罗斯联邦禁止传播信息的互联网网站的网址纳入清册后一天内，提供电信信息互联网接入服务的通信运营商有义务限制对该互联网网站的访问，但2003年7月7日第126-FZ号《俄罗斯联邦通信法》第46条第5-1款第3段规定的情况除外。（经2019年5月1日第90-FZ号联邦法修订）

11. 俄罗斯联邦大众传媒、大众通信、信息技术和通信监督局，或其根据本条第4款吸引的通信运营商，根据互联网网站所有者、虚拟主机提供商或提供电信信息互联网接入服务的通信运营商的申请，在采取有关删除俄罗斯联邦禁止传播的信息的措施后，或者根据已生效的关于取消俄罗斯联邦大众传媒、大众通信、信息技术和通信监督局将能够识别互联网网站的域名、互联网网页索引或网址纳入清册的决定的法院判决，不迟于申请之日起3天内将能够识别互联网网站的域名、互联网网页索引或网址从清册中删除。

12. 清册运营商与虚拟主机提供商的协作程序，以及提供电信信息互联网接入服务的通信运营商获得清册中所含信息的访问程序，由俄罗斯联邦政府授权的联邦权力执行机构确定。

13. 本条规定的互联网网站的限制访问程序不适用于本联邦法第 15-3 条规定了限制访问程序的信息。(本款根据 2013 年 12 月 28 日第 398-FZ 号联邦法施行)

14. 俄罗斯联邦大众传媒、大众通信、信息技术和通信监督局,或其根据本条第 4 款吸引的通信运营商,自收到本条第 5 款第 1) 项第 a)、c) 和 g) 子项所述的决定之刻起一天内,通过交互系统将此情况通知联邦内部事务权力执行机构。(本款根据 2017 年 6 月 7 日第 109-FZ 号联邦法施行;经 2018 年 12 月 18 日第 472-FZ 号联邦法修订)

(本条根据 2012 年 7 月 28 日第 139-FZ 号联邦法施行)

第 15-1-1 条　以不雅形式表达有损人类尊严和公共道德,明显不尊重社会、国家、俄罗斯联邦官方国家象征、俄罗斯联邦宪法或俄罗斯联邦行使国家权力的机关的信息的限制访问程序

1. 如果在电信信息网络上(其中包括在互联网上)发现以不雅形式表达有损人类尊严和公共道德,明显不尊重社会、国家、俄罗斯联邦官方国家象征、俄罗斯联邦宪法或俄罗斯联邦行使国家权力的机关的信息,俄罗斯联邦总检察长或副总检察长向俄罗斯联邦大众传媒、大众通信、信息技术和通信监督局提出申请,要求采取措施删除上述信息,以及在不删除该信息的情况下限制访问传播上述信息的信息资源。

2. 俄罗斯联邦大众传媒、大众通信、信息技术和通信监督局根据本条第 1 款所述的申请立即:

1) 确定虚拟主机提供商或确保在电信信息网络上,其中包括在互联网上发布指定信息资源的其他人员,该信息资源为发布本条第 1 款规定的信息的互联网网站所有者服务；

2）以俄文和英文对照的电子形式向虚拟主机提供商或本款第 1）项中指定的其他人员发送通知，说明违反信息传播程序的行为，并注明能够识别发布了本条第 1 款规定信息的互联网网站的域名和网址，以及能够识别要求采取措施删除的信息的互联网网页索引；

3）使用相应的信息系统记录向虚拟主机提供商或本款第 1）项中指定的其他人员发送通知的日期和时间。

3. 自收到本条第 2 款第 2）项规定的通知之刻起，虚拟主机提供商或本条第 2 款第 1）项中指定的其他人员有义务立即将此情况通知其所服务的信息资源所有者，并通知他必须立即删除本条第 1 款中所述的信息。

4. 在收到虚拟主机提供商或本条第 2 款第 1）项中指定的其他人员发出的关于必须立即删除本条第 1 款中所述的信息的通知之刻起一天内，信息资源所有者有义务删除此类信息。在信息资源的所有者拒绝或不作为的情况下，虚拟主机提供商或本条第 2 款第 1）项中指定的其他人员自收到本条第 2 款第 2）项规定的通知之刻起一天后立即限制对相关信息资源的访问。

5. 如果虚拟主机提供商或本条第 2 款第 1）项中指定的其他人员和（或）信息资源的所有者未采取本条第 3 款和第 4 款规定的措施，则能够识别本条第 1 款中所述信息的互联网网站域名、其网址、互联网网页索引，通过交互系统发送给通信运营商，以采取措施限制对该信息资源的访问，其中包括限制对互联网网站的访问。

6. 通过交互系统收到本条第 5 款中所述的信息后，提供电信信息互联网接入服务的通信运营商有义务立即限制对已发布本条第 1

款中所述信息的信息资源的访问,其中包括限制对互联网网站的访问,但 2003 年 7 月 7 日第 126 – FZ 号《俄罗斯联邦通信法》第 46 条第 5 – 1 款第 3 段规定的情况除外。(经 2019 年 5 月 1 日第 90 – FZ 号联邦法修订)

7. 如果信息资源的所有者删除了本条第 1 款所述信息,他应就此向俄罗斯联邦大众传媒、大众通信、信息技术和通信监督局发出通知。该通知也可以使用电子形式发送。

8. 在收到本条第 7 款规定的通知并核实其真实性后,俄罗斯联邦大众传媒、大众通信、信息技术和通信监督局必须立即通过交互系统通知提供电信信息互联网接入服务的通信运营商,恢复对信息资源的访问,其中包括对互联网网站的访问。

9. 收到本条第 8 款规定的通知后,通信运营商立即恢复对信息资源的访问,其中包括对互联网网站的访问,但本条第 10 款规定的情况除外。(经 2019 年 5 月 1 日第 90 – FZ 号联邦法修订)

10. 如果俄罗斯联邦大众传媒、大众通信、信息技术和通信监督局限制了对包括互联网网站在内的信息资源的访问,则根据 2003 年 7 月 7 日第 126 – FZ 号《俄罗斯联邦通信法》第 46 条第 5 – 1 款第 3 段,在收到本条第 8 款规定的通知并核实其真实性后,由该机构恢复对信息资源的访问,其中包括对互联网网站的访问。(本款根据 2019 年 5 月 1 日第 90 – FZ 号联邦法施行)

(本条根据 2019 年 3 月 18 日第 30 – FZ 号联邦法施行)

第 15 – 1 – 2 条　限制对诋毁公民(自然人)荣誉和尊严或损害其声誉以及与指控公民(自然人)犯罪有关的虚假信息访问的程序

1. 如果在电信信息网络上,其中包括在互联网上发现诋毁公民（自然人）荣誉和尊严或损害其声誉以及与指控公民（自然人）犯罪有关的虚假信息时，该公民（自然人）（在本条中以下简称"申请人"）有权按照俄罗斯联邦总检察长规定的程序，向俄罗斯联邦主体检察官发送申请，要求采取措施删除上述信息并在未删除该信息的情况下，限制访问传播上述信息的信息资源（以下简称"申请书"）。

2. 申请应包含下列内容：

1）申请人的姓名、护照详细信息、联系信息［电话和（传真）号码、电子邮箱地址、邮政地址］；

2）能够识别本条第 1 款所述信息的互联网网站域名、其网址、互联网网页索引；

3）发布信息不可靠的合理论证。

3. 如果发现申请书中的信息不完整、不准确或有错误，俄罗斯联邦主体检察官或副检察长有权在收到申请书之日起 3 个工作日内，向申请人发出关于澄清所提交的信息的通知。

4. 在收到申请书或申请人澄清的信息（如果该信息在本条第 3 款规定的通知发送给申请人后提交的）之日起 10 个工作日内，俄罗斯联邦主体检察官或副检察长按照俄罗斯联邦总检察长规定的程序，对申请书中包含的信息进行核实，并得出结论认为具备采取措施的依据，删除诋毁申请人荣誉和尊严或损害其声誉以及与指控申请人犯罪有关的虚假信息，以及在未删除该信息的情况下，限制访问传播上述信息的信息资源，或通知申请人缺乏此类依据。结论、申请书副本和申请书附件应立即发给俄罗斯联邦总检察长。

5. 在收到本条第 4 款规定的文件之日起 5 个工作日内，俄罗斯联邦总检察长或副总检察长核实结论的合理性，并决定向俄罗斯联邦大众传媒、大众通信、信息技术和通信监督局提出申请，要求采取措施删除诋毁申请人荣誉和尊严或损害其声誉以及与指控申请人犯罪有关的虚假信息，以及在未删除该信息的情况下，限制访问传播上述信息的信息资源。如果认定结论不合理，则在本款规定的期限内向俄罗斯联邦主体检察官发出相应的通知。

6. 俄罗斯联邦大众传媒、大众通信、信息技术和通信监督局根据本条第5款所述的申请立即：

1）确定虚拟主机提供商或确保在电信信息网络上，其中包括在互联网上发布指定信息资源的其他人员，该信息资源为发布本条第1款规定的信息的互联网网站所有者服务；

2）以俄文和英文对照的电子形式向虚拟主机提供商或本款第1）项中指定的其他人员发送通知，说明违反信息传播程序的行为，并注明能够识别发布了本条第1款规定信息的互联网网站的域名和网址，以及能够识别要求采取措施删除的信息的互联网网页索引；

3）使用相应的信息系统记录向虚拟主机提供商或本款第1）项中指定的其他人员发送通知的日期和时间。

7. 自收到本条第6款第2）项规定的通知之刻起，虚拟主机提供商或本条第6款第1）项中指定的其他人员有义务立即将此情况通知其所服务的信息资源所有者，并通知其必须立即删除本条第1款中所述的信息。

8. 在收到虚拟主机提供商或本条第6款第1）项中指定的其他人员发出的关于必须立即删除本条第1款中所述的信息的通知之刻起一天内，信息资源所有者有义务删除此类信息。在信息资源的所有者拒绝或不作为的情况下，虚拟主机提供商或本条第6款第1）项中指定的其他人员自收到本条第6款第2）项规定的通知之刻起一天后立即限制对相关信息资源的访问。

9. 如果虚拟主机提供商或本条第 6 款第 1）项中指定的其他人员和（或）信息资源的所有者未采取本条第 7 款和第 8 款规定的措施，则能够识别本条第 1 款中所述信息的互联网网站域名、其网址、互联网网页索引，通过交互系统发送给通信运营商，以采取措施限制对该信息资源的访问，其中包括限制对互联网网站的访问。

10. 通过交互系统收到本条第 9 款中所述的信息后，提供电信信息互联网接入服务的通信运营商有义务立即限制对已发布本条第 1 款中所述信息的信息资源的访问，其中包括限制对互联网网站的访问，但 2003 年 7 月 7 日第 126－FZ 号《俄罗斯联邦通信法》第 46 条第 5－1 款第 3 段规定的情况除外。

11. 如果信息资源的所有者删除了本条第 1 款所述的信息，他应就此向俄罗斯联邦大众传媒、大众通信、信息技术和通信监督局发出通知。该通知也可以使用电子形式发送。

12. 在收到本条第 11 款规定的通知并核实其真实性后，俄罗斯联邦大众传媒、大众通信、信息技术和通信监督局必须立即通过交互系统通知提供电信信息互联网接入服务的通信运营商，恢复对信息资源的访问，其中包括对互联网网站的访问。

13. 在收到本条第 12 款或第 16 款规定的通知后，通信运营商立即恢复对信息资源的访问，其中包括对互联网网站的访问，但本条第 14 款规定的情况除外。

14. 如果俄罗斯联邦大众传媒、大众通信、信息技术和通信监督局限制了对包括互联网网站在内的信息资源的访问，则根据 2003 年 7 月 7 日第 126－FZ 号《俄罗斯联邦通信法》第 46 条第 5－1 款第 3 段，在收到本条第 12 款规定的通知并核实其真实性后，以及在收到本条第 16 款规定的已生效的司法文书后，由该机构恢复对信息资源的访问，其中包括对互联网网站的访问。

15. 本条第5款所述的决定可由信息资源的所有者按照规定程序向法院起诉。

16. 如果法院宣布本条第5款所述的决定为非法并取消对包括互联网网站在内的信息资源的访问限制，则俄罗斯联邦大众传媒、大众通信、信息技术和通信监督局根据已生效的司法文书，在3个工作日内，通过交互系统通知提供电信信息互联网接入服务的通信运营商，恢复对信息资源的访问，其中包括对互联网网站的访问。

17. 俄罗斯联邦大众传媒、大众通信、信息技术和通信监督局自收到本条第5款所述的申请之日起一天内，通过交互系统将此情况通知联邦内部事务权力执行机构。

（本条根据2021年7月1日第260-FZ号联邦法施行）

第15-2条 违反著作权和（或）邻接权传播的信息的限制访问程序

（本名称经2014年11月24日第364-FZ号联邦法修订）

1. 如果权利人在包括互联网在内的电信信息网络中，发现未经其许可或无其他法律依据而在这些网络中传播的著作权和（或）邻接权的对象（摄影作品和以类似摄影的方式获得的作品除外），或使用电信信息网络获得此类对象所需的信息，则权利人有权向俄罗斯联邦大众传媒、大众通信、信息技术和通信监督局提出申请，根据已生效的司法文书，要求采取措施限制访问传播此类对象或信息的信息资源，其中包括提供电信信息网络和互联网入口的电子计算机程序，著作权和（或）邻接权的对象（摄影作品和以类似摄影的方式获得的作品除外），或使用电信信息网络获得此类对象所需的信息（在本条中以下简称"应用软件"）。上述申请表格由俄罗斯联邦大众传媒、大众通信、信息技术和通信监督局批准。（经2014年11月24日第364-FZ号联邦法、2020年6月8日第177-FZ号联邦法修订）

2. 俄罗斯联邦大众传媒、大众通信、信息技术和通信监督局根据已生效的司法文书，在3个工作日内：

1）对于互联网网站，确定虚拟主机提供商或确保在包括互联网在内的电信信息网络上发布指定信息资源的其他人员，该信息资源为发布含有著作权和（或）邻接权的对象（摄影作品和以类似摄影的方式获得的作品除外）的信息，或未经权利人许可或在无其他法律依据的情况下发布使用电信信息网络获得此类对象所需的信息的互联网网站所有者提供服务；（经2014年11月24日第364-FZ号联邦法、2020年6月8日第177-FZ号联邦法修订）

1-1）对于应用软件，确定独立并自行决定应用软件使用程序的人员（以下简称"应用软件所有者"），以及发布应用软件的信息资源的所有者，和（或）确保在电信信息网络（其中包括互联网）上发布应用软件的其他人员，通过该应用软件确保在电信信息网络（其中包括互联网）上访问著作权和（或）邻接权的对象（摄影作品和以类似摄影的方式获得的作品除外），或未经权利人许可或在无其他法律依据的情况下访问使用电信信息网络获得此类对象所需的信息；（本项根据2020年6月8日第177-FZ号联邦法施行）

2）对于互联网网站，以俄文和英文对照的电子形式向虚拟主机提供商或本款第1）项中指定的其他人员发送通知，说明侵犯了在电信信息网络（其中包括互联网）上传播的著作权和（或）邻接权的对象（摄影作品和以类似摄影的方式获得的作品除外）的专有权,并标明作品名称、作者、权利人、能够识别互联网网站的域名和网址,在该网站上发布了含有著作权和(或)邻接权的对象(摄影作品和以类似摄影的方式获得的作品除外)内容的信息,或未经权利人许可或在无其他法律依据的情况下发布使用电信信息网络获得此类对象所需的信息,以及标明能够识别要求采取措施限制访问的信息的互联网网页索引;(经2014年11月24日第364-FZ号联邦法、2020年6月8日第177-FZ号联邦法修订)

2-1)对于应用软件,以俄文和英文对照的电子形式向发布应用软件的信息资源使用者或确保在电信信息网络(其中包括互联网)上发布应用软件的其他人员发送通知,说明侵犯了在电信信息网络(其中包括互联网)上传播的著作权和(或)邻接权的对象(摄影作品和以类似摄影的方式获得的作品除外)的专有权,并标明作品名称、作者、权利人、应用软件的名称和(或)应用软件网址、应用软件所有者的姓名或名称、应用软件功能简介和(或)能够识别应用软件的其他信息,通过该应用软件确保在电信信息网络(其中包括互联网)上访问著作权和(或)邻接权的对象(摄影作品和以类似摄影的方式获得的作品除外),或未经权利人许可或在无其他法律依据的情况下访问使用电信信息网络获得此类对象所需的信息,以及要求采取措施,限制对此类著作权和(或)邻接权的对象和(或)此类信息的访问;(本项根据2020年6月8日第177-FZ号联邦法施行)

3)在相关的信息系统中记录向本款第1)项和(或)第1-1)项中指定的人员发送本款第2)项和(或)第2-1)项中所述通知的日期和时间。(经2020年6月8日第177-FZ号联邦法修订)

3. 在收到本条第2款第2)项中所述的通知之刻起一个工作日

内，虚拟主机提供商或本条第 2 款第 1）项中指定的其他人员有义务将此情况告知其所服务的信息资源所有者，并通知他必须立即限制对非法发布的信息的访问。（经 2014 年 11 月 24 日第 364 – FZ 号联邦法修订）

3 – 1. 在收到本条第 2 款第 2 – 1）项中所述的通知之刻起一个工作日内，发布了应用软件的信息资源所有者，或者确保在电信信息网络（其中包括互联网）上发布应用软件的其他人员，有义务将此情况告知应用软件的所有者，并通知他必须立即限制访问著作权和（或）邻接权的对象（摄影作品和以类似摄影的方式获得的作品除外），或未经权利人许可或在无其他法律依据的情况下限制访问使用电信信息网络获得此类对象所需的信息。（本款根据 2020 年 6 月 8 日第 177 – FZ 号联邦法施行）

4. 在收到虚拟主机提供商或本条第 2 款第 1）项中指定的其他人员发出的关于必须限制访问非法发布信息的通知之刻起一个工作日内，信息资源所有者有义务删除非法发布的信息或者采取措施限制对其访问。如果信息资源所有者拒绝或不作为时，虚拟主机提供商或本条第 2 款第 1）项中指定的其他人员，有义务不迟于收到本条第 2 款第 2）项所述的通知之刻起 3 个工作日限制对相关信息资源的访问。（经 2014 年 11 月 24 日第 364 – FZ 号联邦法修订）

4 – 1. 在收到发布了应用软件的信息资源所有者，或者确保在电信信息网络（其中包括互联网）上发布应用软件的其他人员发出的本条第 3 – 1 款所述的通知之刻起一个工作日内，应用软件的所有者有义务限制访问未经权利人许可或在无其他法律依据的情况下传播的著作权和（或）邻接权的对象（摄影作品和以类似摄影的方式获得的作品除外），或限制访问使用电信信息网络获得此类对象所需的信息。如果应用软件的所有者拒绝或不作为时，发布了应用软件的信息资源所有者，或者确保在电信信息网络（其中包括互联网）上发布应用软件的其他人员，有义务不迟于收到本条第2款第2-1）项所述的通知之刻起3个工作日限制对相关应用软件的访问。

5. 如果虚拟主机提供商或本条第2款第1）项中指定的其他人员和（或）信息资源所有者未采取本条第3款和第4款规定的措施，则能够识别未经权利人许可或在无其他法律依据的情况下发布的、含有著作权和（或）邻接权的对象（摄影作品和以类似摄影的方式获得的作品除外）内容的信息，或使用电信信息网络获得此类对象所需的信息的互联网网站域名、其网址、互联网网页索引，以及有关该网站的其他资料和信息，通过交互系统发送给通信运营商，以采取措施限制访问该信息资源，其中包括限制访问互联网网站或其上发布的信息。（经2014年11月24日第364-FZ号联邦法修订）

5-1. 如果发布了应用软件的信息资源所有者，或者确保在电信信息网络（其中包括互联网）上发布应用软件的其他人员，和（或）应用软件的所有者未采取本条第3-1款和第4-1款规定的措施，则通过交互系统向通信运营商发送采取措施限制访问该应用软件所需的信息。发送给通信运营商以采取措施限制访问该应用软件的信息清单由俄罗斯联邦大众传媒、大众通信、信息技术和通信监督局确定。（本款根据2020年6月8日第177-FZ号联邦法施行）

6. 俄罗斯联邦大众传媒、大众通信、信息技术和通信监督局，根据已生效的司法文书，在收到关于取消对信息资源访问限制的司法文书之日起3个工作日内，通知虚拟主机提供商或本条第2款第

1）项中指定的其他人员和通信运营商取消对该信息资源的访问限制措施，该信息资源含有未经权利人许可或在无其他法律依据的情况下，使用电信信息网络（其中包括互联网）传播的著作权和（或）邻接权的对象（摄影作品和以类似摄影的方式获得的作品除外）内容，或含有使用电信信息网络获得此类对象所需的信息。在收到上述联邦权力执行机构发出的关于取消对信息资源的访问限制措施的通知之日起一个工作日内，虚拟主机提供商必须将此情况告知信息资源的所有者，并通知可以解除访问限制。（经2014年11月24日第364–FZ号联邦法修订）

6–1. 俄罗斯联邦大众传媒、大众通信、信息技术和通信监督局，根据已生效的司法文书，在收到关于取消对应用软件的访问限制的司法文书之日起3个工作日内，通知发布了应用软件的信息资源所有者，或者确保在电信信息网络（其中包括互联网）上发布应用软件的其他人员，和通信运营商取消对该应用软件的访问限制措施。在收到上述联邦权力执行机构发出的关于取消对应用软件的访问限制措施的通知之日起一个工作日内，发布了应用软件的信息资源所有者，或者确保在电信信息网络（其中包括互联网）上发布应用软件的其他人员，有义务将此情况告知应用软件的所有者，并通知可以解除访问限制。（本款根据2020年6月8日第177–FZ号联邦法施行）

7. 在通过交互系统收到有关未经权利人许可或在无其他法律依据的情况下使用的、含有著作权和（或）邻接权的对象（摄影作品和以类似摄影的方式获得的作品除外）内容，或使用电信信息网络获得此类对象所需的信息的信息资源资料之刻起一天内，提供电信信息互联网接入服务的通信运营商，有义务根据已生效的司法文书限制对非法发布的信息的访问，但2003年7月7日第126–FZ

号《俄罗斯联邦通信法》第46条第5-1款第3段规定的情况除外。如果通信运营商不具备限制访问非法发布的信息的技术能力，则通信运营商必须限制该信息资源的访问，但2003年7月7日第126-FZ号《俄罗斯联邦通信法》第46条第5-1款第3段规定的情况除外。（经2014年11月24日第364-FZ号联邦法、2019年5月1日第90-FZ号联邦法修订）

7-1. 在通过交互系统收到有关应用软件的信息之刻起一天内，提供电信信息互联网接入服务的通信运营商，有义务根据已生效的司法文书限制对该应用软件的访问，通过该应用软件能够确保在电信信息网络（其中包括互联网）上访问著作权和（或）邻接权的对象（摄影作品和以类似摄影的方式获得的作品除外），或未经权利人许可或在无其他法律依据的情况下访问使用电信信息网络获得此类对象所需的信息，但2003年7月7日第126-FZ号《俄罗斯联邦通信法》第46条第5-1款第3段规定的情况除外。（本款根据2020年6月8日第177-FZ号联邦法施行）

8. 信息交互系统的运行程序由俄罗斯联邦大众传媒、大众通信、信息技术和通信监督局确定。

9. 本条规定的程序不适用于根据本联邦法第15-1条应列入清册中的信息。

（本条根据2013年7月2日第187-FZ号联邦法施行）

第15-3条　违法传播的信息的限制访问程序

1. 如果在电信信息网络，其中包括在互联网上发现包含煽动大规模骚乱、实施极端主义活动、参加违反规定程序举行的群众性（公共）活动的信息，关于恐怖活动的虚假报道和以可靠消息为幌子传播的其他不可靠的具有社会意义的信息，这些信息会对公民的生命和（或）健康、财产造成损害，对公共秩序和（或）公共安全的大规模破坏构成威胁或对生命保障设施、交通或社会基础设施、信贷机构、能源、工业或通信设施的运行或停止运行造成干扰，以及含有实施极端主义活动论述和（或）辩解理由的信息，包括恐怖主义活动、购买赋予权利或免除义务的伪造文件的建议，根据2012年12月28日第272-FZ号《俄罗斯联邦关于对参与侵犯基本人权和自由、侵犯公民权和自由的主体采取必要措施的法规》，其在俄罗斯联邦境内的活动被认定为不受欢迎的活动的外国或国际非政府组织的信息材料，或者根据2002年7月25日第114-FZ号《俄罗斯联邦反极端活动法》或2006年3月6日第35-FZ号《俄罗斯联邦反恐怖主义法》，其活动被禁止的组织的信息材料，以及能够获得上述信息或材料访问许可的信息，2002年7月10日第86-FZ号《俄罗斯联邦中央银行（俄罗斯银行）法》第62条规定的信息（以下简称"违法传播的信息"），包括收到联邦国家权力机构、俄罗斯联邦主体国家权力机构、地方自治机构、组织或公民发出的有关违法传播信息的通知情况，以及在收到俄罗斯联邦中央银行行长或副行长针对根据2002年7月10日第86-FZ号《俄罗斯联邦中央银行（俄罗斯银行）法》第62条规定的信息发出的有关违法传播信息的通知时，俄罗斯联邦总检察长或副总检察长向俄罗斯联邦大众传媒、大众通信、信息技术和通信监督局提出申请，要求采取措施限制对传播此类信息的信息资源进行访问。（经2017年11月25日第327-FZ号联邦法、2019年3月18日第31-FZ号联邦法、2021年7月1日第250-FZ号联邦法、2021年12月30日第441-FZ号联邦法修订）

1-1. 俄罗斯联邦大众传媒、大众通信、信息技术和通信监督局，根据本条第1款所述的和针对以可靠消息为幌子传播的不可靠的具有社会意义的信息〔该信息会对公民的生命和（或）健康、财产造成损害，对公共秩序和（或）公共安全的大规模破坏构成威胁或对生命保障设施、交通或社会基础设施、信贷机构、能源、工业或通信设施的运行或停止运行造成干扰，并发布到根据1991年12月27日第2124-Ⅰ号《俄罗斯联邦大众传媒法》注册为网络出版物的信息资源上（以下简称"网络出版物"）〕收到的申请，立即通知网络出版物编辑部，必须删除上述信息，并在相关的信息系统中记录向网络出版物编辑部发送该通知的日期和时间。（本款根据2019年3月18日第31-FZ号联邦法施行）

1-2. 自收到俄罗斯联邦大众传媒、大众通信、信息技术和通信监督局发出的本条第1-1款所述的通知之刻起，网络出版物编辑部必须立即删除本条第1-1款规定的信息。（本款根据2019年3月18日第31-FZ号联邦法施行）

1-3. 如果网络出版物编辑部没有立即删除本条第1-1款规定的信息，俄罗斯联邦大众传媒、大众通信、信息技术和通信监督局通过交互系统向通信运营商发出通知，要求采取措施限制对发布本条第1-1款规定信息的网络出版物进行访问。本要求应包含能够识别此类信息的互联网网站域名、网址、互联网网页索引。（本款根据2019年3月18日第31-FZ号联邦法施行）

1-4. 通过交互系统收到本条第13款规定的要求后，提供电信信息互联网接入服务的通信运营商必须立即限制对发布本条第1-1款规定信息的网络出版物的访问，但2003年7月7日第126-FZ号《俄罗斯联邦通信法》第46条第5-1款第3段规定的情况除外。（本款根据2019年3月18日第31-FZ号联邦法施行；经2019年5月1日第90-FZ号联邦法修订）

1-5. 如按照第1-1、1-2、1-3、1-4款规定的程序限制访问网络出版物的，则根据本条第 5~7 款规定的程序恢复网络出版物的访问。(本款根据 2019 年 3 月 18 日第 31-FZ 号联邦法施行)

2. 除本条第 1-1、1-2、1-3、1-4 款规定的情况外，俄罗斯联邦大众传媒、大众通信、信息技术和通信监督局根据本条第 1 款所述的申请立即：(经 2019 年 3 月 18 日第 31-FZ 号联邦法修订)

1) 通过交互系统向通信运营商发送通知，要求采取措施限制对违法传播信息的信息资源（其中包括互联网网站）的访问。本要求应包含能够识别此类信息的互联网网站域名、网址、互联网网页索引；(经 2017 年 11 月 25 日第 327-FZ 号联邦法修订)

2) 确定虚拟主机提供商或确保在电信信息网络（其中包括互联网）上发布指定信息资源的其他人员，该信息资源为发布违法传播信息的互联网网站所有者提供服务；(经 2017 年 11 月 25 日第 327-FZ 号联邦法修订)

3) 以俄文和英文对照的电子形式向虚拟主机提供商或本款第 2) 项中指定的其他人员发送有关违反信息传播程序的通知，并注明能够识别发布违法传播信息的互联网网站的域名和网址，以及能够识别此类信息的互联网网页索引，并要求采取措施删除此类信息；(经 2017 年 11 月 25 日第 327-FZ 号联邦法修订)

4) 在相关的信息系统中记录向虚拟主机提供商或本条第 2) 项中指定的其他人员发送通知的日期和时间。

3. 在通过交互系统收到俄罗斯联邦大众传媒、大众通信、信息技术和通信监督局关于采取限制访问措施的要求后，提供电信信息互联网接入服务的通信运营商必须立即限制对发布违法传播信息的信息资源，包括互联网网站的访问，但 2003 年 7 月 7 日第 126-FZ 号《俄罗斯联邦通信法》第 46 条第 5-1 款第 3 段规定的情况除外。(经 2017 年 11 月 25 日第 327-FZ 号

联邦法修订、2019年5月1日第90-FZ号联邦法修订)

4. 自收到本条第2款第3)项所述的通知之刻起,虚拟主机提供商或本条第2款第2)项指定的其他人员有义务立即将此情况告知其所服务的信息资源所有者,并通知他必须立即删除违法传播的信息。(经2017年11月25日第327-FZ号联邦法、2020年6月8日第177-FZ号联邦法修订)

4-1. 在收到虚拟主机提供商或本条第2款第2)项指定的其他人员发出的有关必须删除违法传播信息的通知之刻起一天内,信息资源的所有者必须删除此类信息。如果信息资源所有者拒绝或不作为,虚拟主机提供商或本条第2款第2)项指定的其他人员有义务自收到本条第2款第3)项所述的通知之刻起一天后立即限制对相关信息资源的访问。(本款根据2020年6月8日第177-FZ号联邦法施行)

5. 如果信息资源的所有者删除了违法传播的信息,他应就此向俄罗斯联邦大众传媒、大众通信、信息技术和通信监督局发出通知。该通知也可以使用电子形式发送。(经2017年11月25日第327-FZ号联邦法修订)

6. 在收到本条第5款规定的通知并核实其真实性后,俄罗斯联邦大众传媒、大众通信、信息技术和通信监督局必须立即通过交互系统通知提供电信信息互联网接入服务的通信运营商,恢复对信息资源的访问,其中包括对互联网网站的访问。

7. 收到本条第6款规定的通知后,通信运营商立即恢复对信息资源的访问,其中包括对互联网网站的访问,但本条第7-1款规定的情况除外。(经2019年5月1日第90-FZ号联邦法修订)

7-1. 如果俄罗斯联邦大众传媒、大众通信、信息技术和通信监督局限制了对包括互联网网站在内的信息资源的访问，则根据2003年7月7日第126-FZ号《俄罗斯联邦通信法》第46条第5-1款第3段，在收到本条第5款规定的通知并核实其真实性后，由该机构恢复对信息资源的访问，其中包括对互联网网站的访问。（本款根据2019年5月1日第90-FZ号联邦法施行）

8. 当在本联邦法第10-4条规定的信息资源上发现以可靠消息为幌子传播的不可靠的具有社会意义的信息，并且这些信息会对公民的生命和（或）健康、财产造成损害，对公共秩序和（或）公共安全的大规模破坏构成威胁或对生命保障设施、交通或社会基础设施、信贷机构、能源、工业或通信设施的运行或停止运行造成干扰的，则不适用于本条规定的程序。（本款根据2019年3月18日第31-FZ号联邦法施行）

（本条根据2013年12月28日第398-FZ号联邦法施行）

第15-3-1条　违反俄罗斯联邦选举和全民公决法的要求所传播的信息，和（或）违反俄罗斯联邦选举和全民公决法的要求制作和（或）传播的宣传材料的限制访问程序

1. 如果在电信信息网络上，其中包括在互联网上发现违反俄罗斯联邦选举和全民公决法的要求所传播的信息，和（或）违反俄罗斯联邦选举和全民公决法的要求制作和（或）传播的宣传材料，则俄罗斯联邦中央选举委员会在举行联邦国家权力机构选举时，俄罗斯联邦主体选举委员会在举行国家权力机构、地方自治机构选举、俄罗斯联邦主体全民公决、地方全民公决时，组织联邦地区公共权力机构选举的选举委员会（在进行选举时）有权向俄罗斯联邦大众传媒、大众通信、信息技术和通信监督局提交报告，要求采取措施限制对传播此类信息和（或）宣传材料的信息资源的访问。

2. 俄罗斯联邦大众传媒、大众通信、信息技术和通信监督局根据本条第 1 款所述的申请立即：

1）通过交互系统向通信运营商发送通知，要求采取措施限制对发布本条第 1 款所述的信息和（或）宣传材料的信息资源，其中包括互联网的访问。本要求应包含能够识别此类信息和（或）宣传材料的互联网网站域名、网址、互联网网页索引；

2）确定虚拟主机提供商或确保在电信信息网络上，其中包括在互联网上发布上述信息资源的其他人员，该信息资源为发布本条第 1 款规定的信息和（或）宣传材料的互联网网站所有者服务；

3）以俄文和英文对照的电子形式向虚拟主机提供商或本款第 2）项中指定的其他人员发送通知，说明违反俄罗斯联邦选举和全民公决法要求的行为，并注明能够识别发布了本条第 1 款规定信息和（或）宣传材料的互联网网站的域名和网址，以及能够识别此类信息和（或）宣传材料的互联网网页索引，并要求采取措施删除此类信息和（或）宣传材料；

4）在相关的信息系统中记录向虚拟主机提供商或本款第 2）项中指定的其他人员发送通知的日期和时间。

3. 在通过交互系统收到俄罗斯联邦大众传媒、大众通信、信息技术和通信监督局关于采取限制访问措施的要求后，提供电信信息互联网接入服务的通信运营商必须立即限制对发布本条第 1 款规定的信息和（或）宣传材料的信息资源，包括互联网网站的访问，但 2003 年 7 月 7 日第 126–FZ 号《俄罗斯联邦通信法》第 46 条第 5–1 款第 3 段规定的情况除外。

4. 自收到本条第 2 款第 3）项所述的通知之刻起，虚拟主机提供商或本条第 2 款第 2）项中指定的其他人员有义务立即将此情况告知其所服务的信息资源所有者，并通知他必须立即删除本条第 1 款规定的信息和（或）宣传材料。

5. 在收到虚拟主机提供商或本条第 2 款第 2）项中指定的其他人员发出的有关必须删除本条第 1 款规定的信息和（或）宣传材料的通知之刻起一天内，信息资源的所有者必须删除此类信息和（或）宣传材料。如果信息资源所有者拒绝或不作为，虚拟主机提供商或本条第 2 款第 2）项中指定的其他人员有义务自收到本条第 2 款第 3）项所述的通知之刻起一天后立即限制对相关信息资源的访问。

6. 如果信息资源的所有者删除了本条第 1 款规定的信息和（或）宣传材料，他应就此向俄罗斯联邦大众传媒、大众通信、信息技术和通信监督局发出通知。该通知也可以使用电子形式发送。

7. 在收到本条第 6 款规定的通知并核实其真实性后，以及在本条第 10 款规定的情况下，俄罗斯联邦大众传媒、大众通信、信息技术和通信监督局必须立即通过交互系统通知提供电信信息互联网接入服务的通信运营商，恢复对信息资源，其中包括对互联网网站的访问。

8. 收到本条第 7 款规定的通知后，通信运营商立即恢复对信息资源，其中包括对互联网网站的访问，但本条第 9 款规定的情况除外。

9. 如果俄罗斯联邦大众传媒、大众通信、信息技术和通信监督局限制了对包括互联网网站在内的信息资源的访问，则根据 2003 年 7 月 7 日第 126－FZ 号《俄罗斯联邦通信法》第 46 条第 5－1 款第 3 段，在收到本条第 6 款规定的通知并核实其真实性后，以及在本条第 10 款规定的情况下，由该机构恢复对信息资源，其中包括对互联网网站的访问。

10. 对发布本条第 1 款规定的信息和（或）宣传材料的信息资源的访问限制不早于关于举行选举、全民公决的决定正式公布（公告）之日，并在确定相关选举、全民公决结果之日起 5 日后结束。

11. 俄罗斯联邦中央选举委员会、俄罗斯联邦主体选举委员会、组织联邦地区公共权力机构选举的选举委员会和俄罗斯联邦大众传媒、大众通信、信息技术和通信监督局之间的互动程序由俄罗斯联邦中央选举委员会与上述联邦权力执行机构之间的协议确定。

（本条根据 2021 年 3 月 9 日第 43 – FZ 号联邦法施行）

第 15 – 4 条 互联网信息传播组织者的信息资源的限制访问程序

1. 如果确定互联网信息传播组织者未履行本联邦法第 10 – 1 条规定的义务，由授权的联邦权力执行机构向其地址（其分支机构或代表处的地址）发送通知，在通知中注明履行此类义务的期限不少于 15 天。（经 2017 年 7 月 29 日第 241 – FZ 号联邦法修订）

2. 如果互联网信息传播组织者未在通知中规定的期限内履行本联邦法第 10 – 1 条规定的义务，则俄罗斯联邦大众传媒、大众通信、信息技术和通信监督局向法院提出申请，要求限制访问设计和（或）用于接收、传输、送达和（或）处理互联网用户电子消息及由本组织者确保运行的信息系统和（或）电子计算机程序，直至履行此类义务。根据已生效的法院判决，对上述信息系统和（或）电子计算机程序的访问由提供互联网接入服务的通信运营商进行限制，但 2003 年 7 月 7 日第 126 – FZ 号《俄罗斯联邦通信法》第 46

条第 5 – 1 款第 3 段规定的情况除外。(经 2020 年 6 月 8 日第 177 – FZ 号联邦法修订)

3. 授权的联邦权力执行机构与互联网信息传播组织者的互动程序，本条第 1 款规定的通知发送程序，限制和恢复对本条第 2 款规定的信息系统和（或）软件访问的程序，以及向公民（自然人）告知此类限制的程序由俄罗斯联邦政府制定。

(本条根据 2014 年 5 月 5 日第 97 – FZ 号联邦法施行)

第 15 – 5 条　违反俄罗斯联邦个人数据法所处理的信息的限制访问程序

1. 为了限制对违反俄罗斯联邦个人数据法所处理的信息的访问，创建自动化信息系统"个人数据主体权利侵权者清册"（以下简称"侵权者清册"）。

2. 侵权者清册包括：

1) 包含违反俄罗斯联邦个人数据法所处理的信息的互联网网站域名和（或）网页索引；

2) 能够识别包含违反俄罗斯联邦个人数据法所处理的信息的互联网网站的网址；

3) 已产生法律效力的司法文书的说明；

4) 关于消除俄罗斯联邦个人数据法违法行为的信息；

5) 向通信运营商发送须限制访问的信息资源数据的日期。

3. 侵权者清册的创建、形成和管理由俄罗斯联邦大众传媒、大众通信、信息技术和通信监督局按照俄罗斯联邦政府规定的程序进行。

4. 根据俄罗斯联邦政府确定的标准，俄罗斯联邦大众传媒、大众通信、信息技术和通信监督局可吸引在俄罗斯联邦境内注册的侵权者清册运营组织来参与该清册的建立和管理。

5. 将本条第 2 款规定的信息列入侵权者清册的依据是已产生法律效力的司法文书。

6. 个人数据主体有权向俄罗斯联邦大众传媒、大众通信、信息技术和通信监督局提出申请，要求根据已产生法律效力的司法文书，采取措施限制对违反俄罗斯联邦个人数据法所处理的信息进行访问。上述申请书的形式由俄罗斯联邦大众传媒、大众通信、信息技术和通信监督局批准。

7. 在收到已产生法律效力的司法文书之日起 3 个工作日内，俄罗斯联邦大众传媒、大众通信、信息技术和通信监督局根据法院上述判决：

1）确定违反俄罗斯联邦个人数据法的虚拟主机提供商或在电信信息网络，其中包括在互联网上提供信息处理的其他人员；

2）以俄文和英文对照的电子形式向虚拟主机提供商或本款第 1）项中指定的其他人员发送通知，说明违反俄罗斯联邦个人数据法的行为，并提供有关已产生法律效力的司法文书的信息，能够识别在违反俄罗斯联邦个人数据法的情况下处理信息的互联网网站的域名和网址，以及能够识别此类信息的互联网网页索引，并要求采取措施消除法院判决中指出的俄罗斯联邦个人数据法违法行为；

3）在侵权者清册中记录向虚拟主机提供商或本款第 1）项中指定的其他人员发送通知的日期和时间。

8. 自收到本条第 7 款第 2）项规定的通知之刻起一个工作日内，虚拟主机提供商或本条第 7 款第 1）项中指定的其他人员有义务将此情况告知其所服务的信息资源使用者，并通知他必须立即采取措施消除通知中指出的俄罗斯联邦个人数据法违法行为，或者采取措施限制访问违反俄罗斯联邦个人数据法所处理的信息。

9. 自收到虚拟主机提供商或本条第 7 款第 1）项中指定的其他人员发出的有关必须消除俄罗斯联邦个人数据法违法行为的通知之日起一个工作日内，信息资源的所有者必须采取措施消除通知中指出的违规行为。如果信息资源的所有者拒绝或不作为时，虚拟主机提供商或本条第 7 款第 1）项中指定的其他人员，有义务在不迟于收到本条第 7 款第 2）项所述的通知之刻起 3 个工作日内限制对相关信息资源的访问。

10. 如果虚拟主机提供商或本条第 7 款第 1）项中指定的其他人员和（或）信息资源的所有者未采取本条第 8 款和第 9 款规定的措施，则能够识别在违反俄罗斯联邦个人数据法的情况下所处理的信息的互联网网站域名、其网址、互联网网页索引，以及有关本网站的资料和信息通过自动化信息系统发送给通信运营商，以采取措施限制对该信息资源的访问，其中包括限制对网址、域名和互联网网页索引的访问。

10 - 1. 通过自动化信息系统收到本条第 10 款中所述的信息后，通信运营商有义务立即限制对在违反俄罗斯联邦个人数据法的情况下进行信息处理的信息资源，其中包括对互联网网站的访问，但 2003 年 7 月 7 日第 126 - FZ 号《俄罗斯联邦通信法》第 46 条第 5 - 1 款第 3 段规定的情况除外。（本款根据 2019 年 5 月 1 日第 90 - FZ 号联邦法施行）

11. 俄罗斯联邦大众传媒、大众通信、信息技术和通信监督局，或其根据本条第 4 款吸引的侵权者清册运营商，根据互联网网站所有者、虚拟主机提供商或通信运营商的申请，在采取有关消除俄罗斯联邦个人数据法违法行为的措施后，或者根据已生效的关于取消先前通过的司法文书的法院判决，在不迟于提出此类申请之日起3天内将能够识别互联网网站的域名、互联网网页索引或网址从清册中删除。

12. 侵权者清册运营商与虚拟主机提供商的互动程序,以及通信运营商获取该清册中包含的信息的访问许可程序由俄罗斯联邦政府授权的联邦权力执行机构制定。

(本条根据2014年7月21日第242-FZ号联邦法施行)

第15-6条 对屡次非法发布含有著作权和(或)邻接权对象的信息,或含有使用包括互联网在内的电信信息网络获取此类对象所需的信息的互联网网站的限制访问程序

1. 自俄罗斯联邦大众传媒、大众通信、信息技术和通信监督局通过交互系统收到已生效的莫斯科市法院的相关判决之刻起一天内,上述机构:

1)通过交互系统向通信运营商发送通知,要求其采取措施永久限制对屡次非法发布含有著作权和(或)邻接权对象的信息,或含有使用包括互联网在内的电信信息网络获取此类对象所需的信息的互联网网站的访问;

2)按照俄罗斯联邦大众传媒、大众通信、信息技术和通信监督局规定的程序,以电子形式向在互联网上发布旨在吸引俄罗斯联邦境内消费者注意的广告的检索系统运营商发送通知,要求停止发放屡次非法发布含有著作权和(或)邻接权对象的信息,或含有使用包括互联网在内的电信信息网络获取此类对象所需的信息的互联网网站域名和网页索引资料。

(本款经2017年7月1日第156-FZ号联邦法修订)

2. 自收到本条第1款第1)项规定的要求之刻起一天内,提供电信信息互联网接入服务的通信运营商必须限制对相关互联网网站的访问，但2003年7月7日第126-FZ号《俄罗斯联邦通信法》第46条第5-1款第3段规定的情况除外，不允许取消对该互联网网站的访问限制。（经2017年7月1日第156-FZ号联邦法、2019年5月1日第90-FZ号联邦法修订）

2-1. 自收到本条第1款第2）项规定的要求之刻起一天内，在互联网上发布旨在吸引俄罗斯联邦境内消费者注意的广告的检索系统运营商，必须停止发放根据莫斯科市法院的相关判决限制访问的互联网网站域名和网页索引资料。（本款根据2017年7月1日第156-FZ号联邦法施行）。

3. 关于根据莫斯科市法院的判决限制访问的互联网网站信息发布在电信信息互联网上俄罗斯联邦大众传媒、大众通信、信息技术和通信监督局的官方网站上。

（本条根据2014年11月24日第364-FZ号联邦法施行）

第15-6-1条 克隆锁定网站的限制访问程序

1. 不允许在电信信息网络（其中包括互联网）上发布混淆性相似的网站，该网站由于屡次非法发布含有著作权和（或）邻接权对象的信息，或发布含有使用包括互联网在内的电信信息网络获取此类对象所需的信息，被莫斯科市法院判决为限制访问（以下简称"克隆锁定网站"）。

2. 如果收到联邦权力执行机构或权利人发出的有关在电信信息网络（其中包括互联网）上发现本条第1款中指定的网站的信息，则行使大众通信和大众媒体国家政策制定和实施及法规调整职能的联邦权力执行机构在一天内：

1）按照俄罗斯联邦政府规定的程序，作出合理决定，认定互联网网站为克隆锁定网站；

2）按照行使大众通信和大众媒体国家政策制定和实施及法规调整职能的联邦权力执行机构制定的程序，以俄文和英文对照的电子形式向克隆锁定网站的所有者发送合理决定，认定该互联网网站为克隆锁定网站；

3）通过交互系统，向俄罗斯联邦大众传媒、大众通信、信息技术和通信监督局发送合理决定，认定该互联网网站为克隆锁定网站。

3. 自通过交互系统收到行使大众通信和大众媒体国家政策制定和实施及法规调整职能的联邦权力执行机构关于认定互联网网站为克隆锁定网站的合理决定之刻起一天内，俄罗斯联邦大众传媒、大众通信、信息技术和通信监督局：

1）确定虚拟主机提供商或确保在互联网上发布克隆锁定网站的其他人员；

2）以俄文和英文对照的电子形式向虚拟主机提供商或本款第1）项指定人员发送通知，说明行使大众通信和大众媒体国家政策制定和实施及法规调整职能的联邦权力执行机构作出的有关认定互联网网站为克隆锁定网站的合理决定；

3）在相关的信息系统中记录向虚拟主机提供商或本款第1）项指定人员发送通知的日期和时间；

4）通过交互系统向通信运营商发出通知，要求采取措施限制对克隆锁定网站的访问；

5）按照俄罗斯联邦大众传媒、大众通信、信息技术和通信监督局制定的程序，以电子形式向在互联网上发布旨在吸引俄罗斯联邦境内消费者注意的广告的检索系统运营商发送通知，要求停止发放克隆锁定网站域名和网页索引信息。

4. 自收到本条第3款第4）项规定的要求之刻起一天内，提供电信信息网络（其中包括互联网）接入服务的通信运营商，有义务限制对克隆锁定网站的访问，但 2003 年 7 月 7 日第 126 – FZ 号《俄罗斯联邦通信法》第 46 条第 5 – 1 款第 3 段规定的情况除外。（经 2019 年 5 月 1 日第 90 – FZ 号联邦法修订）

　　5. 自收到本条第 3 款第 5）项规定的要求之刻起一天内，以电子形式向在互联网上发布旨在吸引俄罗斯联邦境内消费者注意的广告的检索系统运营商，必须停止发放克隆锁定网站域名和网页索引信息。

　　6. 有关克隆锁定网站的信息发布在互联网上俄罗斯联邦大众传媒、大众通信、信息技术和通信监督局的官方网站上。

　　（本条根据 2017 年 7 月 1 日第 156 – FZ 号联邦法施行）

第 15 – 7 条　应权利人申请采取的有关终止电信信息网络中，包括互联网中侵犯著作权和（或）邻接权的法外措施

　　1. 如果权利人在包括互联网在内的电信信息网络中，发现未经其许可或在没有其他法律依据的情况下发布含有著作权和（或）邻接权对象内容的信息，或发布使用电信信息网络，其中包括使用互联网获得此类对象所需的信息的互联网网站，则权利人有权以书面或电子形式向互联网网站所有者发送有关侵犯著作权和（或）邻接权的声明（以下简称"声明"）。该声明可由权利人根据俄罗斯联邦法律授权的人员发送。

　　2. 声明应包含下列内容：

　　1）有关权利人或权利人授权的人员（如果由该人发送声明的）（以下简称"声明人"）信息：

　　a）对于自然人：姓名、护照数据（序列号、签发人、签发日期）、联系信息［电话和（或）传真号码、电子邮箱地址］；

b）对于法人实体：名称、所在地和地址、联系信息［电话和（或）传真号码、电子邮箱地址］；

2）未经权利人许可或在没有其他法律依据的情况下发布在互联网网站上的著作权和（或）邻接权对象的信息；

3）未经权利人许可或在没有其他法律依据的情况下发布含有著作权和（或）邻接权对象内容的信息，或发布使用电信信息网络，其中包括使用互联网获得此类对象所需的信息的互联网网站域名和（或）网址的说明；

4）权利人拥有未经其许可或在没有其他法律依据的情况下在互联网网站上发布的著作权和（或）邻接权对象的权利的说明；

5）在互联网网站上发布含有著作权和（或）邻接权对象内容的信息，或发布使用电信信息网络，其中包括使用互联网获得此类对象所需的信息未获权利人许可的说明；

6）声明人对处理其个人数据的同意书（对于声明人是自然人的）。

3. 如声明由授权人员提交的，则在声明后面附上证明其授权的文件副本（以书面或电子形式）。

4. 如果发现声明中的信息不完整、不准确或有错误，则互联网网站所有者有权在收到声明后 24 小时内向声明人发送通知，澄清所提交的信息。上述通知可向声明人发送一次。

5. 声明人在收到本条第 4 款规定的通知后 24 小时内，采取措施填补缺少的信息，消除不准确和错误处，并将澄清后的信息发送给互联网网站所有者。

6. 在收到声明或声明人澄清的信息（在向声明人发送本条第 4 款规定的通知的情况下）后 24 小时内，互联网网站所有者删除本条第 1 款中指定的信息。

7. 如果互联网网站所有者有证据证明在其拥有的互联网网站

上发布含有著作权和（或）邻接权对象内容的信息，或发布使用电信信息网络，其中包括使用互联网获得此类对象所需的信息的合法性，则互联网网站所有者有权不采取本条第 6 款规定的措施，并有义务向声明人发送相关通知并附上上述证据。

8. 本条规则同样适用于获得著作权和（或）邻接权对象的独家许可的权利人和许可证持有人。

（本条根据 2014 年 11 月 24 日第 364 – FZ 号联邦法施行）

第 15 – 8 条　旨在反对在俄罗斯联邦境内使用电信信息网络和信息资源的措施，通过这些网络和资源为俄罗斯联邦境内限制访问的信息资源和电信信息网络提供接入服务

1. 根据本联邦法，禁止为俄罗斯联邦境内限制访问的信息资源和电信信息网络提供接入服务的信息资源、电信信息网络［互联网网站和（或）互联网网页、信息系统、电子计算机程序］的所有者（以下还可称为"限制访问的信息资源、电信信息网络接入软件和硬件所有者"）提供在俄罗斯联邦境内使用其拥有的电信信息网络和信息资源的可能性，以便根据本联邦法获得俄罗斯联邦境内限制访问的信息资源、电信信息网络的进入许可。

2. 为了反对在俄罗斯联邦境内使用信息资源、电信信息网络，根据本联邦法，通过这些网络和资源为俄罗斯联邦境内限制访问的信息资源和电信信息网络提供接入服务（以下还可称为"限制访问的信息资源、电信信息网络接入软件和硬件"），以及为了根据本联邦法获得俄罗斯联邦境内限制访问的信息资源、电信信息网络的进入许可，俄罗斯联邦大众传媒、大众通信、信息技术和通信监督局：

1）进行创建和运营包含根据本联邦法，在俄罗斯联邦境内限制访问的信息资源、电信信息网络清单的联邦国家信息系统(以下简称"限制访问的信息资源、电信信息网络的联邦国家信息系统");

2)按照俄罗斯联邦政府规定的程序,与从事业务搜索活动或确保俄罗斯联邦安全的联邦权力执行机构进行互动,以获得有关限制访问的信息资源、电信信息网络接入软件和硬件的信息;

3)根据从事业务搜索活动或确保俄罗斯联邦安全的联邦权力执行机构的请求,确定虚拟主机提供商或确保在互联网上发布限制访问的信息资源、电信信息网络接入软件和硬件的其他人员;

4)以俄文和英文对照的电子形式向虚拟主机提供商或本款第3)项中指定的其他人员发送通知,说明需要提供能够识别限制访问的信息资源、电信信息网络接入软件和硬件所有者的数据,或关于必须通知限制访问的信息资源、电信信息网络接入软件和硬件所有者,需要在该所有者的互联网网站上发布上述数据的信息;

5)在限制访问的信息资源、电信信息网络的联邦国家信息系统中记录本款第4)项规定的通知的发送日期和时间。

3. 在收到本条第2款第4)项规定的通知之日起3个工作日内,虚拟主机提供商或本条第2款第4)项中指定的其他人员必须提供有关实施该通知规定行为的信息。

4. 在收到能够识别限制访问的信息资源、电信信息网络接入软件和硬件所有者的数据,或俄罗斯联邦大众传媒、大众通信、信息技术和通信监督局对此类数据的自主识别之日起3个工作日内,上述联邦权力执行机构以俄文和英文对照的电子形式向该所有者发送通知,要求必须将该所有者接入限制访问的信息资源、电信信息网络的联邦国家信息系统中。

5. 自发送本条第4款规定的通知之日起30个工作日内,限制访问的信息资源、电信信息网络接入软件和硬件所有者，必须按照俄罗斯联邦大众传媒、大众通信、信息技术和通信监督局规定的程序，接入限制访问的信息资源、电信信息网络的联邦国家信息系统中。

6. 根据俄罗斯联邦大众传媒、大众通信、信息技术和通信监督局的要求，在互联网上发布旨在吸引俄罗斯联邦境内消费者注意的广告的检索系统运营商自收到上述通知之日起30个工作日内，同样也必须接入限制访问的信息资源、电信信息网络的联邦国家信息系统中。

7. 限制访问的信息资源、电信信息网络接入软件和硬件所有者有义务：

1）在向其提供限制访问的信息资源、电信信息网络的联邦国家信息系统接入许可后3个工作日内，确保遵守在俄罗斯联邦境内提供限制访问的信息资源、电信信息网络接入软件和硬件使用可能性的禁令，以便根据本联邦法获得在俄罗斯联邦境内限制访问的信息资源、电信信息网络的进入许可；

2）遵守俄罗斯联邦大众传媒、大众通信、信息技术和通信监督局规定的发布在限制访问的信息资源、电信信息网络的联邦国家信息系统中的信息处理和使用方式。

8. 在收到限制访问的信息资源、电信信息网络的联邦国家信息系统接入许可之日起3个工作日内，在互联网上发布旨在吸引俄罗斯联邦境内消费者注意的广告的检索系统运营商，必须按照上述检索系统用户的要求，停止在俄罗斯联邦境内发放根据本联邦法限制在俄罗斯联邦境内访问的信息资源、电信信息网络的信息。

9. 俄罗斯联邦大众传媒、大众通信、信息技术和通信监督局与本条第 5 款和第 6 款指定人员在提供限制访问的信息资源、电信信息网络的联邦国家信息系统的接入许可时的互动程序，上述系统和发布在该系统中的信息的访问程序，此类信息的处理和使用方式，对确保使用上述系统的技术、软件、语言、法律和组织手段的要求由俄罗斯联邦大众传媒、大众通信、信息技术和通信监督局制定。

10. 如果限制访问的信息资源、电信信息网络接入软件和硬件所有者未履行本条第 5 款和第 7 款规定的义务，则俄罗斯联邦大众传媒、大众通信、信息技术和通信监督局通过决定，限制该所有者拥有的软件和硬件接入限制访问的信息资源、电信信息网络。

11. 在本条第 10 款所述的决定通过之刻起一天内，俄罗斯联邦大众传媒、大众通信、信息技术和通信监督局，通过交互系统向提供互联网接入服务的通信运营商发送对限制访问的信息资源、电信信息网络接入的相关软件和硬件进行接入限制所需的信息。

12. 提供互联网接入服务的通信运营商，在通过交互系统收到本条第 11 款规定的信息之刻起一天内，有义务根据收到的信息，在俄罗斯联邦境内对限制访问的信息资源、电信信息网络接入的相关软件和硬件进行限制接入，但 2003 年 7 月 7 日第 126 – FZ 号《俄罗斯联邦通信法》第 46 条第 5 – 1 款第 3 段规定的情况除外。（经 2019 年 5 月 1 日第 90 – FZ 号联邦法修订）

13. 如果限制访问的信息资源、电信信息网络接入软件和硬件所有者确保履行了本条第 5 款和第 7 款规定的义务的，则其向俄罗斯联邦大众传媒、大众通信、信息技术和通信监督局发送通知报告此事。该通知也可以电子形式发送。

14. 在收到本条第 13 款规定的通知并核实其真实性后，俄罗斯联邦大众传媒、大众通信、信息技术和通信监督局必须在一天内通过交互系统通知提供互联网接入服务的通信运营商，告知其必须按照本条第 10 款规定，恢复对根据上述联邦权力执行机构的决定进行限制访问的信息资源、电信信息网络的接入服务。

15. 提供互联网接入服务的通信运营商，在通过交互系统收到本条第 14 款规定的通知之刻起一天内，必须按照本条第 10 款规定，停止对根据俄罗斯联邦大众传媒、大众通信、信息技术和通信监督局的决定进行限制访问的信息资源、电信信息网络的接入限制，但本条第 15－1 款规定的情况除外。

15－1. 如果俄罗斯联邦大众传媒、大众通信、信息技术和通信监督局限制了对包括互联网网站在内的信息资源的访问，则根据 2003 年 7 月 7 日第 126－FZ 号《俄罗斯联邦通信法》第 46 条第 5－1 款第 3 段规定，由该机构在收到本条第 13 款规定的通知并核实其真实性后，恢复对包括互联网网站在内的信息资源的访问。
（本款根据 2019 年 5 月 1 日第 90－FZ 号联邦法施行）

16. 确保对限制访问的信息资源、电信信息网络接入的相关软件和硬件进行限制接入的监督程序，以及对在互联网上发布旨在吸引俄罗斯联邦境内消费者注意的广告的检索系统运营商，停止在俄罗斯联邦境内发放有关根据本联邦法限制访问的信息资源、电信信息网络资料的监督程序，由俄罗斯联邦大众传媒、大众通信、信息技术和通信监督局批准。

17. 本条规定不适用于国家信息系统运营商、国家机构和地方自治机构，以及当软硬件用户范围由其所有者事先确定并且这些软件和硬件的使用出于目的，以保障使用它们的人员的活动时，不适用于限制访问的信息资源、电信信息网络接入软件和硬件的情况。

（本条根据 2017 年 7 月 29 日第 276－FZ 号联邦法施行）

第 15-9 条　履行外国代理人职能的外国大众传媒对信息资源，和（或）由该外国大众传媒创办的俄罗斯法人对信息资源的限制访问程序

1. 如果通过已经生效的处理行政违法决定确定违反履行外国代理人职能并依据 1991 年 12 月 27 日第 2124-I 号《俄罗斯联邦大众传媒法》确定的外国大众传媒，或其创办的俄罗斯法人的活动程序，俄罗斯联邦大众传媒、大众通信、信息技术和通信监督局将限制对相关人员的信息资源的访问。

2. 俄罗斯联邦大众传媒、大众通信、信息技术和通信监督局与本条第 1 款指定人员的互动程序，限制和恢复对本条第 1 款规定的信息资源的访问程序，以及向公民（自然人）告知此类限制的程序由俄罗斯联邦政府制定。

（本条根据 2019 年 12 月 2 日第 426-FZ 号联邦法施行）

第 16 条　信息保护

1. 信息保护是采取法律、组织和技术措施，旨在：

1) 提供信息保护，免受非法访问、破坏、修改、阻止、复制、提供、传播，以及与此类信息有关的其他方法行为；

2) 遵守受限访问信息的机密性；

3) 实现信息访问权。

2. 国家对信息保护领域的关系进行调节，规定信息保护要求，以及违反俄罗斯联邦信息、信息技术和信息保护法的责任。

3. 公共信息的保护要求只能为实现本条第 1 款第 1) 项和第 3) 项规定的目标而制定。

4. 在俄罗斯联邦法律规定的情况下，信息所有者、信息系统运营商有义务确保：

1）防止未经授权访问信息和（或）将其传递给无权访问信息的人员；

2）及时发现未经授权访问信息的事实；

3）预防因违反信息访问程序而可能产生的不良后果；

4）禁止对信息处理技术设备施加影响，从而破坏其运行；

5）立即恢复因未经授权访问而被修改或破坏的信息的可能性；

6）持续监督确保信息保护水平；

7）信息数据库设置在俄罗斯联邦境内，用来搜集、记录、系统化、积累、存储、订正、更新、修改、提取俄罗斯联邦公民的个人数据。（本项根据2014年7月21日第242-FZ号联邦法施行）

5. 国家信息系统中包含的信息的保护要求，由联邦安全保障权力执行机构和在反技术侦查和信息技术保护领域授权的联邦权力执行机构，在其职权范围内制定。在国家信息系统创建和运行期间，用于保护信息的方法及其保护方式应满足上述要求。

6. 联邦法律可能对某些信息保护手段的使用和信息保护领域内某些类型活动的设施进行限制。

第16-1条 对遵守与电信信息网络（其中包括互联网）中信息传播有关的要求进行联邦国家监管（监督）

1. 由俄罗斯联邦大众传媒、大众通信、信息技术和通信监督局对遵守与电信信息网络（其中包括互联网）中信息传播有关的要求进行联邦国家监管（监督）。

2. 对遵守与电信信息网络（其中包括互联网）中信息传播有

关的要求进行联邦国家监管（监督）的对象是法人实体、个体经营者和自然人遵守本联邦法、其他联邦法律和根据其通过的其他俄罗斯联邦法规规定的与电信信息网络（其中包括互联网）中信息传播有关的强制性要求。

3. 对于法人实体和个体经营者，对遵守与电信信息网络（其中包括互联网）中信息传播有关的要求组织实施联邦国家监管（监督）由 2020 年 7 月 31 日第 248 – FZ 号《俄罗斯联邦关于国家监管（监督）和市政监管法》进行调整。

（本条根据 2021 年 6 月 11 日第 170 – FZ 号联邦法施行）

第 17 条　在信息、信息技术和信息保护领域违法应承担的责任

1. 违反本联邦法要求的，将根据俄罗斯联邦法律追究纪律、民事法律、行政或刑事责任。

1 – 1. 违反本联邦法第 14 – 1 条关于个人生物特征数据处理，包括收集和保存要求的过错人，应根据俄罗斯联邦法律承担行政、民事和刑事责任。（本款根据 2017 年 12 月 31 日第 482 – FZ 号联邦法施行）

1 – 2. 根据本联邦法第 14 – 1 条规定，以电子形式将自然人登记所需的信息发布到统一识别认证系统和（或）统一生物特征识别系统中的人员，应根据俄罗斯联邦法律对上述系统中发布的信息的准确性承担纪律、民事法律、行政或刑事责任。因统一识别认证系统和（或）统一生物特征识别系统中发布的信息不准确导致权利和合法利益受到侵害的人员，有权按照规定程序向个人数据主体权利保护授权机构申请对其权利进行司法保护，其中包括提起损失赔偿、精神损害补偿、荣誉、尊严和商誉保护诉讼。（本款根据 2020 年 12 月 29 日第 479 – FZ 号联邦法施行）

2. 因披露限制访问信息或以其他方式非法使用此类信息而导致权利和合法利益受到侵害的人员，有权按照规定程序向个人数据主体权利保护授权机构申请对其权利进行司法保护，其中包括提起损失赔偿、精神损害补偿、荣誉、尊严和商誉保护诉讼。当由未采取保守信息机密措施或违反俄罗斯联邦法律规定的信息保护要求的人员提出赔偿损失要求时，如果采取这些措施和遵守此类要求是该人的义务的，则赔偿损失的要求不能予以满足。

3. 如果某类信息的传播受到联邦法律的限制或禁止，则提供下列服务的人员对此类信息的传播不承担民事法律责任：

1) 在提供给他人的信息未经修改和更正的情况下，此类信息的传递服务；

2) 在该人无法了解信息传播非法性的情况下，保存信息和确保对该信息进行访问的服务。

4. 根据本联邦法的要求，虚拟主机提供商、通信运营商和互联网网站所有者不对权利人和用户承担限制信息访问和（或）限制其传播的责任。（本款根据 2013 年 7 月 2 日第 187 – FZ 号联邦法施行；经 2014 年 11 月 24 日第 364 – FZ 号联邦法修订）

5. 因未执行本联邦法第 10 – 6 条规定的要求而被社交网络所有者侵犯其权利和合法利益的人员，有权按照规定程序向个人数据主体权利保护授权机构申请对其权利进行司法保护，其中包括提起损失赔偿、精神损害补偿、荣誉、尊严和商誉保护诉讼。

第 18 条 关于认定俄罗斯联邦某些法律文件 （法律文件规定）失去效力

自本联邦法生效之日起，认定以下法律失去效力：

1) 1995 年 2 月 20 日第 24 – FZ 号《俄罗斯联邦信息、信息化

和信息保护法》(《俄罗斯联邦法律汇编》,1995 年,第 8 期,第 609 条);

2) 1996 年 7 月 4 日第 85 – FZ 号《俄罗斯联邦参与国际信息交换法》(《俄罗斯联邦法律汇编》,1996 年,第 28 期,第 3347 条);

3) 2003 年 1 月 10 日第 15 – FZ 号《俄罗斯联邦关于对某些类型活动发放许可证法及相关法律的修正案》第 16 条 (《俄罗斯联邦法律汇编》,2003 年,第 2 期,第 167 条);

4) 2003 年 6 月 30 日第 86 – FZ 号《俄罗斯联邦关于实施和完善国家管理法及相关法律的修正案——为内务机构、麻醉剂和精神药物控制机构和所撤销的联邦税务警察机构员工保障法》第 21 条 (《俄罗斯联邦法律汇编》,2003 年,第 27 期,第 2700 条);

5) 2004 年 6 月 29 日第 58 – FZ 号《俄罗斯联邦关于实施和完善国家管理法及相关法律的修正案》第 39 条 (《俄罗斯联邦法律汇编》,2004 年,第 27 期,第 2711 条)。

俄罗斯联邦总统
弗拉基米尔·弗拉基米罗维奇·普京
莫斯科克里姆林宫
2006 年 7 月 27 日
第 149 – FZ 号

俄罗斯联邦
关于数字金融资产、数字货币法及相关法律法规的修正案

2020 年 7 月 22 日由俄罗斯国家杜马通过
2020 年 7 月 24 日经俄罗斯联邦委员会批准

第1条 本联邦法的调整对象和生效范围

1. 本联邦法调整数字金融资产发行、核算和流通时产生的关系，调整实施发行数字金融资产的信息系统运营商和数字金融资产交易商的业务特点，以及调整俄罗斯联邦数字货币流通时产生的关系。

2. 数字金融资产被认定是一种数字权利，包括货币索取权、证券行权的可能性、非上市股份公司的参股权、要求证券转让的权利。按照本联邦法规定程序，通过数字金融资产发行决定对这些权利进行了规定。只有将记录录入（变更到）基于分布式分类账的信息系统，以及其他信息系统中，才能进行数字金融资产的发行、核算和流通。

3. 数字货币被认定是信息系统中包含的电子数据（数字代码或符号）的总称，它被提供和（或）可被接受作为一种支付手段，它不是俄罗斯联邦的货币单位、不是外国的货币单位和（或）国际货币单位或记账单位，和（或）作为投资，只有信息系统运营商和（或）节点管理人对这些电子数据的持有人负有义务，他们仅负责保证这些电子数据的发行程序和针对其开展将记录录入（变更到）此类信息系统中的行动程序与其规则一致。

4. 通过数字金融资产证明行权可能性的证券的发行、核算和流通，由1996年4月22日颁布的第39-FZ号《俄罗斯联邦证券市场法》进行调整，并考虑本联邦法规定的特点。

5. 俄罗斯法律适用于依照本联邦法进行的，包括外国人参与的数字金融资产的发行、核算和流通时所产生的法律关系。

6. 在发行数字金融资产的信息系统中，还可以发行数字权利，该数字权利同时包括数字金融资产和其他数字权利。在此种情况下，数字权利（同时包括数字金融资产和其他数字权利）的发行、核算和流通应按照本联邦法对数字金融资产的发行、核算和流通的要求进行。

7. 就本联邦法而言，分布式分类账是指数据库的总称，其中包含信息的同一性根据制定的算法来保证。

8. 就本联邦法而言，信息系统节点是指基于分布式分类账的信息系统用户，使用其录入（变更）的记录的有效性确认程序，确认上述信息系统中包含的信息的同一性。

9. 在本联邦法中，"信息系统"和"信息系统运营商"概念使用了2006年7月27日颁布的第149-FZ号《俄罗斯联邦信息、信息技术和信息保护法》定义的含义。

10. 在本联邦法中，"受益所有人"概念使用了2001年8月7日颁布的第115-FZ号《俄罗斯联邦反洗钱和反资助恐怖主义法》第1章第3条第13段定义的含义。

11. 本联邦法的要求不适用于非现金货币资金、电子货币资金的流通，以及无纸化证券的发行、核算和流通。

第2条 数字金融资产的发行

1. 自数字金融资产登记给指定人员的记录录入发行数字金融资产的信息系统之刻起，该资产的第一位持有人就拥有了数字金融资产所证明的权利。

2. 根据本联邦法第3条的要求，数字金融资产发行决定规定了证明所发行的数字金融资产的权利类型和范围。

3. 在发行数字金融资产的信息系统中，以下人员有权进行录入操作，将有关数字金融资产登记给第一位持有人（以下简称"发行数字金融资产"）的记录录入信息系统中：

1) 根据 2001 年 8 月 8 日颁布的第 129-FZ 号《俄罗斯联邦法人和个体经营者登记法》的要求，以个体经营者名义登记的自然人；

2) 法人（商业和非商业组织）。

4. 在俄罗斯银行法规规定的情况和程序下，数字金融资产可登记给数字金融资产的名义持有人，并考虑属于其他人的数字金融资产的权利。只有持有托管业务经营许可证的人员才能作为数字金融资产的名义持有人。发行上述数字金融资产的信息系统运营商不能作为数字金融资产的名义持有人。

第 3 条 关于发行数字金融资产的决定

1. 关于发行数字金融资产的决定应包含下列内容：

1) 有关数字金融资产发行人的信息，其中包括自然人的姓名、父称（除非法律或国家习俗另有规定）、居住地、作为个体经营者的国家登记信息；法人的全称、地址、国家登记信息、受益所有人信息，以及电信信息互联网中有关数字金融资产发行人的网站信息；

2) 关于发行数字金融资产的信息系统运营商的信息；

3) 本联邦法第 1 条第 2 款规定的、由所发行的数字金融资产证明的权利类型和范围，或者关于所发行的数字金融资产证明若干权利的说明，以及所发行的数字金融资产持有人在发生数字金融资产发行决定规定的情况时，有权自行选择其将实施的若干权利之一；

4) 所发行的数字金融资产的数量和（或）必须用于支付所发行的数字金融资产的货币资金限额的说明，和（或）必须作为所发行的数字金融资产对价来转让的、终止发行数字金融资产时达到的其他数字金融资产限量说明；

5）数字金融资产的发行被认定为已实施（已完成）的条件；

6）数字金融资产发行时的认购价格或定价程序（以货币资金支付所发行的数字金融资产时）和（或）在发行数字金融资产时，为认购数字金融资产而必须转让的其他数字金融资产的数量或确定该数量的程序（通过转让其他数字金融资产作为对价来支付所发行的数字金融资产时）；

7）通过签订认购合同开始配售所发行的数字金融资产的日期；

8）所发行的数字金融资产的支付方式［以货币资金支付和（或）作为对价转让其他数字金融资产］；

9）利用交易来发行数字金融资产的说明，规定各方在特定情况发生时履行由此产生的义务，无须通过使用信息技术（在使用此类交易的情况下）单独表达各方履行义务的补充意愿；

10）当使用数字金融资产发行抵押品时，关于数字金融资产的发行以数字金融资产发行人或第三方的财产做担保的说明，能够被识别的抵押品的描述，以及担保条件；

11）在发行数字金融资产时，证明证券行权的可能性或要求证券转让的权利：说明证券的种类、类别（类型），通过所发行的数字金融资产证明此类证券行权的可能性（要求转让此类证券的权利），而如果所发行的数字金融资产证明了证券转让权时，注明要求证券转让的权利的实施期限，或者产生要求证券转让的权利的事件说明；

12）数字金融资产发行人的责任依据和（或）范围限制说明（如果存在此种限制）；

13）涉及发行数字金融资产的决定均由本联邦法规定。

2. 与本条第1款注明的信息一样，数字金融资产发行决定可含有数字金融资产发行人确定的其他信息。

3. 除本条第 1 款规定的内容外，俄罗斯银行有权对数字金融资产发行决定的内容制定附加要求。

4. 如果数字金融资产发行决定含有数字金融资产发行人的责任依据和（或）范围的限制说明，则该说明必须明确且无歧义。

5. 数字金融资产发行决定以电子形式编制，并应使用发行数字金融资产的个体经营者合格的增强型电子签名或行使发行数字金融资产的法人唯一执行机构职能的人员的合格的增强型电子签名签署。

6. 数字金融资产发行决定应在电信信息互联网的数字金融资产发行人网站和发行数字金融资产的信息系统运营商网站上发布，并且应当能够公开查阅，直至数字金融资产发行人对根据发行数字金融资产的相关决定而发行的数字金融资产的持有人的义务完全履行为止。

7. 面向不特定对象的数字金融资产发行决定，发布在电信信息互联网的数字金融资产发行人网站和发行数字金融资产的信息系统运营商网站上，被认定为公开报价。数字金融资产发行决定可能规定，而证明证券行权的可能性或证明要求证券转让的权利或证明非上市股份公司资本参与权利的数字金融资产发行决定必须规定，它是针对特定对象提出的。

8. 根据联邦法律规定，以公开报价方式发行数字金融资产。

第 4 条 数字金融资产的核算和流通

1. 数字金融资产在其发行的信息系统中，按照上述信息系统的规则规定的方式，以记录的形式进行核算。

2. 关于数字金融资产的记录按照数字金融资产发行人、数字金融资产持有人的指示进行录入或变更，而在本联邦法规定的情况下，按照其他人的指示或凭借在交易内作出的行为进行录入或变更，此交易规定各方在特定情况发生时履行由此产生的义务，根据登记数字金融资产的信息系统规则，无须通过使用信息技术单独补充表达各方履行义务的意愿。

3. 信息系统规则应规定，在终止数字金融资产证明的义务的情况下，由于这些义务的履行或者因俄罗斯联邦法律或数字金融资产发行决定规定的其他理由，数字金融资产的记录应注销。

4. 如果数字金融资产的发行人成为其持有人，数字金融资产的记录不予注销，除非数字金融资产发行决定另有规定。同时，自数字金融资产发行人成为该资产的持有人之日起满一年后，该数字金融资产的记录必须注销，前提是在此期限届满前上述人员尚未终止成为该资产的持有人。《俄罗斯联邦民法典》第413条关于因债务人和债权人同为一人而终止债务的规定不适用于这种情况。

5. 如果本联邦法未有其他规定，则根据信息系统规则，从将有关数字金融资产证明的权利转移记录录入信息系统中之刻起，该权利转移到新的认购者身上。

6. 数字金融资产支配权的限制或负担自按照信息系统规则在信息系统中进行记录之刻起产生。

7. 如果本联邦法未有其他规定，同时符合下列标准的人员被认定为数字金融资产的持有人：

1）该人被编入记录数字金融资产的信息系统用户名册中，该名册按照本联邦法第8条规定的程序进行管理；

2）该人可以通过拥有访问所需的唯一代码来访问记录数字金融资产的信息系统，这种访问许可使他可以获取有关其持有的数字金融资产的信息,并可以通过利用信息系统来支配这些数字金融资产。

8. 根据记录数字金融资产的信息系统的规则,提供访问该信息系统的许可,其中包括使用能够履行本联邦法规定的信息系统运营商的义务的软件和硬件。

9. 俄罗斯银行有权确定只能由合格投资者进行认购的数字金融资产的特征,和(或)非合格投资者只能在俄罗斯银行设立的用于支付该资产的货币资金数额范围内,和(或)在用作对价的其他数字金融资产总价范围内进行认购的数字金融资产的特征。

第 5 条　发行数字金融资产的信息系统运营商

1. 发行数字金融资产的信息系统运营商可以是加入该信息系统运营商名册(以下简称"信息系统运营商名册")的法人,其属人法为俄罗斯法律(包括信贷机构、有权开展托管业务的人员、有权开展贸易组织者活动的人员)。

2. 发行数字金融资产的信息系统运营商,有权自加入由俄罗斯银行按照规定程序管理的信息系统运营商名册之日起开展自己的业务。俄罗斯银行对发行数字金融资产的信息系统运营商的业务进行监督。

3. 发行数字金融资产的信息系统运营商有义务批准上述信息系统的规则,该规则应包含下列内容:

1)信息系统程序的算法变更规则;

2)对信息系统用户的要求;

3)数字金融资产发行规则;

4)吸引数字金融资产交易商的规则,包括对这些运营商的要求;

5）信息保护和操作安全要求；

6）信息系统中数字金融资产的核算方法，以及向信息系统中录入数字金融资产记录（变更）的方法；

7）保证数字金融资产持有人访问信息系统的规则（包括在信息系统中使用了提供此种访问的软件和硬件的情况下，这些软硬件的使用规则）；

8）信息系统用户名册管理程序，包括吸引信息系统节点（基于分布式分类账的信息系统）和（或）其他信息系统运营商来管理信息系统用户（在吸引他们的情况下）名册；

9）信息系统中证券持有人名册管理规则，其中包括开展证券持有人名册中的交易时间，条件是信息系统运营商对发行数字金融资产的非上市股份公司的股权进行登记，证明了参股该非上市股份公司的权利（以下还可称为"非上市股份公司以数字金融资产形式发行的股份"）。

4. 俄罗斯银行有权参股非上市股份公司、有权对发行数字金融资产的信息系统规则的内容设置本条第 3 款规定的额外要求。

5. 在任命（选举）职位时及在行使上述职位职能的整个期间内，发行数字金融资产的信息系统运营商的唯一执行机构、委员制执行机构成员（如有）、委员制管理机构（监事会或其他委员会）成员（如有）、总会计师、内部监督部门负责人（检验员）、风险管理部门负责人（风险管理体系组织负责人），包括代理职务，应符合本条第 7 款规定的资格要求和本条第 8 款规定的商誉要求。法人不能作为发行数字金融资产的信息系统运营商的唯一执行机构。发行数字金融资产的信息系统运营商的唯一执行机构的职能不能转让给商业组织（管理组织）或个体经营者（经理人）。

6. 如果发行数字金融资产的信息系统运营商为经济公司，则有权直接或间接（通过受其控制的人员）独立或联合他人，通过与之相关的财产信托管理合同，和（或）普通合伙合同，和（或）委托合同，和（或）股份协议，和（或）标的为行使通过股票（股份）证明的权利的其他协议，支配构成该信息系统运营商法定资本的有表决权股票（股份）10%及以上的投票权的人员，应符合本条第8款规定的商誉要求。

7. 本条第5款规定的人员应满足下列资格要求：

1）行使发行数字金融资产的信息系统运营商的唯一执行机构职能的人员：拥有高等学历和至少2年的信贷机构或非信贷金融机构（以下统称为"金融机构"）或者在金融市场开展活动的此类机构构成部门的管理经验，或者拥有高等学历和至少2年的信息和通信技术领域的组织的管理经验，或者拥有高等学历和在俄罗斯联邦或欧亚经济联盟成员国的国家权力机关、俄罗斯联邦主体的国家权力机关、俄罗斯银行担任2年以上领导职务的工作经验；

2）发行数字金融资产的信息系统运营商的委员制执行机构成员：拥有高等学历和至少2年的金融机构或在信息和通信技术或信息安全领域开展活动的组织，或者在金融市场开展活动或在信息和通信技术或信息安全领域开展活动的此类组织的构成部门的管理经验，或者拥有高等学历和在俄罗斯联邦或欧亚经济联盟成员国的国家权力机关、俄罗斯联邦主体的国家权力机关、俄罗斯银行担任2年以上领导职务的工作经验；

3）发行数字金融资产的信息系统运营商的委员制管理机构（监事会或其他委员会）成员：拥有高等学历；

4）发行数字金融资产的信息系统运营商的总会计师：拥有高

等学历和至少一年的与金融机构会计核算、会计（财务）报表编制或审计活动相关的工作经验；

5）发行数字金融资产的信息系统运营商的内部监督部门负责人（检验员）、风险管理部门负责人（风险管理体系组织负责人）：拥有高等学历和至少一年的金融机构或与风险管理、内部监督或内部审计方法和评估事项相关的金融机构构成部门的管理经验，或者拥有高等学历和在俄罗斯联邦或欧亚经济联盟成员国的国家权力机关、俄罗斯联邦主体的国家权力机关、俄罗斯银行担任一年以上领导职务的工作经验，或者拥有高等学历和三年以上的在与风险管理、内部监督或内部审计方法和评估事项相关的金融机构构成部门的工作经验。

8. 本条第 5 款和第 6 款规定的人员不能是：

1）因实施故意犯罪而具有未撤销或未注销案底的人；

2）受到取消资格行政处罚期限未满的人；

3）在金融机构因违反俄罗斯联邦法律而使开展与金融机构经营范围相对应的业务的许可证被召回（撤销）之日前，或者在该金融机构因违反俄罗斯联邦法律而从相关名册除名之日前的 12 个月内，如果在任命（选举）某人任职之日的前一天，距开展与金融机构经营范围相对应的业务的许可证被召回（撤销）之日，或者距该金融机构从相关名册除名之日［但该人已向俄罗斯银行提交未参与作出决策，或实施导致开展与金融机构经营范围相对应的业务的许可证被召回（撤销），或导致金融机构从相关名册除名的行为（不作为）］的期限未满 5 年的，行使唯一执行机构、委员制执行机构成员、委员制管理机构成员（监事会或其他委员会）、金融机构总会计师职能（不论其行使职能的期限长短）的人员；

4）根据已经产生法律效力的司法文件，在最近 3 年内有两次以上因法人破产时的违法行为、法人故意和（或）虚假破产而被追究行政责任的人员（但是由此类行政违法导致警告行政处罚的情况除外）；

5）根据已经产生法律效力的司法文件，因法人破产时的违法行为、法人故意和（或）虚假破产而被追究刑事责任的人员，前提是自上述司法文件生效之日起期限未满5年；

6）信息包含在2001年8月7日颁布的第115-FZ号《俄罗斯联邦反洗钱和反资助恐怖主义法》规定的参与极端主义活动或恐怖主义活动的组织和自然人清单中，或包含在参与大规模杀伤性武器扩散的组织和自然人清单中的人员；

7）由行使打击资助恐怖主义行为职能的跨部门协调机构作出冻结其资金或其他财产决定的人员。

9. 发行数字金融资产的信息系统运营商必须按照俄罗斯银行法规规定的程序和日期，通知俄罗斯银行有关人员担任（选举）本条第5款规定的职位、解除这些人员的上述职位，以及本条第5款规定职位的临时履行职责、解除上述职位的临时履行职责方面的信息。发行数字金融资产的信息系统运营商必须按照俄罗斯银行法规规定的程序和日期，向俄罗斯银行提交本条第6款中规定的人员信息。

10. 如果发现本条第5款规定的人员与本条第7款规定的资格要求，和（或）本条第8款规定的商誉要求不符的事实，则俄罗斯银行有权要求发行数字金融资产的信息系统运营商按照俄罗斯银行法规规定的程序将其替换。

11. 如果发现本条第6款规定的人员与本条第8款规定的商誉要求不符的事实，则俄罗斯银行在该事实发现之日起30天内向上述人员发出命令，要求消除违规行为或完成交易，旨在使有权直接支配发行数字金融资产的信息系统运营商 10% 以上股份的人员，在该信息系统运营商的法定资本中的参与份额减至不超过该信息系统运营商 10% 的股份。同时将本条中规定的俄罗斯银行命令的副本发送给发行数字金融资产的信息系统运营商。俄罗斯银行按照其规定的程序，在不迟于命令发出当天将该命令信息发布到电信信息互联网的俄罗斯银行官方网站上。本款中指定的人员必须在收到俄罗斯银行命令之日起 90 天内执行该命令，并自该命令执行之日起不迟于 5 天将此情况通知发行数字金融资产的信息系统运营商，以及按照俄罗斯银行法规规定的程序通知俄罗斯银行。自在电信信息互联网的俄罗斯银行官方网站上发布有关俄罗斯银行发出的命令信息之日起，并在有关撤销该命令的信息发布之日前，俄罗斯银行命令接收人员，和（或）由俄罗斯银行命令接收人员实施监督的发行数字金融资产的信息系统运营商的股东（参与人），和（或）与俄罗斯银行命令接收人员有关并与之共同行使由该信息系统运营商的股票（股份）证明的权利的人员，在数量总和不超过该信息系统运营商 10% 的股票（股份）范围内拥有投票权。

12. 本条第 11 款中规定的俄罗斯银行命令，在满足其中指定要求的情况下，应由俄罗斯银行撤销。俄罗斯银行关于撤销俄罗斯银行命令的文书发送给接收俄罗斯银行命令的人员。关于撤销俄罗斯银行命令的文书副本发送给接收俄罗斯银行命令副本的人员。俄罗斯银行命令及关于撤销俄罗斯银行命令的文书的发送形式和程序由俄罗斯银行法规确定。关于撤销俄罗斯银行命令的信息应不迟于关于撤销俄罗斯银行命令的文书发送当天，按照俄罗斯银行规定的程序发布到电信信息互联网的俄罗斯银行官方网站上。发行数字金融资产的信息系统运营商必须不迟于在收到关于撤销俄罗斯银行命令的文书副本的第二天，按照俄罗斯银行法规规定的程序通知其股东

(参与人)有关收到上述文书副本的信息。

13. 发行数字金融资产的信息系统运营商应创建内部监督部门和风险管理部门，或指定检验员和负责人员负责组织风险管理体系。

14. 对以数字金融资产形式发行的非上市股份公司股权进行登记的信息系统运营商，应持有证券市场专业参与者开展名册管理业务的许可证。

15. 俄罗斯银行有权对发行数字金融资产的信息系统运营商制定附加要求（包括内部监督系统要求、操作安全要求和列报要求）。

16. 发行数字金融资产的信息系统运营商有权订立本联邦法第10条第1款规定的契约，对其作为运营商的信息系统中发行的数字金融资产进行交易，在发行数字金融资产的信息系统规则中包含本联邦法第11条规定的数字金融资产交易规则条款的前提下，无须将该运营商列入数字金融资产交易商名册中。

17. 本条第5~12款的要求不适用于开展名册管理业务或托管业务，以及开展发行数字金融资产的信息系统运营商业务的信贷机构、贸易组织者、证券市场专业参与者。

第6条 发行数字金融资产的信息系统运营商的业务要求

1. 发行数字金融资产的信息系统运营商必须确保：

1）按照数字金融资产持有人的要求，如果数字金融资产持有人将访问信息系统记录的权限丢失的，则能够恢复该访问权限；

2）信息系统运行的畅通性和连续性，其中包括具备备份（备用）的技术和操作手段及其适当起作用，确保信息系统的畅通和连续运行；

3）信息系统记录中包含的数字金融资产信息的完整性和可靠性；

4）在信息系统中实施信息系统运营商建立的分布式分类账中包含的信息创建、存储和更新算法，以及确保构成分布式分类账的所有数据库中指定信息的同一性的算法的正确性，对于基于分布式分类账的信息系统，确保其他人无法对信息系统运营商建立的算法进行更改。

2. 发行数字金融资产的信息系统运营商必须根据产生法律效力的司法文件、执行文件，其中包括法警执行员的命令、其他机构和负责人员在其行使俄罗斯联邦法律规定的职能期间采取的法令，或者根据按法律规定程序签发的继承权证明（规定按照普遍法律继承程序转移特定类型的数字金融资产），在不迟于该信息系统运营商收到相应请求之日后的下一个工作日，对数字金融资产进行录入（更改）操作。发行数字金融资产的信息系统运营商必须不迟于录入（更改）之日后的下一个工作日，将数字金融资产录入（更改）情况告知数字金融资产交易商。

3. 在下列情况下，发行数字金融资产的信息系统运营商必须提供信息系统记录中包含的属于其持有人的数字金融资产的信息：

1）按照法院要求；

2）按照采取措施打击俄罗斯联邦反洗钱和反资助恐怖主义法、俄罗斯联邦反资助大规模杀伤性武器扩散的联邦权力执行机构、俄罗斯银行、俄罗斯联邦强制执行机构、税务机关、其他机构和负责人员的要求，在其活动的法律文件规定的情况下，以及根据法院判决，在此类信息对于其履行俄罗斯联邦法律规定的职能所必需的情况下；

3）在侦查机关负责人同意的情况下：按照诉讼案件初步侦查机关的要求；

4）根据法院判决：授权开展作战侦查活动的机构负责人应他们向法院提出的请求，按照 1995 年 8 月 12 日颁布的第 144－FZ 号《俄罗斯联邦作战侦查法》第 9 条规定的程序，在其履行侦查、预防和制止犯罪的职能的情况下，如果没有充分的数据来解决有关提起刑事诉讼的问题，在具有关于预备、被动实施或主动实施犯罪的迹象，以及具有关于预备、正在实施或已经实施犯罪的人员的信息的情况下；

5）根据俄罗斯联邦反腐败法应授权人员提出的请求；

6）在数字金融资产持有人的破产程序进程中应破产管理人的要求；

7）在 1996 年 4 月 22 日颁布的第 39－FZ 号《俄罗斯联邦证券市场法》第 86－1 条第 51 款规定的情况下，应开立了数字金融资产个人记名账户（托管账户）的登记员（托管人）的要求。

4. 发行数字金融资产的信息系统运营商必须对其作为运营商的信息系统中发行的数字金融资产交易的信息，以及有关此类交易参与者的信息提供保管，保管期限自完成相关交易之日起至少为5年。

5. 信息系统运营商必须按照相关数字金融资产发行决定规定的程序和条件，确保通过数字金融资产证明行权可能的证券、要求转让经数字金融资产证明的证券，以及以数字金融资产形式发行的非上市股份公司股份（其中包括参加股东大会的权利、收取款项的权利和其他权利）的实际行权可能性。

6. 发行数字金融资产的信息系统运营商有权根据 1996 年 4 月 22 日颁布的第 39－FZ 号《俄罗斯联邦证券市场法》第 51－2 条的规定，按照申请人的申请将其认定为合格的投资人。

7. 在非合格投资人认购符合俄罗斯银行根据本联邦法第 4 条第

9款确定的特征的数字金融资产,其中包括在非法认定上述人员为合格投资人时,后果应由发行此类数字金融资产的信息系统运营商承担,按照认购数字金融资产的上述人员的要求,其有义务自费从此类人员手中收购这些数字金融资产,并补偿其在此种情况下产生的所有费用。在非合格投资人认购符合俄罗斯银行根据本联邦法第4条第9款确定的特征的数字金融资产时,如果超出俄罗斯银行规定的货币资金限额和(或)以支付方式和(或)作为对价所转让的其他数字金融资产的总价值的,则本款规定的后果仅适用于超出指定范围认购的数字金融资产。因提供虚假信息而被认定为合格投资人的,不适用于本款规定的后果。认购与俄罗斯银行根据本联邦法第4条第9款确定特征一致的数字金融资产的人员,在此类数字金融资产认购之日起一年内,可对是否适用本款规定的后果提起诉讼。

第7条 信息系统运营商名册,发行数字金融资产的信息系统规则批准程序

1. 俄罗斯银行按照其确定的程序,在不迟于俄罗斯银行批准发行数字金融资产的信息系统规则之日起3个工作日内,将信息系统运营商纳入信息系统运营商名册中。信息系统运营商名册发布到电信信息互联网的俄罗斯银行官方网站上。

2. 在发行数字金融资产的信息系统规则批准后,该信息系统的运营商必须将上述规则连同以下文件提交俄罗斯银行报批:

1)关于纳入信息系统运营商名册的申请书;

2)本联邦法第5条第5款规定的人员选举(任命)文件副本;

3)含有本联邦法第5条第6款规定的人员信息的文件;

4)证明本联邦法第5条第5款和第6款规定的人员满足本联

邦法第5条第7款规定的资格要求，和（或）满足本联邦法第5条第8款第1）~5）项规定的商誉要求的文件；

5）证明发行数字金融资产的信息系统运营商满足本联邦法第5条第13款规定要求和俄罗斯银行依据本联邦法第5条第15款规定确定的要求的文件。

3. 信息系统运营商向俄罗斯银行提交发行数字金融资产的信息系统规则进行审批的程序，以及向俄罗斯银行提交本条第2款规定文件的程序及其要求由俄罗斯银行确定。

4. 在收到发行数字金融资产的信息系统规则和本条第2款规定文件之日起不超过60个工作日内，俄罗斯银行作出批准或拒绝批准上述规则的决定。

5. 在下列情况下，俄罗斯银行将作出决定，拒绝批准发行数字金融资产的信息系统规则：

1）发行数字金融资产的信息系统规则不符合本联邦法的要求，其中包括本联邦法第5条第3款对其内容规定的要求，和（或）俄罗斯银行依据本联邦法第5条第4款规定确定的内容要求的；

2）本联邦法第5条第5款和第6款规定的人员不符合本联邦法第5条第7款规定的资格要求，和（或）本联邦法第5条第8款规定的商誉要求的；

3）发行数字金融资产的信息系统运营商不符合本联邦法第5条第13款和第14款规定的要求，以及俄罗斯银行依据本联邦法第5条第15款规定确定的要求的；

4）本条第2款规定的应提交给俄罗斯银行的文件中含有不完整和（或）不可靠信息的。

6. 俄罗斯银行作出有关拒绝批准发行数字金融资产的信息系统规则的决定，并在作出该决定之日起不迟于5个工作日内，以书面形式通知该信息系统的运营商，并说明拒绝的理由。

7. 如果对俄罗斯银行批准的发行数字金融资产的信息系统规则进行变更，则该信息系统的运营商必须以新版本规则形式，向俄罗斯银行提交上述规则变更内容以进行审批。在收到发行数字金融资产的信息系统规则变更内容之日起不超过 30 个工作日内，俄罗斯银行作出决定，批准或拒绝批准上述变更内容。如果发行数字金融资产的信息系统规则变更不符合本联邦法的要求，其中包括本联邦法第 5 条第 3 款对其内容规定的要求，和（或）俄罗斯银行依据本联邦法第 5 条第 4 款规定确定的内容要求，则俄罗斯银行作出有关拒绝批准该规则变更的决定。发行数字金融资产的信息系统规则的变更内容报批程序由俄罗斯银行确定。对发行数字金融资产的信息系统规则作出的变更在俄罗斯银行对其批准后生效。

8. 如果发行数字金融资产的信息系统运营商在一年内屡次违反本联邦法的要求，或者该运营商在一年内屡次违反 2001 年 8 月 7 日第 115－FZ 号《俄罗斯联邦反洗钱和反资助恐怖主义法》第 6 条、第 7 条（第 3 款除外）规定的要求，和（或）在一年内屡次违反依据 2001 年 8 月 7 日第 115－FZ 号《俄罗斯联邦反洗钱和反资助恐怖主义法》颁布的俄罗斯银行法规的要求，则俄罗斯银行有权按其法规规定的程序从信息系统运营商名册中将该运营商除名。

9. 当信息系统运营商将自己的业务与信贷机构或非信贷金融机构的业务结合时，如果其开展信贷机构、非信贷金融机构业务的许可证分别被撤销（召回）的，则俄罗斯银行按照其法规规定的程序将发行数字金融资产的信息系统运营商从信息系统运营商名册中除名，或者将自己的业务与非信贷金融机构业务结合的信息系统运营商从相关名册中除名，但与获得小额贷款公司资格有关的开展银行业务的许可证被撤销的情况，或者应许可证持有人的申请而撤销（召回）许可证的情况，或者应列入相关名册中的非信贷金融机构的申请从相关名册中除名的情况除外。

10. 自信息系统运营商从信息系统运营商名册中除名之日起，禁止向相关的信息系统中录入（更改）数字金融资产记录。从信息系统运营商名册中除名的信息系统运营商必须自其从名册中除名之日起不迟于30个工作日，确保信息系统中存储的有关发行数字金融资产的人员，以及有关在信息系统中发行的数字金融资产持有人及其所拥有的数字金融资产方面的综合信息，按照俄罗斯银行法规规定的程序转交给其他信息系统运营商。上述综合信息应在信息系统运营商从信息系统运营商名册中除名的当天形成。

11. 在相关信息系统中发行数字金融资产的人员完全履行对数字金融资产所有持有人的义务后，发行数字金融资产的信息系统运营商有权向俄罗斯银行申请将其从信息系统运营商名册中除名。俄罗斯银行在不迟于信息系统运营商向其提交申请和文件之日起14个工作日内将信息系统运营商从信息系统运营商名册中除名，提交的文件须证明在相关信息系统中发行数字金融资产的人员完全履行对数字金融资产所有持有人的义务的事实。

12. 本条第2款（关于向俄罗斯银行提交与本联邦法第5条第5款和第6款规定的人员有关的文件）和第5款〔当本联邦法第5条第5款和第6款规定的人员不符合本联邦法第5条第7款规定的资格要求，和（或）本联邦法第5条第8款规定的商誉要求时，关于俄罗斯银行拒绝批准信息系统规则〕的要求不适用于开展名册管理业务和托管业务，以及开展发行数字金融资产的信息系统运营商业务的信贷机构、贸易组织者、证券市场专业参与者。

第8条 发行数字金融资产的信息系统运营商管理信息系统用户名册

1. 发行数字金融资产的信息系统运营商按照本条规定的程序进行信息系统用户名册的管理。信息系统运营商有权邀请发挥信息系统节点作用的人员，以及其他信息系统运营商来管理信息系统用户名册。

2. 对于每一个用户，均须向发行数字金融资产的信息系统用户名册中录入下列信息：

1）信息系统用户信息；

2）信息系统中的用户认证所需的资料；

3）关于用户在信息系统中以什么身份进行认证的记录（作为发行数字金融资产的人员、数字金融资产持有人、数字金融资产交易商）。

3. 根据确认本条第2款规定信息所需的文件，将这些信息录入发行数字金融资产的信息系统用户名册中。发行数字金融资产的信息系统运营商必须在用户处于信息系统用户名册的整个期间内，以及在其被信息系统用户名册除名后5年内保存上述文件和信息。

4. 确认本条第2款规定信息所需的文件及其提交程序，以及这项文件和信息的保存要求由俄罗斯银行确定。

第9条 发行数字金融资产的信息系统运营商的责任

1. 发行数字金融资产的信息系统运营商有义务按照民法赔偿该信息系统用户因以下原因遭受的损失：

1）信息系统中存储的有关属于其持有人的数字金融资产的数

量，和（或）有关数字金融资产持有人本身的信息丢失；

2）信息技术和信息系统技术设备运行故障；

3）向信息系统用户提供有关信息系统、信息系统运行规则和信息系统运营商的不可靠的、不完整的和（或）误导性的信息；

4）信息系统运营商违反信息系统运行规则，其中包括违反信息系统运行的畅通性和连续性要求；

5）信息系统不符合本联邦法的要求。

2. 如果信息技术和发行数字金融资产的信息系统技术设备运行发生故障，则该信息系统运营商同样也必须采取行动，落实因此类故障而受阻的信息系统用户的意愿。

第 10 条　数字金融资产交易商

1. 买卖数字金融资产的交易，与数字金融资产有关的其他交易，包括将一种数字金融资产交换为另一种数字金融资产或法律规定的数字权利，其中包括在依据外国法律组织的信息系统中发行的数字金融资产交易，以及同时包含数字金融资产和其他数字权利的数字权利交易，均通过数字金融资产交易商完成，该交易商通过收集和比较实施此类交易的不同方向的申请，或者通过作为代表第三方利益的此类交易方自费参与数字金融资产的交易来确保数字金融资产合同的订立。

2. 数字金融资产交易商可以是信贷机构、贸易组织者，以及符合本联邦法和俄罗斯银行据此通过的法规要求的其他法人，根据他们的申请，俄罗斯银行按照其规定程序将他们列入数字金融资产交易商名册中。数字金融资产交易商有权自其被列入数字金融资产交易商名册之刻起开展业务，该名册由俄罗斯银行按照其规定程序进行维护管理。数字金融资产交易商名册发布在电信信息互联网的俄罗斯银行官方网站上。

3. 如果非信贷机构或贸易组织者的法人满足下列要求，则俄罗斯银行将这些法人列入数字金融资产交易商名册中：

1）关于商业组织：

a）法人的属人法为俄罗斯法律；

b）在有关列入数字金融资产交易商名册的申请递交当天，法定资本额不少于 5000 万卢布；

c）根据俄罗斯银行的要求计算的经济公司的净资产额不少于 5000 万卢布；

d）此类法人的参与者（包括成员、股东）不能是在提供优惠税收制度的国家或地区和（或）在未规定披露和提供金融交易信息的国家或地区注册（离岸区）的法人，这些金融交易的目录由负责制定预算、税收、保险、货币和银行业务领域内的国家政策和法律法规的联邦权力执行机构批准；

e）在法人内部成立了委员制管理机构（监事会或其他委员会），以及成立了内部监督部门和风险管理部门，或任命负责组织风险管理体系的检验员和负责人；

f）此类法人的唯一执行机构、委员制执行机构成员、委员制管理机构（监事会或其他委员会）成员、总会计师、内部监督部门负责人（检验员）、风险管理部门负责人（风险管理体系组织负责人）应满足本条第 4 款规定的资格要求和本条第 5 款规定的商誉要求。法人不能作为唯一执行机构，唯一执行机构的职能不能转让给商业组织（管理组织）或个体经营者（经理人）；

g）有权直接或间接（通过受其控制的人员）独立或联合他人，通过与之相关的财产信托管理合同，和（或）普通合伙合同，和（或）委托合同，和（或）股份协议，和（或）标的为行使通过股票（股份）证明的权利的其他协议，支配构成该法人法定资本的有表决权股票（股份）10%及以上的投票权的人员，应符合本条第 5 款规定的商誉要求。

2）关于非商业组织：

a）法人的属人法为俄罗斯法律；

b）创办人（股东、成员）对法人财产的年投资总额不少于 5000 万卢布；

c）此类组织的创办人（股东、成员）不能是在提供优惠税收制度的国家或地区和（或）在未规定披露和提供金融交易信息的国家或地区注册（离岸区）的法人，这些金融交易的目录由负责制定预算、税收、保险、货币和银行业务领域内的国家政策和法律法规的联邦权力执行机构批准；

d）在法人内部成立了委员制管理机构（监事会或其他委员会），以及成立了内部监督部门和风险管理部门，或任命负责组织风险管理体系的检验员和负责人；

e）此类法人的唯一执行机构、委员制执行机构成员、委员制管理机构（监事会或其他委员会）成员，或者如果法人是以基金会的法律组织形式创建的，则该法人的董事会成员、总会计师、内部监督部门负责人（检验员）、风险管理部门负责人（风险管理体系组织负责人）应满足本条第 4 款规定的资格要求和本条第 5 款规定的商誉要求。法人不能作为唯一执行机构，唯一执行机构的职能不能转让给商业组织（管理组织）或个体经营者（经理人）。

4. 本条第 3 款第 1）项 f) 子项和第 2）项 e) 子项规定的人员，在职位任命（选举）时，以及在行使这些职位职能的整个期间内，包括代理职务，应符合以下资格要求：

1）行使唯一执行机构职能的人员、数字金融资产交易商的委员制执行机构成员：拥有高等学历和至少 2 年的信贷机构或在金融市场开展业务的金融机构构成部门的管理经验，或者拥有高等学历和至少 2 年在信息和通信技术领域开展业务的组织的管理经验，或者拥有高等学历和在俄罗斯联邦或欧亚经济联盟成员国的国家权力机关、俄罗斯联邦主体的国家权力机关、俄罗斯银行担任 2 年以上领导职务的工作经验；

2）数字金融资产交易商的委员制执行机构（监事会或其他委员会）成员：拥有高等学历；

3）数字金融资产交易商的总会计师：拥有高等学历和至少一年的与金融机构会计核算、会计（财务）报表编制或审计活动相关的工作经验；

4）数字金融资产交易商的内部监督部门负责人（检验员）、风险管理部门负责人（风险管理体系组织负责人）：拥有高等学历和至少一年的金融机构或与风险管理方法和评估事项相关的金融机构构成部门的管理经验，或者拥有高等学历和在俄罗斯联邦或欧亚经济联盟成员国的国家权力机关、俄罗斯联邦主体的国家权力机关、俄罗斯银行担任一年以上领导职务的工作经验，或者拥有高等学历和 3 年以上的在与风险管理方法和评估事项相关的金融机构构成部门的工作经验。

5. 本条第 3 款第 1）项 f）子项和第 2）项 e）子项规定的人员，在职位任命（选举）时，以及在行使这些职位职能的整个期间内，包括代理职务，以及本条第 3 款第 1）项 g）子项规定的人员不能是：

1）因实施故意犯罪而具有未撤销或未注销案底的人；

2）受到取消资格行政处罚期限未满的人；

3）在金融机构因违反俄罗斯联邦法律而使开展与金融机构经

营范围相对应的业务的许可证被召回（撤销）之日前，或者在该金融机构因违反俄罗斯联邦法律而从相关名册中除名之日前的 12 个月内，如果在任命（选举）某人任职之日的前一天，距开展与金融机构经营范围相对应的业务的许可证被召回（撤销）之日，或者距该金融机构从相关名册中除名之日［但该人已向俄罗斯银行提交未参与作出决策，或实施导致开展与金融机构经营范围相对应的业务的许可证被召回（撤销），或导致金融机构从相关名册中除名的行为（不作为）］的期限未满 5 年的，行使金融机构唯一执行机构、委员制执行机构成员、委员制管理机构成员（监事会或其他委员会）、总会计师职能（不论其行使职能的期限长短）的人员；

4）根据已经产生法律效力的司法文件，在最近 3 年内有两次以上因法人破产时的违法行为、法人故意和（或）虚假破产而被追究行政责任的人员（但是由此类行政违法导致警告行政处罚的情况除外）；

5）根据已经产生法律效力的司法文件，因法人破产时的违法行为、法人故意和（或）虚假破产而被追究刑事责任的人员，前提是自上述司法文件生效之日起期限未满 5 年；

6）信息包含在 2001 年 8 月 7 日颁布的第 115-FZ 号《俄罗斯联邦反洗钱和反资助恐怖主义法》规定的参与极端主义活动或恐怖主义活动的组织和自然人清单中，或包含在参与大规模杀伤性武器扩散的组织和自然人清单中的人员；

7）由行使打击资助恐怖主义行为职能的跨部门协调机构作出冻结其资金或其他财产决定的人员。

6. 数字金融资产交易商，作为信贷机构或贸易组织者的除外，必须按照俄罗斯银行法规规定的程序和期限，通知俄罗斯银行有关任命（选举）人员担任本条第 3 款第 1）项 f）子项和第 2）项 e）子项规定的职务、解除上述职务，以及有关担任本条第 3 款第 1）项 f）子项和第 2）项 e）子项规定的临时代理职务和解除这些临时代理职务的信息。数字金融资产交易商，作为信贷机构或贸易组织者的除外，必须按照俄罗斯银行法规规定的程序和期限向俄罗斯银行提交有关本条第 3 款第 1）项 g）子项规定的人员信息。

7. 如果发现本条第 3 款第 1）项 f）子项和第 2）项 e）子项规定的人员与本条第 4 款规定的资格要求，和（或）本条第 5 款规定的商誉要求不符的事实，则俄罗斯银行有权要求数字金融资产交易商按照俄罗斯银行法规规定的程序将这些人员更换，但作为信贷机构或贸易组织者的数字金融资产交易商除外。

8. 如果发现本条第 3 款第 1）项 g）子项规定的人员与本条第 5 款规定的商誉要求不符的事实，则俄罗斯银行在该事实发现之日起 30 天内向上述人员发出命令，要求消除违规行为或完成交易，旨在使有权直接支配数字金融资产交易商 10% 以上股份的人员，在该数字金融资产交易商的法定资本中的参与份额减至不超过数字金融资产交易商 10% 的股份。将本条中规定的俄罗斯银行命令的副本发送给数字金融资产交易商。俄罗斯银行按照其规定的程序，在不迟于命令发出当天将该命令信息发布到电信信息互联网的俄罗斯银行官方网站上。本款中指定的人员必须在收到俄罗斯银行命令之日起 90 天内执行该命令，并自该命令执行之日起不迟于 5 天将此情况通知数字金融资产交易商，以及按照俄罗斯银行法规规定的程序通知俄罗斯银行。自在电信信息互联网的俄罗斯银行官方网站上发布有关俄罗斯银行发出的命令信息之日起，并在有关撤销该命令的信息发布之日前，俄罗斯银行命令接收人员，和（或）由俄罗斯银行命令接受人员实施监督的数字金融资产交易商的股东（参与人），和（或）与俄罗斯银行命令接收人员有关并与之共同行使由该数字金融资产交易商的股票（股份）证明的权利的人员，在数量总和不超过该数字金融资产交易商10%的股票（股份）范围内拥有投票权。

9. 本条第8款中规定的俄罗斯银行命令，在满足其中规定要求的情况下，应由俄罗斯银行撤销。俄罗斯银行关于撤销其命令的文书发送给接收俄罗斯银行命令的人员。关于撤销俄罗斯银行命令的文书副本发送给接收俄罗斯银行命令副本的人员。俄罗斯银行命令及关于撤销俄罗斯银行命令的文书的发送形式和程序由俄罗斯银行法规确定。关于撤销俄罗斯银行命令的信息应不迟于关于撤销俄罗斯银行命令的文书发送当天，按照俄罗斯银行规定的程序发布到电信信息互联网的俄罗斯银行官方网站上。数字金融资产交易商必须不迟于在收到关于撤销俄罗斯银行命令的文书副本的第二天，按照俄罗斯银行法规规定的程序通知其股东（参与人）有关收到上述文书副本的信息。

10. 数字金融资产交易商必须确保通过其成交的数字金融资产交易信息，以及此类交易的参与者信息自相关交易成交之日起至少保存5年。

11. 俄罗斯银行有权对数字金融资产交易商的业务制定附加要求（包括组织数字金融资产流通的要求、运营可靠性要求和提供报告的要求）。

12. 俄罗斯银行按照其规定的程序，对数字金融资产交易商的业务进行监督。

13. 数字金融资产交易商可以将自己的业务与发行数字金融资产的信息系统运营商的业务相结合。

14. 数字金融资产，以及使用投资平台发行的其他类型数字权利的交易商可以是上述投资平台的运营商。

15. 数字金融资产交易商有权根据 1996 年 4 月 22 日颁布的第 39 – FZ 号《俄罗斯联邦证券市场法》第 51 – 2 条规定，按照人员申请认定其为合格的投资人。

16. 在非合格投资人认购符合俄罗斯银行根据本联邦法第 4 条第 9 款确定的特征的数字金融资产时，其中包括在非法认定上述人员为合格投资人时，后果应由数字金融资产交易商承担，按照认购数字金融资产的上述人员的要求，其有义务自费从此类人员手中收购这些数字金融资产，并补偿其在此种情况下产生的所有费用。在非合格投资人认购符合俄罗斯银行根据本联邦法第 4 条第 9 款确定的特征的数字金融资产时，如果超出俄罗斯银行规定的货币资金限额和（或）以支付方式和（或）作为对价所转让的其他数字金融资产的总价值的，则本款规定的后果仅适用于超出指定范围认购的数字金融资产。因提供虚假信息而被认定为合格投资人的，不适用于本款规定的后果。认购与俄罗斯银行根据本联邦法第 4 条第 9 款确定特征一致的数字金融资产的人员，在此类数字金融资产认购之日起一年内，可对是否适用本款规定的后果提起诉讼。

第 11 条　数字金融资产交易规则及其批准程序，数字金融资产交易商名册

1. 数字金融资产交易商批准数字金融资产交易规则，但要征得俄罗斯银行同意。

2. 数字金融资产交易规则应包含：

1) 通过数字金融资产交易商达成数字金融资产交易的程序；

2) 可通过数字金融资产交易商达成交易的数字金融资产、数字权利（如有）的类型；

3）数字金融资产交易商与发行数字金融资产的信息系统运营商的协作程序（数字金融资产交易商的业务与发行数字金融资产的相应信息系统运营商的业务重合的情况除外）；

4）信息保护和操作可靠性要求；

5）在当事人旨在履行职责的单独表达附加意愿的情况下，包括数字金融资产交易商的意愿，当发生特定情形时履行数字金融资产交易职责的情况说明。

3. 除本条第2款规定的要求外，俄罗斯银行有权对数字金融资产交易规则的内容制定要求。

4. 数字金融资产交易规则获得批准后，数字金融资产交易商必须将上述规则连同以下文件提交俄罗斯银行审批：

1）关于列入数字金融资产交易商名册的申请书；

2）证明数字金融资产交易商符合俄罗斯银行依据本联邦法第10条第11款制定的要求的文件。

5. 如果数字金融资产交易商为不属于信贷机构或贸易组织者的法人，除本条第4款规定的文件外，该数字金融资产交易商还应向俄罗斯银行提交下列文件：

1）证明数字金融资产交易商符合本联邦法第10条第3款规定要求的文件；

2）本联邦法第10条第3款第1）项f）子项和第2）项e）子项规定的人员的选举（任命）文件副本；

3）包含本联邦法第10条第3款第1）项g）子项规定人员信息的文件；

4）证明本联邦法第10条第3款第1）项g）子项和第2）项e）子项规定人员符合本联邦法第10条第4款规定的资格要求，和（或）本联邦法第10条第5款第1）~5）项规定的商誉要求的文件。

6. 数字金融资产交易商向俄罗斯银行提交数字金融资产交易规则进行审批的程序，以及向俄罗斯银行提交本条第 4 款和第 5 款规定文件的程序及其要求由俄罗斯银行确定。

7. 如果关于列入数字金融资产交易商名册的申请书由信贷机构或贸易组织者发出，则俄罗斯银行在其收到上述申请书、数字金融资产交易规则和本条第 4 款第 2）项规定文件之日起 45 个工作日内，作出批准数字金融资产交易规则或拒绝批准这些规则的决定。如果关于列入数字金融资产交易商名册的申请书由不属于信贷机构或贸易组织者的法人发出，则俄罗斯银行在其收到上述申请书、数字金融资产交易规则和本条第 4 款和第 5 款规定文件之日起 90 个工作日内，作出批准数字金融资产交易规则或拒绝批准这些规则的决定，并进行核实该法人是否符合本联邦法和依据本联邦法通过的俄罗斯银行法规的要求。

8. 在下列情况下，俄罗斯银行作出拒绝批准数字金融资产交易规则的决定：

1）数字金融资产交易规则不符合本条第 2 款和俄罗斯银行依据本条第 3 款制定的数字金融资产交易规则的内容要求；

2）数字金融资产交易商不符合俄罗斯银行依据本联邦法第 10 条第 11 款制定的要求；

3）根据本条第 4 款规定提交给俄罗斯银行的文件中含有不完整和（或）不可靠的信息。

9. 如果数字金融资产交易商不是信贷机构和贸易组织者，则俄罗斯银行在下列情况下作出拒绝批准数字金融资产交易规则的决定：

1）在本条第 8 款规定的情况下；

2）数字金融资产交易商不符合本联邦法第 10 条第 3 款和俄罗斯银行法规规定的要求；

3）本联邦法第 10 条第 3 款第 1）项 f）子项和 g）子项及第 2）项 e）子项规定人员不符合本联邦法第 10 条第 4 款规定的资格要求，和（或）本联邦法第 10 条第 5 款规定的商誉要求；

4）根据本条第 5 款规定提交给俄罗斯银行的文件中含有不完整和（或）不可靠的信息。

10. 俄罗斯银行自作出有关拒绝批准数字金融资产交易规则的决定之日起 5 个工作日内，以书面形式通知数字金融资产交易商有关拒绝批准数字金融资产交易规则的决定，并说明拒绝的理由。

11. 俄罗斯银行在批准数字金融资产交易规则之日起 3 个工作日内，将相关人员列入数字金融资产交易商名册中。

12. 如果对俄罗斯银行批准的数字金融资产交易规则作出变更，则数字金融资产交易商必须以新版本规则形式，向俄罗斯银行提交上述规则变更内容以进行审批。在收到数字金融资产交易规则变更内容之日起不超过 30 个工作日内，俄罗斯银行作出批准或拒绝批准上述变更的决定。如果数字金融资产交易规则的变更内容不符合本条第 2 款和俄罗斯银行依据本条第 3 款制定的数字金融资产交易规则的内容要求，则俄罗斯银行作出拒绝批准该变更的决定。数字金融资产交易规则变更内容的提交和审批程序由俄罗斯银行制定。对数字金融资产交易规则作出的变更不早于俄罗斯银行批准之日生效。

13. 如果数字金融资产交易商在一年内屡次违反本联邦法的要求，或者该交易商在一年内屡次违反 2001 年 8 月 7 日第 115 - FZ 号《俄罗斯联邦反洗钱和反资助恐怖主义法》第 6 条、第 7 条（第 3 款除外）、第 7 - 3 条、第 7 - 5 条规定的要求，和（或）在一年内屡次违反依据 2001 年 8 月 7 日第 115 - FZ 号《俄罗斯联邦反洗钱和反资助恐怖主义法》颁布的俄罗斯银行法规的要求，则俄罗斯银行有权按其法规规定的程序从数字金融资产交易商名册中将该交易商除名。

14. 当数字金融资产交易商将自己的业务与信贷机构或非信贷金融机构的业务结合时，如果其开展信贷机构、非信贷金融机构业务的许可证分别被撤销（召回）的，则俄罗斯银行按照其法规规定的程序将数字金融资产交易商从数字金融资产交易商名册中除名，或者将自己的业务与非信贷金融机构业务结合的数字金融资产交易商从相关名册中除名，但与获得小额贷款公司资格有关的开展银行业务的许可证被撤销的情况，或者应许可证持有人的申请而撤销（召回）许可证的情况，或者应列入相关名册中的非信贷金融机构的申请从相关名册中除名的情况除外。

15. 自数字金融资产交易商从数字金融资产交易商名册中除名之日起，禁止通过从该名册中除名的人员完成本联邦法第10条第1款规定的交易。发行数字金融资产的信息系统运营商必须确保，自其邀请的数字金融资产交易商从名册中除名之日起，排除通过该交易商实施与相关信息系统中发行的数字金融资产相关的交易的可能性。

16. 数字金融资产交易商有权向俄罗斯银行提出申请，要求将其从数字金融资产交易商名册中除名。俄罗斯银行在不迟于数字金融资产交易商向其提交此类申请之日起7个工作日内，将该交易商从上述名册中除名。

17. 同时列入数字金融资产交易商名册中的发行数字金融资产的信息系统运营商必须自其从数字金融资产交易商名册中除名之日起，终止开展数字金融资产交易保障业务，以及自其从上述名册中除名之日后不迟于30个工作日，确保邀请数字金融资产交易商完成与相关信息系统中发行的数字金融资产相关的交易，前提是没有该信息系统运营商邀请的其他数字金融资产交易商。如果同时列入数字金融资产交易商名册中的发行数字金融资产的信息系统运营商,自其从数字金融资产交易商名册中除名后,独立确保本联邦法第10条第1款规定的、其作为运营商的信息系统中发行的数字金融资产交易时,则不适用本款关于强制邀请数字金融资产交易商的规定。

第 12 条　证明已发行证券行权可能性的数字金融资产发行和配售特点,要求转让已发行证券的权利

1. 证明已发行证券行权可能性的数字金融资产为其持有人赋予权利,可要求该数字金融资产的义务人通过发行数字金融资产的信息系统运营商出售已发行证券,该权利由证券发行决定规定。

2. 证明有权要求证券转让的数字金融资产为其持有人赋予权利,可要求该数字金融资产的义务人在数字金融资产发行决定规定的期限内或事件发生时,将该决定规定的证券转让给持有人。

3. 通过数字金融资产证明行权可能性或要求转让权利的股票和可转换为股票的证券,只能是非上市股份公司的股票和可转换为股票的非上市股份公司已发行的证券。行权可能性或要求转让权利由数字金融资产证明的证券发行程序根据 1996 年 4 月 22 日颁布的第 39–FZ 号《俄罗斯联邦证券市场法》来实施。

4. 如果数字金融资产提供了已发行证券行权的可能性,则该证券应记录到数字金融资产的个人记名账户(托管账户)上,此账户为发行数字金融资产和对上述证券行权的人员开立。数字金融资产的个人记名账户(托管账户)开立时注明发行数字金融资产的信息系统运营商和能够识别数字金融资产的信息。如果数字金融资产个人记名账户(托管账户)中包含已发行多期数字金融资产的证

券，登记员（托管人）在将证券记入该个人记名账户（托管账户）时，必须为每期的数字金融资产开立分账户，以便记录这些证券的权利。证明了已发行证券行权可能性的数字金融资产发行人，根据数字金融资产持有人的指示，对数字金融资产个人记名账户（托管账户）上记录的证券行权。发出此类指示的条件、程序和期限由数字金融资产发行决定确定。记录在数字金融资产个人记名账户（托管账户）上的证券收益和（或）付款，应按照数字金融资产发行决定规定的程序和期限，转交给证明有权收取这些款项的数字金融资产持有人。

5. 在不迟于证明已发行证券行权可能性或要求转让已发行证券权利的数字金融资产发行之日，发行数字金融资产的信息系统运营商必须向数字金融资产（证明了已发行证券行权的可能性或其转让权利）认购人提供利用相关证券发行决定，以及利用有关具备优先认购权和此种权利行使程序方面的信息许可。

第13条　证明股份公司参与权的数字金融资产的发行和流通特点

1. 禁止发行证明上市股份公司参与权的数字金融资产（以数字金融资产形式发行的上市股份公司的股票），以及在非上市股份公司先前以非数字金融资产形式发行股票的条件下，禁止以数字金融资产形式发行该公司的股票。

2. 如果以数字金融资产形式发行非上市股份公司的股票，则该公司股权记录人被认定是发行数字金融资产的信息系统运营商。

3. 根据1996年4月22日颁布的第39－FZ号《俄罗斯联邦证券市场法》，以数字金融资产形式发行非上市股份公司的股票，并考虑以下特点：

1）以数字金融资产形式发行的非上市股份公司的股票，由信息系统运营商根据信息系统规则进行发行登记。以数字金融资产形式发行股票不进行国家登记；

2）以数字金融资产形式发行的非上市股份公司的股票发行决定，应对发行数字金融资产的信息系统中的数字金融资产形式的股票提供登记，以及应包含有关与认购此类股票相关的风险方面的信息；

3）股票以数字金融资产形式发行的非上市股份公司的章程应对发行数字金融资产的信息系统中的数字金融资产形式的股票提供登记。同时，该股份公司的章程还可以规定召集和举行股东大会的方式，以及通知股东有关执行信息系统规则规定的公司任务的方式；

4）非上市股份公司以数字金融资产发行股票的可能性应由非上市股份公司创办时的章程确定。根据该公司股东大会通过的决定，不得将有关条款纳入章程、变更和（或）从章程中删除；

5）以数字金融资产形式发行股票的非上市股份公司不能获得公众地位；

6）以数字金融资产形式发行股票的非上市股份公司无权发行证券，以数字金融资产形式发行的股票除外，其中包括可转换为该非上市股份公司股票的证券；

7）包括在重组期间，以数字金融资产形式发行股票的非上市股份公司无权将以数字金融资产形式发行的股票转换为非上市股份公司以非数字金融资产形式发行的股票；

8）包括在重组期间，以非数字金融资产形式发行股票的非上市股份公司无权将以非数字金融资产形式发行的股票转换为非上市股份公司以数字金融资产形式发行的股票。

4. 为了发行和配售非上市股份公司的数字金融资产形式的股票，发行数字金融资产的信息系统运营商在俄罗斯信贷机构开立名义账户，其受益人为证券发行人。

5. 用于对非上市股份公司以数字金融资产形式的股票进行支付的货币资金，在发行股票时应记入本条第 4 款规定的名义账户中。

6. 发行数字金融资产的信息系统运营商无权支配本条第 4 款规定的名义账户上的货币资金。名义账户上的货币资金应受益人的要求，由信贷机构转入受益人在俄罗斯信贷机构开立的印痕账户中。不允许名义账户进行其他操作。

7. 根据本联邦法第 2 条第 1 款规定的程序，自发行数字金融资产被认定为有效（完成）的条件发生，以及通过数字金融资产证明的权利产生之刻起，数字金融资产形式的非上市股份公司股票即被视为已配售。

8. 自本条第 4 款规定的名义账户收到货币资金之日起，数字金融资产形式的非上市股份公司股票的支付义务即被视为履行完毕。

9. 俄罗斯银行法规规定的关于开展证券权利登记程序方面的证券持有人名册管理业务的要求不适用于数字金融资产形式的非上市股份公司的股权登记。

第 14 条　数字货币的流通

1. 在俄罗斯联邦组织发行数字货币是指使用位于俄罗斯国家网域内的域名和网络地址，和（或）技术设备布置在俄罗斯联邦境内的信息系统，和（或）布置在俄罗斯联邦境内的软件和硬件综合系统（以下简称"俄罗斯信息基础设施项目"）提供旨在确保数字货币发行的服务活动。

2. 在俄罗斯联邦发行数字货币是指使用布置在俄罗斯联邦境

内的俄罗斯信息基础设施项目和（或）用户设备，旨在为第三方使用数字货币提供可能的行为。

3. 在俄罗斯联邦组织数字货币流通是指使用俄罗斯信息基础设施项目，提供旨在确保达成民事交易和（或）导致数字货币由一个持有人转移到另一个持有人的操作的服务活动。

4. 数字货币在俄罗斯联邦的组织发行和（或）发行由联邦法律进行调节。

5. 属人法为俄罗斯法律的法人、在俄罗斯联邦境内设立的国际组织和外国法人、公司和其他拥有民事权利能力的公司实体的分支机构、代表处和其他构成部门，以及在俄罗斯联邦境内连续12个月内居留至少183天的自然人，无权将数字货币用作他们（他）转让商品、完成工程、提供服务的对价或允许以数字货币支付商品（工程、服务）的其他方式。

6. 按照俄罗斯联邦税法规定的程序，本条第5款规定人员与持有数字货币相关的要求，应只有在他们告知持有数字货币的事实和达成数字货币的民事交易和（或）操作的情况下才会受到司法保护。

7. 在俄罗斯联邦，禁止传播有关提供和（或）接受数字货币作为他们（他）转让商品、完成工程、提供服务的对价或允许以数字货币支付商品（工程、服务）的其他方式的信息。

第15条 关于对俄罗斯联邦股份公司法作出的变更

对1995年12月26日颁布的第208－FZ号《俄罗斯联邦股份公司法》(《俄罗斯联邦法律汇编》，1996年，№1，第1条；2001年，№33，第3423条；2006年，№1，第5条；№31，第3445条；2015年，№27，第4001条；2018年，№53，第8440条）作出如下变更：

1）第 12 条：

a）第 1 款中数字"6"替换为数字"8"；

b）补充第 7 款和第 8 款，内容如下：

"7. 在说明非上市股份公司以数字金融资产形式发行股票的可能性方面，不允许对公司章程作出变更和补充，以及将公司创办时章程规定的此类说明从公司章程中删除。

8. 以数字金融资产形式发行股票的非上市股份公司，不得将其章程修改为面向社会公众发行。"

2）第 25 条第 1 款第 2 段应补充语句，内容如下："考虑到《俄罗斯联邦关于数字金融资产、数字货币法及相关法律法规的修正案》确定的特点和条件，非上市公司的股票可以以数字金融资产的形式发行。"

第 16 条　关于对俄罗斯联邦证券市场法作出的变更

对 1996 年 4 月 22 日颁布的第 39-FZ 号《俄罗斯联邦证券市场法》[（《俄罗斯联邦法律汇编》，1996 年，№17，第 1918 条；2002 年，№52，第 5141 条；2004 年，№31，第 3225 条；2005 年，№11，第 900 条；№25，第 2426 条；2006 年，№2，第 172 条；2007 年，№1，第 45 条；№22，第 2563 条；№50，第 6247、6249 条；2009 年，№18，第 2154 条；№48，第 5731 条；2010 年，№31，第 4193 条；№41，第 5193 条；2011 年，№7，第 905 条；№23，第 3262 条；№48，第 6728 条；№50，第 7357 条；2012 年，№53，第 7607 条；2013 年，№26，第 3207 条；№30，第 4084 条；№51，第 6699 条；2014 年，№30，第 4219 条；2015 年，№1，第 13 条；№27，第 4001 条；№29，第 4357 条；2016 年，№27 №，第 4225 条；2017 年，№25，第 3592 条；№52，第 7920 条；2018 年，№32，第 5088 条；

No53，第 8440 条；2019 年，No25，第 3169 条；No30，第 4150 条；No31，第 4418 条；No52，第 7772、7813 条；法律信息官方门户网站（www.pravo.gov.ru），2020 年 7 月 20 日，No0001202007200055］作出如下变更：

1) 第 8 条：

a) 第 1 款第 1 段，将"并提供证券持有人名册信息"替换为"或非上市股份公司的数字金融资产形式的股票登记表，并提供这些登记表信息"；

b) 补充第 3-1-6 款，内容如下：

"3-1-6. 本条第 3-1 至 3-1-5 款、本联邦法第 8-1 至 8-5 条的要求不适用于非上市股份公司的数字金融资产形式的股票登记表。"

2) 第 86-1 条：

a) 补充第 5-1 款，内容如下：

"5-1. 如果证券记录到《俄罗斯联邦关于数字金融资产、数字货币法及相关法律法规的修正案》规定的数字金融资产个人记名账户（托管账户）上［以下简称'数字金融资产个人记名账户（托管账户）'］，则发行数字金融资产（证明此类证券行权的可能性）的信息系统运营商，必须应名册持有人或开立了数字金融资产个人记名账户（托管账户）的托管人的要求，在编制证券持有人名单所需的范围内提交有关数字金融资产持有人的信息，以编制证券持有人名单。"

b) 第 6 条：

第 1 款补充下列语句"，以及由发行数字金融资产（证明已发行证券行权的可能性）的信息系统运营商"；

第 2 款补充下列语句"，以及由发行数字金融资产（证明已发行证券行权的可能性）的信息系统运营商"；

3）补充第 810 条，内容如下：

"第 810 条　数字金融资产个人记名账户（托管账户）上登记的证券行权特点

1. 当数字金融资产持有人在股东大会或债券持有人大会上以特定方式投票时，开立数字金融资产个人记名账户（托管账户）的人员按照数字金融资产证明的股权，行使参加股东大会或债券持有人大会的权利，并向发行人提供这些人员的信息，注明证券的数量，这些证券的权利由他们各自拥有的数字金融资产来证明。

2. 在数字金融资产个人记名账户（托管账户）上登记的股票现金分红，以及债券现金收益和债券的其他现金付款应支付给开立了数字金融资产个人记名账户（托管账户）的人员。

3. 俄罗斯银行有权确定证券行权人员名单的编制特点，以及对数字金融资产个人记名账户（托管账户）上登记的证券进行行权的特点。"

第 17 条　关于对俄罗斯联邦反洗钱和反资助恐怖主义法作出的变更

对 2001 年 8 月 7 日颁布的第 115－FZ 号《俄罗斯联邦反洗钱和反资助恐怖主义法》[《俄罗斯联邦法律汇编》，2001 年，№33，第 3418 条；2002 年，№30，第 3029 条；№44，第 4296 条；2004 年，№31，第 3224 条；2006 年，№31，第 3446、3452 条；2007 年，№16，第 1831 条；№31，第 3993、4011 条；№49，第 6036 条；2009 年，№23，第 2776 条；№29，第 3600 条；2010 年，№28，第 3553 条；№30，第 4007 条；№31，第 4166 条；2011 年，№27，第 3873 条；№46，第 6406 条；2012 年，№30，第 4172 条；2013 年，

№26，第 3207 条；№44，第 5641 条；№52，第 6968 条；2014 年，№19，第 2315、2335 条；№23，第 2934 条；№30，第 4214、4219 条；2015 年，№1，第 14、37、58 条；№18，第 2614 条；№24，第 3367 条；№27，第 3945、3950、4001 条；2016 年，№1，第 11、27、43、44 条；№26，第 3860 条；№27，第 4196、4221 条；№28，第 4558 条；2017 年，№31，第 4816、4830 条；2018 年，№1，第 54、66 条；№17，第 2418 条；№18，第 2560、2576、2582 条；№53，第 8491 条；2019 年，№12，第 1222、1223 条；№27，第 3534、3538 条；№30，第 4152 条；№31，第 4418、4430 条；№49，第 6953 条；№51，第 7490 条；№52，第 7798 条；2020 年，№9，第 1138 条；№15，第 2239 条；《俄罗斯报》，2020 年 7 月 16 日；法律信息官方门户网站（www.pravo.gov.ru），2020 年 7 月 20 日，№0001202007200055］作出如下变更：

1）第 3 条补充第 3 款，内容如下：

"本联邦法将数字货币认定为财产。"

2）第 5 条第 1 款补充一段，内容如下：

"发行数字金融资产的信息系统运营商和数字金融资产交易商。"

3）第 6 条：

a）第 1 款补充第 5）项，内容如下：

"5）数字金融资产交易。"

b）第 4 款补充第 19）~21）项，内容如下：

"19）金融平台运营商：关于本条第 1 款第 2）项、第 2 条和本联邦法第 75 条第 1 款中规定的交易；

20）发行数字金融资产的信息系统运营商：关于本条第 1 款第 2）项和第 5）项、第 12-2 条和本联邦法第 75 条第 1 款中规定的交易；

21）数字金融资产交易商：关于本条第 1 款第 2）项和第 5）项、第 12-2 条和本联邦法第 75 条第 1 款中规定的交易。"

4）第 7 条：

a）第 1 款：

第 6）项，在语句"金融平台运营商"后面补充"发行数字金融资产的信息系统运营商、数字金融资产交易商"；

第 7）项，在语句"金融平台运营商"后面补充"发行数字金融资产的信息系统运营商、数字金融资产交易商"；

b）第 15-1 款第 1 段，在语句"和民营退休基金会"后面补充"发行数字金融资产的信息系统运营商、数字金融资产交易商"；

c）第 15-2 款补充以下内容的段落：

"根据合同，发行数字金融资产的信息系统运营商有权委托发行数字金融资产的其他信息系统运营商（在该运营商属于有权开展托管业务或贸易组织者活动的人员的情况下），以及数字金融资产交易商，在开展《俄罗斯联邦关于数字金融资产、数字货币法及相关法律法规的修正案》规定的业务时，如果这些运营商和交易商属于信贷机构和（或）证券市场的专业参与者，则对客户、客户代表、受益人、受益所有人进行识别。

根据合同，数字金融资产交易商有权委托发行数字金融资产的信息系统运营商（在该运营商属于有权开展托管业务或贸易组织者活动的人员的情况下），以及其他数字金融资产交易商，在开展《俄罗斯联邦关于数字金融资产、数字货币法及相关法律法规的修正案》规定的业务时，如果这些运营商和交易商属于信贷机构和（或）证券市场的专业参与者，则对客户、客户代表、受益人、受益所有人进行识别。"

d）第 17 款，在语句"金融平台运营商"后面补充"发行数

字金融资产的信息系统运营商、数字金融资产交易商，";

e）第 18 款，在语句"金融平台运营商"后面补充"由发行数字金融资产的信息系统运营商、数字金融资产交易商，";

f）第 19 款，在语句"金融平台运营商"后面补充"向发行数字金融资产的信息系统运营商、数字金融资产交易商，";

g）第 110 款，在语句"金融平台运营商"后面补充"发行数字金融资产的信息系统运营商、数字金融资产交易商，";

h）第 114 款：

在第 1 段语句"民营退休基金会"后面补充"发行数字金融资产的信息系统运营商、数字金融资产交易商";

在第 6 段语句"民营退休基金会"后面补充"发行数字金融资产的信息系统运营商、数字金融资产交易商";

i）第 2 款：

在第 11 段语句"金融平台运营商"后面补充"，发行数字金融资产的信息系统运营商、数字金融资产交易商";

在第 12 段语句"金融平台运营商"后面补充"，发行数字金融资产的信息系统运营商、数字金融资产交易商";

j）第 7 款，在语句"金融平台运营商"后面补充"，发行数字金融资产的信息系统运营商、数字金融资产交易商";

k）第 13 款：

在第 1 段语句"金融平台运营商"后面补充"，发行数字金融资产的信息系统运营商、数字金融资产交易商";

在第 2 段语句"金融平台运营商"后面补充"，发行数字金融资产的信息系统运营商、数字金融资产交易商";

l）第 133 款，在语句"金融平台运营商"后面补充"，发行数字金融资产的信息系统运营商、数字金融资产交易商";

m）在第 135 款第 1 段语句"金融平台运营商"后面补充", 发行数字金融资产的信息系统运营商、数字金融资产交易商";

5）第 75 条：

a）第 5 款，在语句"金融平台运营商"后面补充", 发行数字金融资产的信息系统运营商、数字金融资产交易商";

b）第 6 款，在语句"金融平台运营商"后面补充", 发行数字金融资产的信息系统运营商、数字金融资产交易商"。

第 18 条 关于对俄罗斯联邦中央银行（俄罗斯银行）法作出的变更

对 2002 年 7 月 10 日颁布的第 86 – FZ 号《俄罗斯联邦中央银行（俄罗斯银行）法》第 76 – 1 条第 1 款［《俄罗斯联邦法律汇编》, 2002 年，№28，第 2790 条；2013 年，№30，第 4084 条；№51，第 6695 条；2015 年，№29，第 4348 条；2016 年，№1，第 50 条；2019 年，№31，第 4418 条；法律信息官方门户网站（www.pravo.gov.ru），2020 年 7 月 20 日，№0001202007200055］补充第 20）项和第 21）项，内容如下：

"20）发行数字金融资产的信息系统运营商；

21）数字金融资产交易商。"

第 19 条 关于对俄罗斯联邦破产法作出的变更

对 2002 年 10 月 26 日颁布的第 127 – FZ 号《俄罗斯联邦破产法》第 2 条（《俄罗斯联邦法律汇编》，2002 年，№43，第 4190 条；2006 年，№52，第 5497 条；2007 年，№18，第 2117 条；2009 年，№1，第 4 条；№18，第 2153 条；2010 年，№31，第 4188 条；2011 年，№49，第 7015 条；2013 年，№26，第 3207 条；№52，第

6975 条；2014 年，№49，第 6914 条；2015 年，№1，第 29 条；№27，第 3945、3977 条；2016 年，№26，第 3891 条；2017 年，№31，第 4815 条）补充第 2 款，内容如下：

"本联邦法将数字货币认定为财产。"

第 20 条 关于对俄罗斯联邦广告法作出的变更

对 2006 年 3 月 13 日颁布的第 38－FZ 号《俄罗斯联邦广告法》（《俄罗斯联邦法律汇编》，2006 年，№12，第 1232 条；2007 年，№7，第 839 条；2008 年，№20，第 2255 条；2009 年，№51，第 6157 条；2010 年，№31，第 4163 条；2011 年，№29，第 4293 条；№30，第 4566 条；№48，第 6728 条；2012 年，№30，第 4170 条；2013 年，№27，第 3477 条；№30，第 4033、4084 条；№43，第 5444 条；№48，第 6165 条；№51，第 6695 条；№52，第 6981 条；2014 年，№26，第 3396 条；№30，第 4219、4236 条；2015 年，№1，第 13、43 条；2016 年，№27，第 4237 条；2017 年，№14，第 2003 条；№31，第 4767 条；2018 年，№53，第 8440、8457 条；2019 年，№31，第 4418 条；《俄罗斯报》，2020 年 7 月 16 日）补充第 29¹ 条，内容如下：

"第 29¹ 条 数字金融资产广告

1. 所发行的数字金融资产广告应包含下列内容：

1) 数字金融资产发行人的名称；

2) 数字金融资产发行人发布数字金融资产发行决定的电信信息互联网上的网站地址；

3) 根据 1996 年 4 月 22 日第 39－FZ 号《俄罗斯联邦证券市场法》，关于非合格投资人可认购的数字金融资产的最高金额，或可作为上述人员认购数字金融资产对价来转让的其他数字金融资的最高总价信息（根据本法第 4 条第 8 款，在确定此类限制的情况下）；

4）说明所建议的数字金融资产为高风险资产，其认购可能导致缴纳的货币资金全部损失，在所建议的数字金融资产达成交易前，应了解与其认购相关的风险。

2. 数字金融资产广告不得包含下列内容：

1）数字金融资产收益支付承诺，但数字金融资产发行决定规定了支付义务的收益除外；

2）所发行的数字金融资产市场价值增长预测。

3. 在按照《俄罗斯联邦关于数字金融资产、数字货币法及相关法律法规的修正案》规定的程序公布数字金融资产发行决定前，不允许对所发行的数字金融资产进行广告宣传。"

第 21 条　关于对俄罗斯联邦执行程序法作出的变更

对 2007 年 10 月 2 日颁布的第 229－FZ 号《俄罗斯联邦执行程序法》第 68 条（《俄罗斯联邦法律汇编》，2007 年，№41，第 4849 条；2009 年，№1，第 14 条；2011 年，№50，第 7352 条；2013 年，№52，第 7006 条）补充第 4 款，内容如下：

"4. 本联邦法将数字货币认定为财产。"

第 22 条　关于对俄罗斯联邦反腐败法作出的变更

对 2008 年 12 月 25 日颁布的第 273－FZ 号《俄罗斯联邦反腐败法》第 8 条（《俄罗斯联邦法律汇编》，2008 年，№52，第 6228 条；2011 年，№29，第 4291 条；№48，第 6730 条；2012 年，№50，第 6954 条；№53，第 7605 条；2014 年，№52，第 7542 条；2015 年，№48，第 6720 条；2016 年，№27，第 4169 条；2017 年，

No15，第2139条；2018年，No24，第3400条）补充第10款，内容如下：

"10. 本联邦法将数字货币认定为财产。"

第23条 关于对俄罗斯联邦国家支付系统法作出的变更

将2011年6月27日颁布的第161-FZ号《俄罗斯联邦国家支付系统法》第3条第18款［《俄罗斯联邦法律汇编》，2011年，No27，第3872条；2013年，No52，第6968条；2014年，No19，第2315、2317条；2016年，No27，第4223条；2017年，No18，第2665条；2019年，No27，第3538条；No31，第4418、4423条；法律信息官方门户网站（www.pravo.gov.ru），2020年7月20日，No0001202007200055］中的语句"和（或）投资基金会、合股基金会和民营退休基金会管理活动"替换为"，投资基金会、合股基金会和民营退休基金会管理活动、发行数字金融资产的信息系统运营商的活动，和（或）数字金融资产交易商的活动"。

第24条 关于对俄罗斯联邦公职人员及其他人员收入监管法作出的变更

对2012年12月3日颁布的第230-FZ号《俄罗斯联邦公职人员及其他人员收入监管法》（《俄罗斯联邦法律汇编》，2012年，No50，第6953条；2014年，No52，第7542条；2018年，No24，第3400条；No32，第5100条）作出如下变更：

1）第3条第1款，在语句"股票［机构法定（联合）资本参股份额］"后面补充"，数字金融资产、数字货币"；

2）第 4 条：

a）第 1 款，在语句"股票［机构法定（联合）资本参股份额］"后面补充"，数字金融资产、数字货币"；

b）第 4 款：

第 1）项 a）子项，在语句"股票［机构法定（联合）资本参股份额］"后面补充"，数字金融资产、数字货币"；

第 3）项，在语句"股票［机构法定（联合）资本参股份额］"后面补充"，数字金融资产、数字货币"；

3）第 8 条第 4 款，在语句"股票［机构法定（联合）资本参股份额］"后面补充"，数字金融资产、数字货币"；

4）第 12 条第 3 款，在语句"股票［机构法定（联合）资本参股份额］"后面补充"，数字金融资产、数字货币"；

5）第 17 条：

a）第 1 款，在语句"股票［法定（联合）资本机构的持股份额］"后面补充"，数字金融资产、数字货币"；

b）第 2 款，在语句"股票［机构法定（联合）资本参股份额］"后面补充"，数字金融资产、数字货币"；

c）第 4 款，在语句"股票［法定（联合）资本机构的持股份额］"后面补充"，数字金融资产、数字货币"。

第 25 条　关于对俄罗斯联邦关于禁止某类人员在俄罗斯联邦境外的外国银行开立和拥有账户（存款）、储存现金和贵重物品、拥有和（或）使用外国金融工具的修正案作出的变更

对 2013 年 5 月 7 日颁布的第 79－FZ 号《俄罗斯联邦关于禁止某类人员在俄罗斯联邦境外的外国银行开立和拥有账户（存款）、储存现金和贵重物品、拥有和（或）使用外国金融工具的修正案》第1条第2款(《俄罗斯联邦法律汇编》,2013年,№19,第2306条;2014年,№52,第7542条;2017年,№1,第46条)补充第7)项,内容如下:

"7)在根据外国法律组建的信息系统中发行的数字金融资产,以及数字货币。"

第26条 关于对俄罗斯联邦关于利用投资平台吸引投资法和相关法律法规修正案作出的变更

对2019年8月2日颁布的第259-FZ号《俄罗斯联邦关于利用投资平台吸引投资法和相关法律法规修正案》(《俄罗斯联邦法律汇编》,2019年,№31,第4418条)作出如下变更:

1)将第2条第1款第10)项中语句"第8条"替换为"第8条第1款和第3款";

2)第5条补充第4)项,内容如下:

"4)通过认购数字金融资产。"

3)第6条第2款补充语句"和(或)数字金融资产";

4)将第7条第5款中语句"和(或)实用数字权利"替换为",实用数字权利和(或)数字金融资产";

5)第8条:

a)名称阐述如下:

"第8条 实用数字权利。在投资平台和通过数字金融资产交易商达成实用数字权利和数字金融资产交易的特点";

b)补充第13款和第14款,内容如下:

"13. 与实用数字权利一样,可以在符合本联邦法第11条第5款规定特征的投资平台上认购和转让数字金融资产,以及同时包含实用数字权利和数字金融资产的数字权利。在此种情况下,数字金融资产以及同时包含实用数字权利和数字金融资产的数字权利的发行、核算和流通，根据《俄罗斯联邦关于数字金融资产、数字货币法及相关法律法规的修正案》的要求进行。

14. 实用数字权利的交易，包括将一种实用数字权利交换为另一种实用数字权利，以及买卖实用数字权利的交易，可以通过包括依据《俄罗斯联邦关于数字金融资产、数字货币法及相关法律法规的修正案》开展活动的数字金融资产交易商，根据交易规则来进行，这些交易规则由数字金融资产交易商根据《俄罗斯联邦关于数字金融资产、数字货币法及相关法律法规的修正案》的要求批准。"

6）第 10 条第 2 款：

a）第 8）项叙述如下：

"8）数字金融资产交易商的业务"；

b）补充第 9）项和第 10）项，内容如下：

"9）发行数字金融资产的信息系统运营商的业务；

10）金融机构的其他类型业务，前提是联邦法规定了此种结合的可能性。"

第 27 条　本联邦法生效程序

1. 本联邦法自 2021 年 1 月 1 日起生效，本联邦法第 17 条第 3）项 b）子项除外。

2. 本联邦法第 17 条第 3）项 b）子项自 2021 年 1 月 10 日起生效。

3. 在本联邦法生效后，允许由列入发行数字金融资产的信息系统运营商名册中的人员开展数字金融资产组织发行、核算和流通业务。

4. 在本联邦法生效后，允许由列入数字金融资产交易商名册中的人员开展数字金融资产组织交易业务。

5. 本条第 3 款和第 4 款的要求不适用于在本联邦法生效之日开展数字金融资产组织发行、核算和流通业务和（或）开展数字金融资产组织交易业务的法人。上述法人必须在 2021 年 6 月 1 日前使自己的业务满足本联邦法和经本联邦法修订的联邦法的要求。

6. 2013 年 5 月 7 日颁布的第 79 – FZ 号《俄罗斯联邦关于禁止某类人员在俄罗斯联邦境外的外国银行开立和拥有账户（存款）、储存现金和贵重物品、拥有和（或）使用外国金融工具的修正案》第 3 条第 1 款和第 3 款规定的期限（在此期限内应进行外国金融工具的转让及终止拟投资外国金融工具的财产信托管理），对于依据外国法律组建的信息系统中发行的数字金融资产和数字货币来说，应从本联邦法生效之日起开始计算。

俄罗斯联邦总统

弗拉基米尔·弗拉基米罗维奇·普京

莫斯科克里姆林宫

2003 年 7 月 31 日

第 259 – FZ 号

俄罗斯联邦
个人数据法

2006年7月8日由俄罗斯国家杜马通过
2006年7月14日经俄罗斯联邦委员会批准
（2020年12月30日版本）

第1章
一般规定

第1条　本联邦法的效力范围

1. 本联邦法调整与联邦国家权力机关、俄罗斯联邦各主体权力机关（以下简称"国家机关"）、地方自治机关、其他地方机关（以下简称"地方自治机关"）、法人和自然人利用自动化手段，使用自动化手段（包括在互联网上）或不使用自动化手段处理个人数据有关的关系，如果不使用自动化手段处理个人数据符合利用自动化手段实施的处理个人数据的行为（作业）性质，即能够通过算法检索固定在物质载体上的和包含在卡片库或其他汇编集中的个人数据以及（或者）接触这种个人数据。（经2011年7月25日第261-FZ号联邦法修订）

2. 本联邦法的效力不及于下列情况下产生的关系：

1）自然人仅为了个人需要和家庭需要而处理个人数据，但不得侵犯个人数据主体的权利；

2）依照俄罗斯联邦档案立法的规定，组织保管、配套、统计和使用含有个人数据的俄罗斯联邦档案馆的文件资料和其他资料；

3）（本项根据2011年7月25日第261-FZ号联邦法失去效力）

4）处理依照规定程序属于国家机密的个人数据；

5）（本项根据2017年7月29日第223-FZ号联邦法失去效力）

3. 依照2008年12月22日第262-FZ号《俄罗斯联邦保障公众了解法院活动信息法》而提交、传播、移交和取得含有个人数据的关于俄罗斯联邦各法院活动的信息数据,为了解上述信息数据创造条件维持和使用信息数据系统和互联网。(经 2017 年 7 月 29 日第 223 – FZ 号联邦法修订)

第 2 条 本联邦法的宗旨

本联邦法的宗旨是在个人数据处理时保障个人和公民的权利,包括维护其私生活不受侵犯权及个人和家庭秘密权。

第 3 条 本联邦法所使用的基本概念

(经 2011 年 7 月 25 日第 261 – FZ 号联邦法修订)
本联邦法使用下列基本概念:

1)个人数据:涉及直接或间接已经确定的或正在被确定的自然人(个人数据主体)的任何信息数据;

1 – 1)个人数据主体允许传播的个人数据:个人数据主体允许依照本联邦法规定的程序进行传播而表示同意对个人数据进行处理从而允许不定范围人群了解的个人数据;(经 2020 年 12 月 30 日第 519 – FZ 号联邦法修订)

2)运营商:独立或与他人共同组织和(或)进行个人数据处理,以及确定个人数据处理目的、应予处理的个人数据构成、处理个人数据的行为(业务)的国家机关、地方自治机关、法人或自然人;

3)个人数据的处理:利用自动化系统或不利用这种手段实施与个人数据有关的行为,包括对个人数据进行搜集、记录、汇编、积累、保存、整理(更新、变更)、提取、使用、移转(传播、提交、了解)、匿名化、锁闭、删除、销毁;

4)对个人数据进行自动化处理:借助计算机技术对个人数据进行处理;

5）传播个人数据：旨在向不定范围的人暴露个人数据的行为；

6）提供个人数据：旨在向特定的人或一定范围的人揭露个人数据；

7）锁闭个人数据：暂时中止处理个人数据（但为了核准个人数据而必须进行处理的情形除外）；

8）销毁个人数据：使个人数据内容不可能再在信息数据系统恢复和（或）由于销毁个人数据的物质载体而不能再恢复个人数据的行为；

9）信息数据主体姓名匿名化：致使发生不使用额外的信息数据便不能确定个人数据属于具体主体的行为；

10）个人数据的信息数据系统：包含在个人数据的数据库中并保障个人数据处理的信息数据技术和技术手段的总和；

11）跨境移转个人数据：将个人数据跨过外国领土移转给外国国家机关、外国自然人或外国法人。

第4条 俄罗斯联邦在个人数据领域的立法

1. 个人数据领域的俄罗斯联邦立法所依据的是《俄罗斯联邦宪法》和俄罗斯联邦签署的国际条约，该立法由本联邦法和其他规定对个人数据进行处理的情形及有关特别规定的其他联邦法律组成。

2. 国家机关、俄罗斯银行、地方自治机关有权在其权限范围内根据联邦法律并为实施联邦法律，就涉及个人数据处理的具体问题通过规范性法律文件、规范性文件（以下简称"规范性法律文件"）。这种文件不得含有限制个人数据主体权利的规定，不得规定联邦法律并没有规定的对运营商活动的限制或赋予运营商联邦法律并未规定的义务，上述文件必须予以正式公布。（经2011年7月25日第261-FZ号联邦法修订）

3. 不使用自动化手段进行个人数据处理的问题，可以由俄罗斯联邦的联邦法律和其他法律性文件根据本联邦法的规定予以特别确定。

4. 如果俄罗斯联邦签署的国际条约规定了与本联邦法不同的规则，则适用国际条约的规则。

5. 根据俄罗斯联邦签署的国际条约并为解释上述条约而通过的跨国机构的决定，如果与《俄罗斯联邦宪法》相抵触，则不得在俄罗斯联邦适用。对这种抵触可以依照联邦宪法性法律规定的程序予以确定。(经 2020 年 12 月 8 日第 429 – FZ 号联邦法修订)

第 2 章
个人数据处理的原则和条件

第 5 条 个人数据处理的原则

（经 2011 年 7 月 25 日第 261-FZ 号联邦法修订）

1. 个人数据的处理应该依照合法与公正的原则进行。

2. 个人数据的处理应限于达到具体的、事先确定的和合法的目的。不允许为了与搜集个人数据不相容的目的而处理个人数据。

3. 如果个人数据进行处理的目的相互不兼容，则不允许合并包含个人数据的数据库。

4. 只有符合处理目的的个人数据才允许进行处理。

5. 被处理的个人数据的内容和范围应该符合所宣布的处理目的。被处理的个人数据不得超过所宣布的处理目的。

6. 在对个人数据进行处理时，应该保障个人数据的准确性、充分性，以及在必要情况下还要保证存在对个人数据处理的迫切性。运营商应该采取必要措施排除或核实不完整和不准确的信息数据。

7. 个人数据保存的形式应该能够确定个人数据的主体，不得超出为此目的进行个人数据处理所需要的时间，但联邦法律、受益人或保证人为个人数据主体的合同规定了不同保存期限的情形除外。被处理的个人数据在达到处理目的后或在不需要再达到处理目的的情况下应使其主体匿名化，但联邦法律有不同规定的除外。

第6条 个人数据处理人的条件

（经 2011 年 7 月 25 日第 261 – FZ 号联邦法修订）

1. 个人数据处理的进行应该遵守本联邦法规定的原则和规则。在下列情况下允许处理个人数据：

1）个人数据处理应该经个人数据主体对其个人数据处理的同意；

2）个人数据的处理必须是为达到俄罗斯联邦签署的国际条约或法律规定的目的，为了完成俄罗斯联邦立法赋予运营商的职能、权限和义务；

3）因当事人参加宪法、民事、行政、刑事的诉讼或仲裁法院的诉讼而进行个人数据的处理；（经 2017 年 7 月 29 日第 223 – FZ 号联邦法修订）

3 - 1）为了执行依照俄罗斯联邦执行程序立法应该予以执行的法院文件、国家机关文件或公职人员文件而必须处理个人数据；（经 2017 年 7 月 29 日第 223 – FZ 号联邦法修订）

4）为了行使联邦行政机关、国家非预算基金、俄罗斯联邦主体行政机关、地方自治机关的权限和参与提供 2010 年 7 月 27 日第 210 – FZ 号《俄罗斯联邦关于提供国家服务和自治地方服务的组织法》规定的服务，包括在国家和自治地方统一服务门户网站和（或）国家和自治地方区域性统一服务门户网站进行个人数据主体的注册而处理个人数据；（经 2013 年 4 月 5 日第 43 – FZ 号联邦法修订）

5）为履行当事人一方或受益人或保证人为个人数据主体的合同，以及为了依照个人数据主体的提议而订立合同，或者订立个人数据主体将为受益人或保证人的合同而处理个人数据；（经 2013 年 12 月 21 日第 363 – FZ 号联邦法、2016 年 7 月 3 日第 231 – FZ 号联邦法修订）

6）除为了保护个人数据主体的生命、健康和其他生死攸关的利益处理个人数据外，必须征得个人数据主体的同意；

7）为了行使运营商或第三人的权利和合法利益而处理个人数据，包括在《俄罗斯联邦关于在从事返还逾期债务的活动时维护自然人权利和合法利益法及〈小微金融活动和小微金融组织法〉修正案》规定的情况下，或者为了达到社会有益目的并且不侵犯个人数据主体权利和自由的情况下处理个人数据；（经2016年7月3日第231-FZ号联邦法修订）

8）为了从事记者的职业活动和（或）大众信息数据媒体的合法活动，或者从事科学、文学和其他创作活动而处理个人数据，其条件是不侵犯个人数据主体的权利和合法利益；

9）为了统计目的或其他研究目的而进行个人数据处理，但本联邦法第15条规定的目的除外，同时还必须保障个人主体匿名化；

9-1）为了提高国家管理或自治地方管理的效率而处理通过个人数据主体匿名化而获得的个人数据，以及为了达到《俄罗斯联邦在直辖市莫斯科进行研发和应用人工智能技术试验的专项法规和〈俄罗斯联邦个人数据法〉第6条和第10条的修正案》所规定的其他目的，并依照上述联邦法律规定的程序和条件进行个人数据处理；（经2010年4月24日第123-FZ号联邦法修订）

10）（本项根据2020年12月30日第519-FZ号联邦法失去效力）

11）对依照联邦法律应该公布或必须披露的个人数据进行处理；

11-1）国家保护客体及其家庭成员个人数据处理应根据1996年5月27日第57-FZ号《俄罗斯联邦国家机密法》的特别规定进行。（经2017年7月1日第148-FZ号联邦法修订）

2. 对特殊种类的个人数据及生物统计学个人数据的处理，分别由本联邦法第10条和第11条作出特别规定。

3. 除联邦法律有不同规定的情形外，运营商有权经个人数据主体的同意委托他人进行个人数据处理，其根据是与该人订立的合同，包括国家合同或自治地方合同，或者国家机关和地方自治机关通过的相应文件（以下简称"运营商委托"）。依照运营商委托对个人数据进行处理的人员，必须遵守本联邦法规定的信息数据处理的原则和规则。运营商委托书中应该规定对个人数据进行处理的人员实施哪些行为（处理）和进行处理的目的，应该规定该人保守个人信息秘密和个人数据在进行处理时保障安全的义务，还应该提出依照本联邦法第19条保障所处理个人数据安全的要求。

4. 根据委托处理个人数据的人员，不负有征得个人数据主体同意的义务。

5. 如果运营商委托他人处理个人数据，则由运营商对该人的行为向个人数据主体负责。接受运营商委托对个人数据进行处理的人员，向运营商负责。

第7条 个人数据的保密

（经2011年7月25日第261–FZ号联邦法修订）

运营商和接触个人数据的其他人，不经个人数据主体的同意不得向第三人泄露或扩散个人数据，但联邦法律有不同规定的除外。

第8条 个人数据的公开来源

1. 为了信息保障的目的，可以建立个人数据的公开查询办法（包括公共信息查询簿、地址簿）。经个人数据主体的书面同意，可以在公共信息指南中列入他的姓名、出生年份和出生地、住址、电话号码、职业信息和个人数据主体提供的其他个人数据。（经2011年7月25日第261–FZ号联邦法修订）

2. 关于个人数据主体的信息可以根据个人数据主体的要求或者根据法院的判决及其他国家主管机关的决定在任何时间从公共信息查询簿中删除。(经 2011 年 7 月 25 日第 261 – FZ 号联邦法修订)

第 9 条　个人数据主体对处理其个人数据的同意

(经 2011 年 7 月 25 日第 261 – FZ 号联邦法修订)

1. 个人数据主体以自己的意志并为自己的利益作出提供个人数据的决定和表示处理其个人数据的同意。对处理个人数据的同意应该是具体的、了解情况的和自觉自愿的。处理其个人数据的同意可以由个人数据主体表示，或者由其代理人以任何能够确认他已获得主体同意的形式表示，但联邦法律有不同规定的除外。在从代理人那里取得个人数据主体对处理个人数据的同意时，该代理人以个人数据主体的名义同意处理个人数据的权限应由运营商进行审查。

2. 对处理个人数据的同意可以由个人数据主体撤回。在个人数据主体撤回对处理其个人数据的同意时，在本联邦法第 6 条第 1 款第 2)～11)项、第 10 条第 2 款和第 11 条第 2 款规定的情况下，运营商有权不经个人数据主体的同意继续处理个人数据。

3. 关于已经取得个人数据主体的同意处理其个人数据的证据或存在本联邦法第 6 条第 1 款第 2)～11)项、第 10 条第 2 款和第 11 条第 2 款规定的情况的证据的证明责任在运营商。

4. 在本联邦法规定的情况下，个人数据的处理只能经个人数据主体的书面同意方能进行。个人数据主体依照联邦法律使用电子形式作出的电子签名等同于其在纸质载体上含有亲笔签名的同意书。个人数据主体对其个人数据进行处理的同意书应包含以下内容：

1) 个人数据主体的姓名及住址，身份证明文件的号码，颁发上述证件的日期和颁发机关；

2）个人数据主体代理人的姓名及住址，身份证明文件的号码，颁发上述证件的日期和颁发机关，委托书或其他证明该代理人权限的文件的要件（在收到个人数据主体代理人同意书的情况下）；

3）接收个人数据主体代理人同意书的运营商的名称或姓名及住址；

4）处理个人数据的目的；

5）个人数据主体同意进行处理的个人数据清单；

6）如果个人数据处理委托他人进行，则应包括根据运营商委托进行个人数据处理的单位名称和人员姓名；

7）同意对个人数据处理时实施的行为，运营商处理个人数据应实施行为的一般描述；

8）个人数据主体同意的有效期，以及撤回同意的办法，但联邦法律有不同规定的除外。

5. 以电子文件形式取得个人数据主体为提供国家服务和地方自治服务，以及为提供国家服务和自治地方所必需的和强制性服务而提供个人数据的同意书的办法，由俄罗斯联邦政府规定。

6. 如果个人数据主体无行为能力，则处理其个人数据的同意书由个人数据主体的代理人出具。

7. 如个人数据主体死亡，如个人数据主体在世时并未出具处理其个人信息的同意书，则同意书由其继承人出具。

8. 运营商可以从个人数据主体之外的人那里获得其个人数据，条件是向运营商提供存在本联邦法第 6 条第 1 款第 2）~11）项、第 10 条第 2 款和第 11 条第 2 款规定的根据。

9. 对个人信息数据主体允许传播其个人数据同意书的内容要求，由维护个人数据主体权利的主管机关规定。（经 2010 年 12 月 30 日第 519–FZ 号联邦法修订）

第 10 条　特殊种类的个人数据

1. 涉及种族、民族、政治观点、宗教和哲学信仰、健康状况、生活隐私等种类的个人数据禁止进行处理，但本条第 2 款和第 2-1 款规定的情形除外。(经 2010 年 4 月 24 日第 123-FZ 号联邦法修订)

2. 在下列情况下，允许处理本条第 1 款所规定的专门种类的个人数据：

1) 个人数据主体以书面形式表示同意处理自己的个人数据；

2) 个人数据主体为传播而同意处理其个人数据，应该遵守本联邦法第 10-1 条所提出的禁止性规定和条件；(经 2020 年 12 月 30 日第 519-FZ 号联邦法修订)

2-1) 根据俄罗斯联邦实施国际协议而必须处理个人数据；(经 2009 年 11 月 25 日第 266-FZ 号联邦法修订)

2-2) 依照 2002 年 1 月 25 日第 8-FZ 号《俄罗斯联邦人口登记法》进行个人信息数据处理；(经 2010 年 7 月 27 日第 204-FZ 号联邦法修订)

2-3) 依照国家社会援助立法、劳动立法、养老金立法进行个人数据处理；(经 2011 年 7 月 25 日第 261-FZ 号联邦法、2014 年 7 月 21 日第 216-FZ 号联邦法修订)

3) 为保护个人数据的生命、健康或其他生死攸关的重要利益或为了保护其他人的生命、健康或其他生死攸关的重要利益及在不可能取得个人数据主体同意的情况下处理主体个人数据；(经 2011 年 7 月 25 日第 261-FZ 号联邦法修订)

4) 依照俄罗斯联邦立法从事专业医疗活动的人员并承担义务保守医务秘密的条件下，为了医疗防疫的目的、确定医疗诊断、提供医疗服务和医疗社会服务而处理个人数据；

5）社会团体或宗教团体参加者个人数据的处理由依照俄罗斯联邦立法进行活动的相应社会团体或宗教团体为了达到其设立文件规定的宗旨而进行，其条件是该个人数据不经个人数据主体的书面同意不得传播；

6）为了确定个人数据主体的权利或第三人的权利，以及因司法的需要而处理个人数据；（经 2011 年 7 月 25 日第 261 – FZ 号联邦法修订）

7）进行个人数据处理依据以下联邦立法进行：国防法、安全法、反恐怖主义法、反腐败法、侦缉活动法、执行程序法、刑事诉讼法；

7 – 1）在俄罗斯联邦立法规定的情况下，个人数据的处理由检察机关因进行检察监督而进行；（经 2013 年 7 月 23 日第 205 – FZ 号联邦法修订）

8）个人信息的处理依照强制保险法、保险法进行；（本项引入 2010 年 11 月 29 日第 313 – FZ 号联邦法，经 2011 年 7 月 25 日第 261 – FZ 号联邦法修订）

9）在俄罗斯联邦立法规定的情况下，为了将没有父母监护的儿童安置到公民家庭，个人数据的处理由国家机关、地方自治机关或组织进行处理；

10）依照《俄罗斯联邦国籍法》对个人数据进行处理。（经 2014 年 6 月 4 日第 142 – FZ 号联邦法修订）

2 – 1. 由于个人数据匿名化而获得的涉及健康状况的个人数据，允许为了提高国家管理和自治地方管理的效率及为了《俄罗斯联邦在直辖市莫斯科进行研发和应用人工智能技术试验的专项法规和〈俄罗斯联邦个人数据法〉第 6 条和第 10 条的修正案》规定的其他目的，并依照上述联邦法律规定的程序和条件进行处理。（经

2010年4月24日第123-FZ号联邦法增补）

3. 国家机关和地方自治机关在依照俄罗斯联邦立法所享有的权限范围内，以及其他人在联邦法律规定的情况下和依照联邦法律规定的程序，可以处理关于犯罪记录的个人数据。

4. 在本条第2款和第3款所规定的情况下对特殊种类个人数据的处理，如果处理的原因已经排除，应立即终止处理，但联邦法律有不同规定的除外。（经2011年7月25日第261-FZ号联邦法修订）

第10-1条 关于个人数据主体允许传播的个人数据处理的特别规定❶

（经2020年12月30日第519-FZ号联邦法修订）

1. 个人数据主体对传播个人数据的同意事项，应该与个人数据主体对个人数据处理的其他同意事项分开办理。运营商有义务保障个人数据主体有可能确定个人数据主体允许传播的、个人数据处理同意书中指出的每一类个人数据的清单。

2. 在个人数据主体未向运营商提交本条规定的同意书而向不定范围的人披露个人数据，则对个人数据进行披露或进行其他处理的每个人均有义务提交披露和处理上述个人数据合法性的证据。

3. 如果由于违法行为、犯罪行为或者因不可抗力的情况个人数据已经向不定范围的人披露，则上述个人数据以后传播或进行其他处理的证明责任由进行传播或处理的人承担。

---

❶ 经2022年12月29日第572-FZ号联邦法，本条已失效。因俄罗斯法律的修订均在原文基础上实时进行，本法翻译所依据的2020年底版本这一条仍有效，但出版时已失效，为了保持全文的连贯性，未予删除。

4. 如果从个人数据主体提交的准许处理个人数据主体允许披露的同意书中不能得出个人数据主体同意披露个人数据的结论，则该个人数据视为由个人数据主体提供给处理人进行处理而处理人无权进行披露。

5. 如果从个人数据主体提交的个人数据处理同意书中不能得出结论认为个人数据主体没有规定本条第 9 款规定的禁止性条款和个人数据处理条件，或者是个人数据主体提交的上述同意书中未指出个人数据的种类和清单是个人数据主体依照本条第 9 款规定了处理条件和禁止予以处理的，则运营商对个人数据主体提交给他的个人数据进行处理，而不得移转（分发、提供、访问）他人和使不定范围的人对个人数据有实施其他行为的可能性。

6. 个人数据主体为传播而处理个人数据的同意书可以采取以下方式交给运营商：

1）直接提交；

2）通过维护个人数据主体权利主管机关的信息系统提交。（本项根据 2020 年 12 月 30 日第 519 – FZ 号联邦法修订，从 2021 年 7 月 1 日起生效）

7. 使用维护个人数据主体权利主管机关信息系统的规则，包括个人数据主体与运营商相互的协作办法，由维护个人数据主体权利的主管机关规定。

8. 在任何情况下，个人数据主体沉默或不作为均不得视为同意对个人数据主体允许传播的个人数据进行处理。

9. 在对个人数据主体同意传播的个人数据进行处理的同意书中，个人数据主体有权确定禁止运营商将这些个人数据移转给不定范围的人（提供访问除外），以及禁止不定范围的人对这些个人数据进行处理或规定处理的条件（获得访问除外）。不允许运营商拒绝个人数据主体作出禁止性规定和本条规定的条件。

10. 运营商必须在收到个人数据主体同意书之日起的 3 个工作日内公布关于处理条件和不定范围的人对个人数据主体同意传播的个人数据进行处理的禁止性规定和条件。

11. 个人数据主体对移转（提供访问除外）及对个人数据处理的禁止和对个人数据主体允许传播的个人数据的处理条件（获得访问除外），不适用于为了俄罗斯联邦立法规定的国家利益、社会利益和其他公共利益而处理个人数据的情形。

12. 个人数据主体允许转移（分发、提供、访问）的个人数据，应该在任何时候根据个人数据主体的请求立即终止移转。该请求书应包括个人数据主体的姓名、联系方式（电话号码、电子邮箱地址或邮政通信地址），以及应该终止处理的个人数据清单。该请求书中所列个人数据只能由接收请求书的运营商进行处理。

13. 个人数据主体对个人数据主体允许传播的信息数据进行处理的同意书的效力，自运营商收到本条第 12 款规定的请求书之时起终止。

14. 在本条的规定得不到遵守时，个人数据主体有权提出终止移转原先允许向任何处理个人数据的主体传播的个人数据或者向法院提出上述请求。后者必须在个人数据主体提出请求的 3 个工作日内或在法院生效判决指定的期限内终止移转（分发、提供、访问）个人数据，如果法院判决未规定该期限，则在法院判决生效之日起的 3 个工作日内终止移转。

15. 本条的规定不适用于为了完成立法赋予联邦行政机关和俄罗斯联邦主体行政机关、地方自治机关的权限和义务而处理个人数据的情形。

第 11 条　个人生物统计学信息数据

（经 2011 年 7 月 25 日第 261 – FZ 号联邦法修订）

1. 说明一个人生理学和生物学特点或据以确定一个人身份的信息（以下简称"个人生物统计学信息"）和运营商用以确定个人数据主体身份的信息数据，只能在个人数据主体出具书面同意的情况下才能进行处理，但本条第 2 款规定的情形除外。

2. 为了履行俄罗斯联邦关于再入籍国际条约、进行审判和执行法院裁判、为了国家强制性指纹登记及在俄罗斯联邦国联立法、安全立法、反恐怖立法、交通安全立法、反腐败立法、侦缉活动立法、国家服务立法、刑事执行立法、俄罗斯联邦出入境立法、俄罗斯联邦国籍立法、俄罗斯联邦公证立法规定的情况下，可以不经个人数据主体的同意进行个人生物统计学信息的处理。（经 2014 年 6 月 4 日第 142 – FZ 号联邦法、2017 年 12 月 31 日第 198 – FZ 号联邦法、2019 年 12 月 27 日第 480 – FZ 号联邦法修订）

第 12 条　个人数据的跨境传输

（经 2011 年 7 月 25 日第 261 – FZ 号联邦法修订）

1. 在作为《欧洲委员会关于个人数据自动化处理中的个人保护公约》缔约国的外国境内及在保障个人数据对等保护的其他国家进行个人数据跨境传输，依照本联邦法进行。为了维护俄罗斯联邦的宪法制度、道德、健康、公民权利和合法利益及保障国防和国家安全也可以对之进行禁止或限制。

2. 保护个人数据主体权利的主管机关确定《欧洲委员会关于个人数据自动化处理中的个人保护公约》缔约国之外的国家清单。《欧洲委员会关于个人数据自动化处理中的个人保护公约》缔约国

313

以外的国家,如果相关国家相应的法律规范和对个人数据的保护措施符合上述公约的规范,则可以列入对个人数据主体权利进行对等保护的国家清单。

3. 运营商必须确认,在其境内进行个人数据处理的国家对个人数据主体的权利进行了相应的保护,之后方可进行个人数据的跨境传输。

4. 在不保证对个人数据主体的权利实行对等保护的外国,在下列情况下可以进行个人数据的跨境传输:

1)个人数据主体以书面形式同意对其个人数据进行跨境传输;

2)在俄罗斯联邦签署的国际条约规定的情况下;

3)在联邦法律规定的情况下,如果为了维护俄罗斯联邦的宪法基本原则、保障国防和国家安全,以及为了保障交通运输综合体的安全和稳定、安全地运行、维护交通领域个人、社会和国家免遭非法干涉行为的侵害;

4)履行个人数据主体为当事人的合同;

5)在不可能得到个人数据主体书面同意书的情况下为了保护个人数据主体的安全和他人的安全。

第13条 国家或自治地方个人数据系统
个人数据处理的特别规定

1. 国家机关、地方自治机关依照联邦法律规定的权限范围内建立国家的和自治地方的个人数据系统。

2. 联邦法律可以对国家和自治地方个人数据系统中个人数据登记作出特别规定,包括使用各种方式标明国家和自治地方个人数据系统中的个人数据属于具体个人数据主体。

3. 不得以国家和自治地方个人数据系统中的各种个人信息处

理方式和标明属于具体主体为由而限制公民的权利和自由。不允许使用伤害公民感情或贬低公民人格的方式标明国家和自治地方个人数据系统中的个人数据属于具体人。

4. 为了保证国家和自治地方信息系统处理其个人数据时个人数据主体权利的行使,可以建立居民国家登记处,其法律地位和工作办法由联邦法律规定。

第3章
个人数据主体的权利

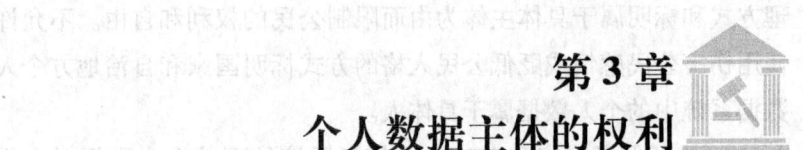

第14条 个人数据主体了解其个人信息的权利

(经2011年7月25日第261-FZ号联邦法修订)

1. 个人数据主体有权获得本条第7款所规定的信息材料,但本条第8款规定的情形除外。如果个人数据不完整、已经过时、不准确、系非法获得或者并非所声明之处理目的之必需,则个人数据主体有权请求运营商准确记录、锁闭或销毁其个人数据,以及要求采取法律规定的维护个人权利的其他措施。

2. 本条第7款所列信息,运营商应该以可以理解的形式提交给个人数据主体,其中不应该包含属于其他个人数据主体的信息,但存在揭示此处个人数据之合法理由的情形除外。

3. 本条第7款所列信息数据,运营商在收到个人数据主体或其代理人的查询请求应该提供给个人数据主体或其代理人。查询请求书应该包含个人数据主体或其代理人身份的基本证件的号码、上述证件提交的日期和颁发的机关,个人数据主体与运营商存在业务关系的信息材料[合同号、合同订立日期约定的文字标记和(或)其他信息],或者以其他方法证明运营商处理个人数据主体的个人数据这一事实的信息材料,个人数据主体或其代理人的签字。查询请求书可以根据俄罗斯联邦法律以电子形式提出,并进行电子签名。

4. 如果本条第 7 款所列信息材料及正在被处理的个人数据，根据个人数据主体的查询请求提供给其了解，个人数据主体有权再次向运营商提出查询请求，以取得本条第 7 款所列信息材料和了解此类个人数据，并在初次提出请求或发出咨询请求之日起的 30 天后再次提出请求，但联邦法律、依照联邦法律通过的规范性文件或以个人数据主体为受益人或保证人的合同规定了更短期限的情况除外。

5. 个人数据主体有权再次联系和请求运营商，以获取本条第 7 款规定的信息，以及本条第 4 款规定的期限届满前所处理的个人数据，前提是此类信息和（或）处理的个人数据未在个人数据主体初始申请后提供给其充分了解。如第二次请求本条第 3 款所述的信息，则须注明重新请求的理由。

6. 运营商有权拒绝个人数据主体再次提出的咨询请求，如果该请求不符合本条第 4 款和第 5 款规定的条件。拒绝应该说明理由。拒绝完成再次咨询请求理由的证明责任由运营商承担。

7. 个人数据主体有权获得关于处理其个人数据的信息，其中包括以下内容：

1）运营商证实处理个人数据的事实；

2）处理个人数据的法律依据和目的；

3）运营商处理个人数据的目的和所采用的处理方式；

4）运营商的名称和所在地、（运营商之外）能够接触个人数据的人员或依据与运营商的合同和联邦法律能够对之披露个人数据的人员的信息材料；

5）正在被处理的属于相应主体的个人数据、获得数据的来源，但联邦法律规定提供此种信息的不同办法的除外；

6）处理个人数据的期限，包括这些数据保存的期限；

7）个人数据主体行使本联邦法规定的权利的程序；

8) 关于正在进行的或预期的数据跨境传输的信息；

9) 如果委托或将委托给第三人处理，则应说明根据运营商委托对个人数据进行处理的人员单位名称、人员姓名和地址；

10) 本联邦法和其他联邦法律所规定的其他信息。

8. 依照联邦法律可以对个人数据主体接触其个人数据的权利进行限制，包括有下列情况之一时：

1) 为了国防目的、国家安全和维护法律秩序的目的而处理个人数据，包括处理通过侦缉活动、反情报活动和情报活动得到的个人数据；

2) 因个人数据主体的犯罪嫌疑而对个人数据主体进行拘捕的机关，或者对个人数据主体提出刑事案件指控的机关，或者对个人数据主体在起诉前采取刑事强制措施的机关而处理个人数据，但俄罗斯联邦刑事诉讼立法允许犯罪嫌疑人或刑事被告人了解此类个人数据的情形除外；

3) 依照俄罗斯联邦反洗钱和反资助恐怖主义法而处理个人数据；

4) 个人数据主体了解其个人数据侵犯第三人的权利和合法利益；

5) 在俄罗斯联邦交通安全立法规定的情况下，为了保障交通综合体运行的安全、维护个人、社会和国家在交通综合体领域免受非法干涉行为的侵害而处理个人数据。

第15条 为了商品、工作、服务在市场上的流通及为了进行政治鼓动而处理个人数据时个人数据主体的权利

1. 为了通过借助通信手段与潜在的消费者直接接触而推动商品、工作、服务在市场上的流通，以及为了政治鼓动的目的，允许只有在事先经个人数据主体的同意后方能进行个人数据处理。处理

个人数据，如果运营商不能证明已经取得事先同意，则被认为是未得到个人数据主体的事先同意。

2. 运营商必须根据个人数据主体的要求立即终止对本条第 1 款所列个人数据的处理。

第 16 条　个人数据主体在作出仅根据对其个人数据进行自动化处理决定时的权利

1. 禁止仅根据个人数据的自动化处理作出决定，从而对个人数据主体产生法律后果或以其他方式涉及其权利和合法利益，但本条第 2 款规定的情形除外。

2. 只能在个人数据主体书面同意的情况下或者在保障遵守个人数据主体权利和合法利益的措施的联邦法律规定的情况下，方能作出仅通过自动化系统处理个人数据而对个人数据主体产生法律后果或以其他方式涉及其权利和合法利益的决定。

3. 运营商有义务向个人数据主体说明仅根据对其个人数据进行自动化处理作出决定的程序及因此可能产生的法律后果，使主体具有对此决定提出反对的可能，以及解释个人数据主体维护其权利和合法利益的程序。

4. 运营商必须在收到第 3 款规定的反对意见后的 30 天内予以审议，并将审议结果通知个人数据主体。（经 2011 年 7 月 25 日第 261 – FZ 号联邦法修订）

第 17 条　对运营商行为或不作为提出告诉的权利

1. 如果个人数据主体认为运营商对其个人数据的处理违反了本联邦法的要求或以其他方式侵犯了个人数据主体的权利和自由，个人数据主体有权对运营商的行为向维护个人数据主体权利的主管机关通过司法程序提出告诉。

2. 个人数据主体有权维护自己的权利和合法利益,包括通过法律程序要求赔偿损失和精神损害。

第4章
运营商的义务

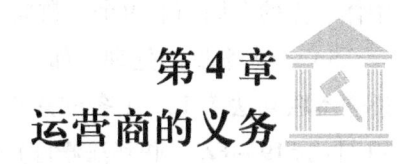

第18条 运营商在搜集个人数据时的义务

（经2011年7月25日第261－FZ号联邦法修订）

1. 在搜集个人数据时，运营商必须根据个人数据主体的请求向他提交本联邦法第14条第7款规定的信息。

2. 如果依照联邦法律的规定提交个人数据是强制性的，则运营商必须向个人数据主体解释拒绝提交其个人数据的后果。

3. 如果个人登记处数据不是从其主体本人那里取得的，除本条第4款规定的情形外，在开始处理个人数据前，运营商必须向个人数据主体提交下列信息材料：

1）运营商或其代理人的名称或其姓名及地址；
2）处理个人数据的目的及其法律依据；
3）预计将要使用个人数据的主体；
4）本联邦法规定的个人数据主体权利；
5）获得个人数据的来源。

4. 有下列情形之一的，运营商免除向个人数据主体提交本条第3款所规定信息的义务：

1）相应运营商已经通知个人数据主体将对其个人数据进行处理；
2）运营商依照联邦法律或为履行受益人或保证人为个人数据

主体一方的合同而取得个人数据；

3) 个人数据的处理，如个人数据已经得到主体的准许，则应遵守本联邦法第10－1条的禁止性规定的条件；（经2020年12月30日第519－FZ号联邦法修订）

4) 运营商为了统计或其他研究目的、为了从事记者的职业活动或从事科学、文学或其他创作活动而处理个人数据，只要不侵犯个人数据主体的权利和合法利益；

5) 向个人数据主体提交本条第3款规定的信息侵犯第三人的权利和合法利益。

5. 在搜集个人数据，包括通过互联网搜集这些数据时，运营商有义务保障记录、汇编、积累、保存、核对（更新、修改）、使用俄罗斯联邦境内的数据库提取个人数据，但本联邦法第6条第1款第2)项、第3)项、第4)项和第8)项规定的情形除外。（经2014年7月21日第242－FZ号联邦法修订）

第18－1条 保障运营商履行本规定义务的措施

（经2011年7月25日第261－FZ号联邦法修订）

1. 运营商必须采取必要的足够的措施，以保证履行本联邦法和依照本联邦法通过的规范性法律文件规定的义务。运营商自主确定保障履行本联邦法和依照本联邦法通过的规范性法律文件所规定义务所必需的和足够的措施的构成和清单，但本联邦法和其他联邦法律有不同规定的除外。上述措施可以包括：

1) 作为法人的运营商任命组织个人数据处理的人员；

2) 作为法人的运营商出版决定运营商在个人数据处理方面的政策、就个人数据处理问题规定旨在预防和发现违反俄罗斯联邦立法的行为、排除此种违法行为后果的地方性文件；

3）依照本联邦法第 19 条采取法律的、组织的和技术性的措施，以保证个人数据的安全；

4）对于个人数据的处理是否符合本联邦法和依照本联邦法通过的规范性法律文件、个人数据保护要求、运营商在处理个人数据方面的政策、运营商的地方性规定等进行内部监督和（或）审计；

5）评估在违反本联邦法时可能对个人数据主体造成的损害，上述损害和所采取的旨在保证履行本联邦法规定的义务方面的措施是否相当；

6）让直接从事个人数据处理的运营商单位工作人员了解俄罗斯联邦个人数据立法的规定，包括对于维护个人数据的要求，了解规定运营商在个人数据处理方面的政策、个人数据处理方面的地方性规定和（或）对上述工作人员进行培训。

2. 运营商必须公布或以其他方式保证人们全面了解规定个人数据处理领域政策的文件、实行个人数据保护要求的信息。利用互联网搜集个人数据的运营商必须在相应的互联网公布规定其个人数据处理政策的文件，以及保证利用互联网了解上述文件的可能性。

3. 俄罗斯联邦政府规定各种措施，以保障作为运营商的国家机关和地方自治机关履行本联邦法和依照本联邦法通过的规范性法律文件规定的义务。

4. 运营商必须提交本条第 1 款所列文件和地方性规定和（或）以其他方式确认已经采取了本条第 1 款规定的措施，以保证个人数据主体权利保护的主管机关进行查询。

第 19 条　在处理个人数据时保障个人数据安全的措施

（经 2011 年 7 月 25 日第 261 – FZ 号联邦法修订）

1. 运营商在处理个人数据时必须采取必要的法律措施、组织措施和技术措施或保障上述措施保护个人数据免受非法或偶然的接触、毁灭、变更、锁闭、复制、提供、传播，以及防止对个人数据的其他非法行为。

2. 通过以下办法保障个人数据安全：

1）在个人数据系统中处理个人数据时确定对个人数据的安全危险；

2）在个人数据系统进行个人数据处理时采取保障其安全、完成对个人数据保护要求的必要组织措施和技术措施，这些措施的执行应能保障俄罗斯联邦政府规定的个人数据保护水平；

3）采取按规定办法进行适应性评估的信息保护手段；

4）在启用个人数据系统时评估已经采取的个人数据安全保障措施的有效性；

5）登记个人数据的机械载体；

6）发现非经批准的接触个人数据的行为并采取措施发现、预防和消除个人数据的计算机攻击的后果及应对该系统中的事故；（经2020年12月30日第515号联邦法修订）

7）恢复因非法接触个人数据而发生变异或销毁的个人信息数据；

8）规定调取正在个人数据系统进行处理的个人数据的规则，以及保障对个人数据系统中个人数据所实施的行为进行登记和统计；

9）对保障个人数据安全和个人数据系统的保护程度所采取的措施实行监督。

3. 鉴于个人数据主体可能受到的损害、被处理个人数据的数量和内容、处理个人数据所进行活动的种类及对个人数据安全威胁的迫切性，俄罗斯联邦政府应规定如下事项：

1）在个人数据系统进行个人数据处理时，根据对这些数据安全的威胁程度规定个人数据的保护水平；

2）在个人数据信息系统中处理个人数据时对个人数据保护的要求，以保障个人数据得到规定水平的保护；

3）对生物统计学个人数据物质载体的要求和在个人数据信息系统保存这种数据的技术。

4. 俄罗斯联邦政府依照本条第 3 款规定的保护每一被保护层级的个人数据在信息系统进行处理时个人数据安全的必要组织和技术措施的构成和内容，由主管安全保障领域的联邦行政机关以及由在反技术侦查和信息技术保护的主管行政机关在其权限范围内予以规定。

5. 在规定领域制定国家政策和进行规范性法律调整的联邦行政机关、俄罗斯联邦各主体国家权力机关、俄罗斯银行、国家非预算基金的机关、其他国家机关在其权限范围内通过规范性法律文件，根据个人数据的内容、性质和处理方式确定在个人数据系统处理个人信息时对个人数据存在的现实威胁。

6. 除对依照本条第 5 款通过的规范性法律文件所规定的个人数据安全的威胁外，运营商协会、联合会和其他联合组织有权根据个人数据的内容、性质和处理方式作出决定，规定在个人数据信息系统处理个人数据、在上述运营商协会、联合会和其他联合组织从事一定种类活动时还存在哪些对个人数据安全的现实威胁。

7. 本条第 5 款所列规范性法律文件的草案，应该与保障安全的联邦主管行政机关和反技术侦查和信息技术保护的联邦主管行政机关进行协商。本条第 6 款所列决定草案，也应该与保障安全的联邦主管行政机关和反技术侦查和信息技术保护的联邦主管行政机关进行协商，协商的办法由俄罗斯联邦政府规定。保障安全的联邦主管行政机关和反技术侦查和信息技术保护的联邦主管行政机关驳回本条第 6 款所列决定草案的决定，应该说明理由。

8. 对于执行依照本条规定的在国家个人数据系统进行个人数据处理时保障个人数据安全的组织措施和技术措施的监督和监管，由保障安全的联邦主管行政机关和反技术侦查和信息技术保护的联邦主管行政机关在其权限范围内进行，但无权了解在个人数据信息系统进行处理的个人数据。

9. 对保障安全的联邦主管行政机关和反技术侦查和信息技术保护的联邦主管行政机关，俄罗斯联邦政府考虑所处理个人数据的重要性和内容可以作出决定，授权对下列情况下执行本条规定的保障个人数据安全的组织措施和技术措施事项进行监督：在某些活动中利用个人数据系统处理个人数据时；不具有国家个人数据系统资格而无权了解个人数据系统正在处理的个人数据时。

10. 在个人数据系统之外使用和保存生物统计学数据，只能在信息物质载体上进行并采用必须能够保护这些数据免受非法或偶然接触、毁灭、变更、锁闭、复制、提交、传播的技术。

11. 本条所指的对个人数据安全的威胁是指造成非法的偶然的接触个人数据，从而可能导致个人数据的毁灭、变更、锁闭、复制、提交、传播的条件的总和，以及其他在个人信息中进行处理时的非法行为。个人数据的保护水平是指表征个人数据系统在处理个人数据时保障消除其安全的威胁。

第 20 条　运营商在个人数据主体向他提出要求时或在收到个人数据主体或其代理人的请求及个人数据保护主管机关的质询时的义务

（经 2011 年 7 月 25 日第 261 - FZ 号联邦法修订）

1. 运营商必须依照本联邦法第 14 条规定的程序通知个人数据主体或其代理人关于存在与相关个人数据主体有关的个人数据，以及在个人数据主体或其代理人提出请求时或者在收到请求之日起的 30 天内提供他们了解这些信息数据的可能性。

2. 当个人数据主体或其代理人提出要求或者收到个人数据主体或其代理人的请求时，如果拒绝个人数据主体或其代理人提供关于存在有关主体的个人数据的信息，运营商应在个人数据主体或其代理人提出请求的 30 天内或自收到个人数据主体或其代理人请求之日起的 30 天内作出说明理由的书面答复，如果拒绝提供，则应援引本联邦法第 14 条第 8 款的规定或作为拒绝根据的其他联邦法律的规定。

3. 运营商有义务无偿向个人数据或其代理人了解涉及该个人数据主体的个人数据的可能性。在个人数据主体或其代理人提交证明，说明个人数据是不完整的、不准确的或已经过时的，则运营商必须在收到上述信息之日起的 7 天内进行必要的更改。在个人数据主体或其代理人提交证明个人数据的获得属于非法或对声明的处理目的不必要，则运营商必须在 7 个工作日内销毁个人数据。运营商必须将所作的修改和所采取的措施通知个人数据主体或其代理人，并采取合理的措施通知接收该个人数据的第三人。

4. 信息数据保护的主管机关提出质询时，运营商必须在收到质询之日起的 30 天内向该机关提供必要的信息。

第 21 条　运营商排除在处理个人数据时的违法行为、核对、锁闭和销毁个人数据的义务

（经 2011 年 7 月 25 日第 261–FZ 号联邦法修订）

1. 在个人数据主体或其代理人提出请求时，或根据个人数据主体或其代理人或个人数据主体权利保护主管机关的质询，运营商

必须锁闭正在非法处理的属于该主体的个人数据，或者保证自收到该请求时或收到质询时起这些数据锁闭（如果个人数据的处理由运营商委托第三方进行）起来进行检查。如果在个人数据主体或其代理人提出请求时发现个人数据不准确，或者根据他们的质询或个人数据主体权利保护主管机关的质询，运营商必须保证自收到请求或质询之时起的整个检查期间锁闭与该主体有关的个人数据，或者保证其锁闭（如果个人数据的处理由运营商委托第三方进行），只要个人数据的锁闭不侵犯个人数据主体或第三人的权利。

2. 如果证实个人数据不准确，运营商必须根据个人数据主体或其代理人或个人数据保护主管机关提供的材料或根据其他文件在收到上述材料之日起7个工作日内核实个人数据或（如果个人数据的处理由运营商委托第三方进行）保障其核实并解除个人数据的锁闭。

3. 如果发现运营商或接受他委托的主体非法处理个人数据，则运营商必须在发现上述事实的3个工作日内终止个人数据的非法处理或者保证根据其委托个人数据处理的主体终止非法处理。如果不能保证个人数据处理的合法性，运营商必须在非法处理个人数据之日起的10个工作日内销毁这些个人数据或保证其销毁。关于排除违法行为或销毁个人数据的事宜，运营商必须通知个人数据主体或其代理人，而如果个人数据主体或其代理人的请求或个人数据保护主管机关的质询是由该机关发出的，还应通知该机关。

4. 在个人数据处理目的已经达到时，运营商必须终止个人数据的处理或保证（如果个人数据的处理由运营商委托第三方进行）终止其处理及销毁个人数据或保证（如果个人数据的处理由运营商委托第三方进行）其销毁，期限不得超过达到个人数据处理目的之日起的30天，但个人数据主体为受益人或保证人的合同或运营商与个人数据主体的其他协议有不同规定的除外，但是运营商非经个人数据主体的同意无权根据本联邦法或其他联邦法律处理个人数据。

5. 如果个人数据主体撤回对其个人数据进行处理的同意书，运营商必须终止处理或保证其终止（如果个人数据的处理由运营商委托第三方进行），如果不需要为了处理的目的而继续保留个人数据，则应销毁数据或保证其销毁（如果个人数据的处理由运营商委托第三方进行），期限为自收到撤回通知之日起的 30 天内，但个人数据主体为受益人或保证人的合同、运营商与个人数据主体的其他协议有不同规定的或者运营商非经个人数据主体的同意无权根据本联邦的其他法律进行个人数据处理的情形除外。

6. 如果没有可能在本条第 3~5 款规定的期限内销毁个人数据，运营商应在本条第 3~5 款规定的期限内锁闭数据或（如果个人数据的处理由运营商委托第三方进行）保证其锁闭，并保证在 6 个月内销毁个人数据，但联邦法律规定了不同期限的除外。

第 22 条　关于处理个人数据的通知

1. 运营商在开始处理个人数据前，必须报告个人数据主体权利保护主管机关进行个人数据处理的意图，但本条第 2 款规定的情形除外。

2. 运营商有权不向个人数据主体权利保护主管机关报告：

1）依照劳动立法处理个人信息；（经 2011 年 7 月 25 日第 261-FZ 号联邦法修订）

2）运营商与个人数据主体签订合同而得到的个人数据，如果个人数据不扩散，不以个人数据主体同意也不向第三人提供，以及运营商仅用于履行该合同和与个人数据主体订立合同；

3）与依照俄罗斯联邦立法进行活动的社会团体成员或宗教团体成员有关的个人数据，而且是为了达到其设立文件规定的合法宗旨，不经个人数据主体的书面同意不向第三人传播和披露个人数据；（经 2011 年 7 月 25 日第 261 – FZ 号联邦法修订）

4）在遵守本联邦法第 10 – 1 条所作禁止性规定和条件下，个人数据主体准许传播；（经 2020 年 12 月 30 日第 519 – FZ 号联邦法修订）

5）仅包含个人数据主体姓、名和父称的信息；

6）为了个人数据主体一次性进入运营商因其他目的而所在的区域；

7）包含在依照联邦法律具有国家自动化信息系统地位的个人数据信息系统中及包含在为保卫国家安全和社会秩序而建立的个人数据信息系统中的个人数据；（经 2011 年 7 月 25 日第 261 – FZ 号联邦法修订）

8）依照保障个人数据处理时的安全和遵守个人数据主体权利的俄罗斯联邦法律或其他的规范性法律文件的规定不使用自动化手段进行处理的个人数据；

9）在俄罗斯联邦交通安全法规定的情况下，为了保障交通工具的稳定、安全运行、维护个人、社会和国家在交通系统免受非法干预的侵害而处理的个人数据。（经 2011 年 7 月 25 日第 261 – FZ 号联邦法修订）

3. 本条第 1 款规定的报告应用纸质文件的形式或用电子文件的形式发送，并应该有主管人员的签名。报告应该包括以下内容：（经 2011 年 7 月 25 日第 261 – FZ 号联邦法修订）

1）运营商的名称（姓、名、父称）、地址；

2）处理个人数据的目的；

3）个人数据的种类；

4）正在被处理的个人数据的主体的类别；

5）处理个人数据的法律依据；

6）对个人数据实施哪些行为，对运营商处理个人数据所使用方法的一般描述；

7）描述本联邦法第 18－1 条和第 19 条所规定的措施，包括存在数字（密码）手段和这些手段的名称；（经 2011 年 7 月 25 日第 261－FZ 号联邦法修订）

7－1）负责组织个人数据处理的自然人的姓、名和父称或法人的名称，他们的电话号码、邮政地址和电子邮箱地址；（经 2011 年 7 月 25 日第 261－FZ 号联邦法修订）

8）开始处理个人数据的日期；

9）终止处理个人数据的期限和条件；

10）关于在处理过程中是否存在跨境传输的信息；（经 2011 年 7 月 25 日第 261－FZ 号联邦法修订）

10－1）含有俄罗斯联邦公民个人数据的信息数据库的所在地；（经 2011 年 7 月 25 日第 261－FZ 号联邦法修订）

11）关于依照俄罗斯联邦政府规定的个人数据保护要求采取的保障个人数据安全的信息。（经 2011 年 7 月 25 日第 261－FZ 号联邦法修订）

4. 个人数据主体权利保护主管机关在自收到关于个人数据处理的报告之日起的 30 天内应将本条第 3 款所列信息及关于上述通知记入运营商登记簿。运营商登记簿中所包含的信息，除保障处理时个人的安全保障措施外，均是公开的。

5. 不得要求运营商承担因审议个人数据主体权利保护、主管机关通知的费用，以及将通知列入运营商登记簿的费用。

6. 如果本条第 3 款所列信息提交不完全或不准确，个人数据主体权利保护主管机关有权要求运营商在将信息列入运营商登记簿之前更正所提交的信息。

7. 如果本条第 3 款所列信息发生变更，以及个人数据的处理终止，则运营商必须在发生上述变更之日起或自终止处理个人数据之日起的 10 天内将此情况通知个人数据主体权利保护主管机关。（经 2011 年 7 月 25 日第 261 - FZ 号联邦法修订）

第 22 - 1 条　单位中组织个人数据处理的责任人

（经 2011 年 7 月 25 日第 261 - FZ 号联邦法修订）

1. 运营商是法人的，应任命负责个人数据处理的负责人。

2. 负责组织个人数据处理的人员，直接从作为运营商的单位的行政机关收到指示并向该机关负责。

3. 运营商必须向负责组织个人数据处理的人员提交本联邦法第 22 条第 3 款所列信息。

4. 负责组织个人数据处理的人员，承担下列义务：

1）监督运营商及其工作人员遵守俄罗斯联邦个人数据立法，包括遵守对个人数据保护的要求；

2）将俄罗斯联邦个人数据立法的规定、地方性个人数据处理规定、对个人数据保护的要求告知运营商的工作人员；

3）组织接收和处理个人数据主体或其代理人的请求和询问和（或）对接收和处理这些请求和询问进行监督。

ABLE

第 5 章
对个人数据处理的国家监督 违反本联邦法的责任

（经 2017 年 2 月 22 日第 16 – FZ 号联邦法修订）

第 23 条　个人数据主体权利保护的主管机关

1. 个人数据主体权利保护的主管机关是对个人数据处理是否符合俄罗斯联邦个人数据领域立法进行监督和监管的联邦行政机关。（经 2017 年 2 月 22 日第 16 – FZ 号联邦法修订）

1 - 1. 个人数据主体权利保护主管机关对个人数据处理是否符合本联邦法和依照本联邦法通过的规范性法律文件组织、保障和进行国家监督和监管（对个人数据处理的国家监督和监管）。个人数据主体权利保护的主管机关对作为运营商的法人和个体经营者行为组织和进行检查的办法及对其他运营商处理个人数据的监督和监管的办法均由俄罗斯联邦政府规定。（经 2017 年 2 月 22 日第 16 – FZ 号联邦法修订）

2. 个人数据主体权利保护主管机关审议个人数据主体关于个人数据及其处理方式是否符合处理目的的请求并作出相应的回复。

3. 个人数据主体权利保护主管机关享有下列权利：

1）向自然人和法人征询行使其权限的必要信息，并无偿取得该信息；

2）对个人数据处理报告中的信息进行检查，或者吸收其他国家机关在其权限范围内一起进行检查；

3）要求运营商说明、锁闭或销毁不真实的或从非法渠道取得的个人数据；

3-1）依照俄罗斯联邦立法规定的程序限制接触违反俄罗斯联邦个人立法数据正在处理的信息；（经2014年7月21日第242-FZ号联邦法修订）

4）依照俄罗斯联邦立法规定的程序措施中止或终止违反本联邦法进行的对个人数据的处理；

5）向法院提起维护个人数据主体权利的诉讼，包括维护不定范围主体权利的诉讼，并在法院代表个人数据主体的利益；（经2011年7月25日第261-FZ号联邦法修订）

5-1）向主管安全的联邦行政机关和反技术侦查和信息技术保护领域的联邦主管行政机关发送与这些机关活动领域有关的本联邦法第22条第3款第7）项规定的材料；（经2011年7月25日第261-FZ号联邦法修订）

6）向给运营商的活动发放执照的机关发送请求，要求依照俄罗斯联邦立法规定的程序采取措施，审议中止或取消相关执照，如果从事该项活动执照的许可条件是非经个人数据主体书面同意禁止将个人数据转交给第三人；

7）依照管辖规则向检察机关、其他执法机关发送材料，以解决根据与侵犯个人数据主体权利有关的犯罪要件提起刑事案件的问题；

8）向俄罗斯联邦政府提出关于完善个人数据主体权利保护的规范性法律调整的建议；

9）对违反本联邦法的人追究行政责任。

4. 个人数据主体权利保护主管机关对于在进行工作的过程中知悉的个人数据，应该保密。

5. 个人数据主体权利保护主管机关必须做到：

1）依照本联邦法和其他联邦法律的要求组织对个人数据主体权利的保护；

2）审理公民或法人在有关个人数据处理方面的投诉和请求，以及在自己的权限范围内对审理上述投诉和请求作出决定；

3）进行运营商注册；

4）实施旨在完善个人数据主体权利保护的措施；

5）依照俄罗斯联邦立法规定的程序，根据安全保障领域的联邦行政机关、国家机密保护领域的联邦行政机关、国家保卫领域的联邦主管机关或反技术侦查和信息技术保护领域的主管机关的提请，采取措施中止或终止个人数据的处理；（经2017年7月1日第148－FZ号联邦法修订）

6）就个人数据主体权利保护领域内案件状况的请求和质询通知国家机关及个人数据主体；

7）实行俄罗斯联邦立法规定的其他职责。

5－1. 个人数据主体权利保护主管机关与外国个人数据主体权利保护机关进行合作，包括进行个人数据主体权利保护信息的国际交流，确定哪些外国对个人数据主体权利进行对等保护。（经2011年7月25日第261－FZ号联邦法修订）

6. 对个人数据主体权利保护主管机关的决定可以通过司法程序提起告诉。

7. 个人数据主体权利保护主管机关每年应向俄罗斯联邦总统、俄罗斯联邦政府和俄罗斯联邦议会报告工作。上述报告应在大众信息上公布。

8. 个人数据主体权利保护主管机关的财政由联邦预算资金拨款。

9. 在个人数据主体权利保护机关之下可以设立社会委员会，

人员不领工资，其活动的财政拨款和工作程序由个人数据主体权利保护主管机关规定。

第24条　违反本联邦法的责任

1. 违反本联邦法的人，应承担俄罗斯联邦立法规定的责任。（经2011年7月25日第261-FZ号联邦法修订）

2. 因侵犯个人数据主体的权利、违反本联邦法规定的个人数据处理规则及违反依照本联邦法规定的对个人数据保护的要求而对个人数据主体造成的精神损害，应该依照俄罗斯联邦立法予以赔偿。精神损害赔偿与物质损害和个人数据主体受到的损失的赔偿无关。（经2011年7月25日第261-FZ号联邦法修订）

第6章
最后条款

第 25 条 最后条款

1. 本联邦法于公布之日起的 180 天后生效。

2. 本联邦法生效后,在本联邦法生效前录入个人数据信息系统的个人数据的处理应依照本联邦法进行。

2-1. 在 2011 年 7 月 1 日前对个人数据进行处理的运营商,必须在 2013 年 1 月 1 日前向个人数据主体权利保护主管机关提交本联邦法第 22 条第 3 款第 5)项、第 7-1)项、第 10)项和第 11)项规定的材料。(经 2011 年 7 月 25 日第 261-FZ 号联邦法修订)

3.(本款根据 2011 年 7 月 25 日第 261-FZ 号联邦法失去效力)

4. 在本联邦法生效前对个人数据进行处理并在本联邦法生效后继续处理的运营商,必须在 2008 年 1 月 1 日前向个人数据主体权利保护主管机关提交本联邦法第 22 条第 3 款规定的报告,但本联邦法第 22 条第 2 款规定的情形除外。

5. 国家机关、法人、自然人在提供国家和自治地方服务、在俄罗斯联邦主体与联邦直辖市莫斯科行使国家职能和自治地方职能时与处理个人数据有关的关系,由本联邦法调整,但《关于调整一些地区划归莫斯科直辖市后俄罗斯联邦相关法律的修正案》

这一联邦法律有不同规定的除外。(经 2013 年 4 月 5 日第 43 – FZ 号联邦法修订)

俄罗斯联邦总统

弗拉基米尔·弗拉基米罗维奇·普京

莫斯科克里姆林宫

2003 年 7 月 7 日

第 152 – FZ 号